超越人力资源管理

——作为人力资本新科学的人才学

〔美〕约翰·W.布德罗
　　　彼得·M.拉姆斯特德　　著

于慈江　译

2012年·北京

John W. Boudreau & Peter M. Ramstad

Beyond HR

The New Science of Human Capital

Original work copyright © Harvard Business School Publishing Corporation.
Published by arrangement with Harvard Business School Press.

图书在版编目(CIP)数据

超越人力资源管理/(美)布德罗,(美)拉姆斯特德著;于慈江译. —北京:商务印书馆,2012
ISBN 978-7-100-07571-8

Ⅰ.①超… Ⅱ.①布…②拉…③于… Ⅲ.①劳动力资源—资源管理 Ⅳ.①F241

中国版本图书馆 CIP 数据核字(2010)第 244370 号

所有权利保留。

未经许可,不得以任何方式使用。

超越人力资源管理
——作为人力资本新科学的人才学
〔美〕约翰·W.布德罗、彼得·M.拉姆斯特德 著
于慈江 译

商务印书馆出版
(北京王府井大街36号 邮政编码 100710)
商务印书馆发行
北京瑞古冠中印刷厂印刷
ISBN 978-7-100-07571-8

2012年5月第1版　　　开本 710×1000　1/16
2012年5月北京第1次印刷　印张 21½

定价:45.00元

商务印书馆—哈佛商学院出版公司经管图书翻译出版咨询委员会

（以姓氏笔画为序）

方晓光　盖洛普（中国）咨询有限公司副董事长
王建铆　中欧国际工商学院案例研究中心主任
卢昌崇　东北财经大学工商管理学院院长
刘持金　泛太平洋管理研究中心董事长
李维安　南开大学国际商学院院长
陈国青　清华大学经管学院常务副院长
陈欣章　哈佛商学院出版公司国际部总经理
陈　儒　中银国际基金管理公司执行总裁
忻　榕　哈佛《商业评论》首任主编、总策划
赵曙明　南京大学商学院院长
涂　平　北京大学光华管理学院副院长
徐二明　中国人民大学商学院院长
徐子健　中国对外经济贸易大学副校长
David Goehring　哈佛商学院出版社社长

致 中 国 读 者

哈佛商学院经管图书简体中文版的出版使我十分高兴。2003年冬天,中国出版界朋友的到访,给我留下十分深刻的印象。当时,我们谈了许多,我向他们全面介绍了哈佛商学院和哈佛商学院出版公司,也安排他们去了我们的课堂。从与他们的交谈中,我了解到中国出版集团旗下的商务印书馆,是一个历史悠久、使命感很强的出版机构。后来,我从我的母亲那里了解到更多的情况。她告诉我,商务印书馆很有名,她在中学、大学里念过的书,大多都是由商务印书馆出版的。联想到与中国出版界朋友们的交流,我对商务印书馆产生了由衷的敬意,并为后来我们达成合作协议、成为战略合作伙伴而深感自豪。

哈佛商学院是一所具有高度使命感的商学院,以培养杰出商界领袖为宗旨。作为哈佛商学院的四大部门之一,哈佛商学院出版公司延续着哈佛商学院的使命,致力于改善管理实践。迄今,我们已出版了大量具有突破性管理理念的图书,我们的许多作者都是世界著名的职业经理人和学者,这些图书在美国乃至全球都已产生了重大影响。我相信这些优秀的管理图书,通过商务印书馆的翻译出版,也会服务于中国的职业经理人和中国的管理实践。

20多年前,我结束了学生生涯,离开哈佛商学院的校园走向社会。哈佛商学院的出版物给了我很多知识和力量,对我的职业生涯产生过许多重要影响。我希望中国的读者也喜欢这些图书,并将从中获取的知识运用于自己的职业发展和管理实践。过去哈佛商学院的出版物曾给了我许多帮助,今天,作为哈佛商学院出版公司的首席执行官,我有一种更强烈的使命感,即出版更多更好的读物,以服务于包括中国读者在内的职业经理人。

在这么短的时间内,翻译出版这一系列图书,不是一件容易的事情。我对所有参与这项翻译出版工作的商务印书馆的工作人员,以及我们的译者,表示诚挚的谢意。没有他们的努力,这一切都是不可能的。

哈佛商学院出版公司总裁兼首席执行官

万季美

目　　录

前言与鸣谢 …………………………………………………………………… i
第 1 章　必要的演变
　　——人事管理、人力资源管理、人才学 ………………………………… 1
　未知的人才战略 …………………………………………………………… 2
　　人力资源战略必须变得真正具有独特性 ……………………………… 3
　　寻找未知的人才机遇 …………………………………………………… 3
　　领导者必须像对待任何至关重要的资源那样做出人才决策 ………… 4
　超越人力资源管理：向人才学的必要的演变 …………………………… 5
　人力资本的重要性 ………………………………………………………… 5
　人力资源管理中的顽固的传统主义 ……………………………………… 8
　必要的演变：一个范式扩展 ……………………………………………… 11
　当今的人才决策是如何做出的 …………………………………………… 17
　标志一门决策科学出现的条件 …………………………………………… 20
　市场、决策科学和专业做法的区别 ……………………………………… 21
　决策科学从专业做法演变而来 …………………………………………… 23
　人才学：新的决策科学 …………………………………………………… 25
　人才战显示了对人才学的需要 …………………………………………… 26
　必要的演变和人力资源专业人员的角色 ………………………………… 28
　本书的目标 ………………………………………………………………… 30

本书的组织架构 ································· 31

第2章 应用于人才的一门决策科学
　　——了解必要的组成成分 ························· 33

为什么是一门"决策科学" ································· 33
　　决策 ································· 34
　　科学 ································· 36

一门人才决策科学的组成成分 ································· 38
　　决策框架 ································· 39
　　管理系统整合 ································· 43
　　共享的心智模式 ································· 47
　　数据、量度和分析 ································· 49
　　着眼于最优化 ································· 51

使用决策科学原则来改变思维方式 ································· 58

结论 ································· 59

第3章 "人力资本桥梁框架"
　　——影响、效力和效率中的支点 ························· 61

应用于人才的影响、效力和效率 ································· 62

影响支点：人才与组织最能影响可持续的战略成功之处 ················· 65
　　可持续的战略成功 ································· 65
　　资源与流程 ································· 67
　　组织与人才 ································· 68

效力支点：方针与做法最能影响组织与人才的绩效之处 ················· 72
　　互动与行动 ································· 73
　　文化与能量 ································· 77
　　方针与做法 ································· 79
　　协调一致性如何改变竞争的游戏规则 ································· 81

效率支点：投资最能影响方针与做法组合之处 ································· 82

自下而上应用的人力资本桥梁框架 ································· 83

人力资本桥梁如何使所有的组织与人才协调一致 ……………… 84
结论 ………………………………………………………………… 87

第4章 战略分析中的影响
——寻找战略支点 ………………………………………… 93

影响:将战略成功同组织与人才联系在一起 ………………… 94
  传统上,战略着重于成熟的决策科学 ……………………… 95
  分清何为重要与何为关键 …………………………………… 96
  通过四种透镜所看到的战略 ………………………………… 98
波音公司与空中客车公司:一个介绍 …………………………… 99
  空中客车公司与747竞争的举动 …………………………… 100
  波音公司对A380项目启动的反应 ………………………… 102
运用战略假设透镜 ………………………………………………… 103
  支点:战略假设存在差别之处 ……………………………… 104
  能揭示战略假设中的识见的问题 …………………………… 105
运用竞争定位透镜 ………………………………………………… 105
  为什么通用的战略范畴不能单独奏效 ……………………… 106
  能揭示竞争定位中的识见的问题 …………………………… 107
  波音公司的787与空中客车公司的替代产品 ……………… 107
  空中客车公司通过A350做出的回应 ……………………… 108
  差异化因子图 ………………………………………………… 110
  竞争定位如何形成人才战略 ………………………………… 110
资源与流程透镜 …………………………………………………… 111
运用战略资源透镜 ………………………………………………… 114
  与复合材料能力相关的战略资源 …………………………… 115
  对波音公司的战略资源支点的分析 ………………………… 116
  空中客车公司的反应:以高级铝材替代复合材料 ………… 117
运用业务流程透镜 ………………………………………………… 117
  使战略分析和质量举措挂钩 ………………………………… 118

波音公司制造流程中的约束后遗症 ………………………………… 118
作为支点的业务流程的变革 ……………………………………… 119
整合战略支点 …………………………………………………………… 120
战略支点与战略动态 …………………………………………………… 121
结论 …………………………………………………………………… 123

第5章 组织与人才中的影响
——使战略支点同结构与角色挂钩 ………………………………… 125
组织的支点 ……………………………………………………………… 127
使组织设计与企业组合战略挂钩 ………………………………… 127
使组织设计与价值链挂钩 ………………………………………… 129
空中客车公司面临的战略性组织挑战 …………………………… 130
围绕着战略资源进行组织 ………………………………………… 131
业务流程约束因素的组织意义与影响 …………………………… 132
人才资源库之间的相对关键性 ………………………………………… 133
波音公司的公共关系 ……………………………………………… 134
波音公司的供应商关系管理 ……………………………………… 134
人才资源库内部的相对关键性 ………………………………………… 135
将数量和质量关键性应用于人才资源库 ……………………………… 136
靠组织与人才识见更好地竞争 ………………………………………… 138
使用关键性来指导和解释差异化的人才资源库投资 …………… 142
减少关键性以规避风险 …………………………………………… 144
考虑发展关键性,而不仅是绩效关键性 ………………………… 147
提高与人才要求相关的弹性 ……………………………………… 149
基于关键性在劳动力市场上竞争 ………………………………… 150
结论 …………………………………………………………………… 152

第6章 绩效与潜力中的效力
——通过文化与能量使关键的互动与行动协调一致 ……………… 155
行动与互动揭示的是如何扮演角色 …………………………………… 157

波音公司的关键性行动与互动	159
波音公司工程师的收益率曲线	160
波音公司的一种新型的关键工程师	163
在传统的职位描述之外的未知机遇	164
超出了典型的任务或关系的关键性	165
对未来的工作分析的意义和影响	167
文化与能量	169
应用于波音公司的文化与能量	171
超越了波音公司组织边界的文化与能量	172
整合和平衡 COM 与文化	173
人力资本桥梁框架中的胜任力	174
人力资本桥梁框架中的员工投入和协调一致	175
威廉斯－索诺玛公司：将互动与行动同能量与文化整合起来	176
结论	179

第7章　方针与做法中的效力
——构建人才程序的战略组合

	181
充分必要条件	183
应用于人才获取的充要条件	185
发展的充要条件	190
作为决策基础的充要条件	191
基于协同作用的组合	192
着眼于最优化，而不仅仅是最大化	193
改善基准	193
波音公司：方针与做法的协同作用	195
竞争优势：人才供给与人才需求相辅相成之处	196
波音工程师的独特供需	200
星巴克：在信任的基础上打造人力资源做法	203

星巴克的战略支点：增长与体验 …………………… 204
　　　把增长与体验转化为星巴克基于信任的人才战略 …… 205
　　　挖掘星巴克咖啡师的隐性和显性才能 ……………… 208
　　　使星巴克的程序与做法协调一致，以发挥协同作用 … 209
　　结论 …………………………………………………… 214

第8章　组织与人才投资中的效率
　　　——获取并配置资源以优化人才组合 ……………… 217
　　赛仕软件：通过低效率竞争？ ………………………… 221
　　水面下的冰山：机会成本和人才投资 ………………… 224
　　　人力资源员工和合同工的时间 ……………………… 225
　　　人力资源部门以外那些人的时间 …………………… 226
　　　参与者的时间 ………………………………………… 228
　　　影响力或政治信用 …………………………………… 229
　　效率的正向作用和陷阱的规避 ………………………… 230
　　　效率与会计制度切实相关 …………………………… 230
　　　效率易于基准测试 …………………………………… 232
　　　效率提供了外包绩效的明确的量度标准 …………… 234
　　　效率为流程改进提供了切实的里程碑 ……………… 235
　　结论 …………………………………………………… 236

第9章　人才的量度与分析方法
　　　——超越LAMP量度标准 …………………………… 239
　　在人力资源量度上碰壁 ………………………………… 241
　　超越对人力资源职能的价值的证明 …………………… 243
　　LAMP框架 ……………………………………………… 244
　　逻辑：实施人力资本桥梁决策框架 …………………… 248
　　量度标准：考虑值得考虑者 …………………………… 248
　　诊断量度系统 …………………………………………… 250

在组织数据库中发现人才与组织量度标准 253
  组织绩效层 255
  人力资本层 256
  人力资源系统层 257
  人力资源投资层 258
分析方法：在数据中发现答案 259
  分析方法如何支持更好的决策 260
  在组织中发现人才分析方法 260
流程：使识见具有激励性和可操作性 262
有限品牌公司的店铺级量度的演变 263
  从"报薪金总额的账"到"配置人才资源" 265
  使主观的更为客观 265
  通过人才决策透镜看店铺运营 266
  允许逻辑模式推动量度标准 268
  让分析方法互动 271
  更好地竞争 271
结论 272

第10章 让人才学奏效
  ——人力资源演变如何成为现实 275
让领导者们就地投入 276
  人才学不能只是又一项人力资源程序 277
  领导者们知道人重要，那么，下一步是什么？ 278
将人才学同组织的变革努力联系在一起 278
将人才学同其他人力资源变革努力整合起来 280
将人才学同现有的管理系统和流程整合起来 282
  战略规划 284
  继任规划 285
  运营规划与预算编制 287

绩效管理与目标设定 …………………………………………… 289
将人才学同现有的心智模式整合起来 ……………………………… 292
　　好事达:像建构业务逻辑那样建构人才逻辑 …………………… 294
　　成功是当业务语言成为人才语言时 ……………………………… 295
目标是可持续的变革,而非单一的程序或事件 …………………… 296
人力资源与一线部门学习和使用人才学的方式不同 …………… 297
　结论 ……………………………………………………………………… 299
注释 …………………………………………………………………………… 301
作者简介 ……………………………………………………………………… 321
介入、参与和投入
　　——本书的一个切入角度 …………………………………（于慈江）323

前言与鸣谢

本书描述了我们对于未来的看法:届时,人才及其如何被组织起来的问题将得到应有的重视;这种合乎逻辑的深度重视,是对战略的成功至关重要的一种资源理应得到的。1995年,围绕着最终孕育了本书的一些想法,我们开始一起工作。这是一位教授和一位咨询顾问之间的独特合作:前者在人力资源管理(HR)、人力资本量度、人员配备(staffing)和战略学方面,已从事了15年的学术研究和咨询;后者在会计学、财务金融学(finance)和战略学方面,拥有极为丰富的专长和经验,以及浓厚的研究兴趣。把我们介绍到一起的同事曾经说,我们所追求的是一种相类似的愿景——把人才和战略联系在一起的更大的清晰度,但始于学科的不同方位:布德罗过去已经开始研究人力资源职业,通过量度学、财务金融学和战略学向外拓展;拉姆斯特德过去已经从战略学和财务金融学方面着眼,向内进展至人的因素在推动财务和经济成果方面的作用。结果表明,两人是一对好搭档,在研究、著述和咨询领域的合作已逾十年。

在本书中,我们试图捕捉一些在我们有幸与世界顶尖组织内的人力资源和一线领导者们合作时所呈现出来的识见(insight)。我们希望,本书将能被人力资源职能内外部的领导者们共同参阅。我们的工作一再表明，竞争优势的革命性机遇通常出现于当这两组人采用一种共同的人才逻辑和方法共事时。我们高兴地看到，我们所阐发的这些想法已经出现在学者、公司、组织和咨询机构的工作成果当中。大约五年前，当我们首次提出适用于人力资本的一门决策科学的概念时，常常会遭遇到各种揶揄、疑惑的反应。现在，这一思想观念已经得到确立。人们所面临的挑战是，如何使它真正活跃起来。

我们希望，本书可以帮助各类组织应对这一挑战。

鸣 谢

我们非常感激我们在南加州大学（University of Southern California）、人事决策国际公司和康奈尔大学（Cornell University）的学生和同事们，以及许多公司和组织的人力资源和业务领导者们——我们曾经极为荣幸地向他们献过策、授过课或与他们携手合作过。尽管不可能在这里一一提及他们，但他们丰富的想法和对于人才决策科学概念的热忱不仅在最初几年里给了我们以信心，而且在框架、工具以及教学和咨询技术出现时，提供了宝贵的"试金石"（touchstone）。就本书而言，我们得到了来自于如下人士的特别有价值的帮助：盖尔·阿德科克（Gale Adcock）、约翰·布朗森（John Bronson）、韦恩·卡肖（Wayne Cascio）、杰夫·钱伯斯（Jeff Chambers）、彼得·道林（Peter Dowling）、凯利·弗兰克（Kelly Frank）、莉萨·海恩斯（Lisa Haines）、艾伦·梅（Alan May）、史蒂夫·米洛维奇（Steve Milovich）、托因·奥贡（Toyin Ogun）、戴夫·佩斯（Dave Pace）和布赖恩·史密斯（Brian Smith）。得自于与诸如特里·格雷（Terry Gray）、乔伊·哈祖哈（Joy Hazucha）、詹尼斯·亨利（Jennise Henry）、肖恩·兰开斯特（Shawn Lancaster）、戴夫·麦克莫纳格尔（Dave McMonagle）和唐娜·诺伊曼（Donna Neumann）等咨询顾问同事一道工作的临场实战经验提供了在没有他们的亲身实践与应用的情况下,绝不可能获得的识见。哈佛商学院出版社的梅琳达·梅里诺(Melinda Merino)和布赖恩·苏雷特(Brian Surette)为本书提供了宝贵的编辑支持;对于本书制作流程的编辑工作(production editing),劳伦·伯恩(Lauren Byrne)也很重要。最后,我们要感谢辛勤地致力于本项目的人事决策国际公司(PDI)的出版团队——包括洛拉·亚历山大(Lora Alexander)、苏珊·格贝莱因(Susan Gebelein)、凯蒂·穆利尼克斯(Katie Mulinix)、克里斯蒂·纳尔逊-诺伊豪斯(Kristie Nelson-Neuhaus)和琳达·范登博姆(Linda VanDenboom)。在推敲改进原稿、管理该项目方面,他们每个人都做出了重要的贡献。

第1章 必要的演变
——人事管理、人力资源管理、人才学

如同许多高科技企业组织一样,康宁公司(Corning)习惯强调其以美国为主的研发(R&D)科学家的卓越。[1] 虽然全球化的重要性已被认可,但全球化和人之间的联系依然模糊不清。到了21世纪初,康宁公司的人力资源(HR)和业务领导者们发现,全球扩张尤其是新兴经济体内的全球扩张对依赖于一种特定类型的生产工程师的弹性生产能力有所需求。该组织认识到,在全球的许多地区,只有少量这样的工程师,且要花费很多年来培训他们。如果康宁公司能赶在其他公司意识到这些工程师的重要性之前聘请他们,那么,它就将拥有领先(head start)竞争对手若干年的优势。这将迫使该企业组织的潜在竞争对手们面对一个艰难的选择:由于缺乏必要的人才,它们或者有可能为其工厂配备非常昂贵的外籍人员(expatriate),或者干脆坐等多年以后才开始生产——其长度正好是培养区域工程师(regional engineer)或建设一支拥有这些技能的工科毕业生(engineering graduate)骨干队伍的时间。锁定关键的工程人才的想法与着重于填补空缺职位的传统的劳动力规划相去甚远。康宁公司已经确定了一个利用其高超的人力资本知识来提供显著竞争优势的切实机遇。

未知的人才战略

你的组织已率先认清这一人才支点（pivot-point），并非常熟练地对其加以利用了吗？在公司以及政府和非营利组织内部，我们发现，所有的工作职位中，只有一小部分像这样这么关键（pivotal）——这些角色中的人才与组织绩效对战略指针（strategic needle）的拨动作用远比其他角色来得显著。不幸的是，大多数组织并不知道，哪些工作职位（它们并不总是领导者、销售人员或专业技术人员）是关键的。大多数的战略和规划流程几乎从未涉足这些角色。这是一个危险的盲点。

本书与揭示人才（talent）方面的这些机遇相关。我们将人才作为这样一种资源来予以界定：它包括个人和团体潜在的和已认清了的能量，以及它们是如何被加以组织的——既涵盖了那些处于组织内部的，也涵盖了那些可能会加入该组织的。

阅读本书将会鼓励你提出棘手的问题——那些你以前可能从未加以考虑过的：你知道你的关键人才在哪里吗？[2] 你对最关键的人才是予以差异化投资呢，还是采取一种"抹花生酱"的方式（"peanut-butter" approach），将同样的投资均匀地分布于整个组织（如对所有的工作职位发放绩效奖励，只是因为这样做对它们之中的一些有益）？

就在几乎每一个组织的正式战略的表面之下，是每一天都被忽略了的和尚未开发的竞争优势的机遇。这类未知的机遇之所以存在，是因为大多数组织在对其人员的才能，以及这些人员是如何被组织在一起的问题进行决策时，远不及它们在对像资金和技术等其他资源进行决策时，来得那样严谨、独特和合乎逻辑。

第1章 必要的演变

人力资源战略必须变得真正具有独特性

不妨将战略文件从你的人力资源职能部门那里提取出来。大多数的人力资源战略包含了也出现于其他每一个竞争对手的战略里的相同的东西,如"建构领导补给线"(leadership pipeline)、"应对日趋老龄化的劳动力的人才外流"、"增加技术职务位置上可用的候选者",以及"削减卫生保健费用"等。如果你的人力资源战略落入到了竞争对手们的手里,你将会有多大程度的不安?如果你的答复是"不会很不安",那么,你的组织还可能做出体现了人才对你的战略成功至为紧要的世界一流决策吗?你可以确信的是,如果康宁公司聘用现有的稀缺生产工程师的战略在付诸实施前便已为其竞争对手们所尽知的话,它将会非常不安!

寻找未知的人才机遇

这不仅仅与你的人力资源战略相关,也与你的整个组织将有关人才及其如何被组织起来的决策,同你的至关重要的战略利益联系得有多好相关。在你的下一个战略会议上,不妨请你的组织的最高领导者们给出像这样一些问题的最佳回答:

- 为求奏效计,我们的战略要求我们的人才与组织在哪里,要优于竞争对手们的人才与组织?
- 我们的人才与组织系统在哪里,需要与竞争对手们的有所区别?为什么?
- 我们应该在哪里,给付高于关键的人才资源库薪水调查的第50百分位(the fiftieth percentile)的薪金?
- 我们应该在哪里,比我们的竞争对手们在关键的人才程序(program)与做法(practice)上面花费得更多?为什么?

- 如果我们转移我们的战略目标,我们的员工或组织结构的哪一些将不得不改变得最多?

我们的经验表明,回答往往会是:"那是人力资源部门的问题,不是我的。"然而,业务领导者们并不会通过声称"那是市场营销部门的问题",而将在哪里对关键的细分客户群(customer segment)投资更多的决策权轻易放弃;或通过声称"那是技术部门的问题",而将在哪里对战略性的技术投资更多的决策权轻易放弃。

领导者必须像对待任何至关重要的资源那样做出人才决策

不妨考察一下你的领导者们的胜任力框架(competency framework)。它可能包含诸如"沟通交流"、"眼力"、"执行力"以及"寻找和培养人才"这一类东西。不过,可以试着向你的潜力大的领导者们问问如下这样一些问题:引致动机或学习的充分必要条件是些什么?一个有效的组织变革的要素有哪些?一个有效的"人才补给线"(talent pipeline)的要求是些什么?什么能界定不可或缺的(critical)工作职位或胜任力?如同其他管理领域里的情形一样,他们的回答通常都将是基于舆论、风气和时尚、半真半假的陈述(half-truth)或过时的传统。[3] 这类理论往往是不明确的——或是基于领导者们所看到的最近的一个励志演说家(motivational speaker)的煽动或灌输,或是取自领导者们自身有限的经验。最常见的情况是,这些理论压根儿就是错误的。如果你不容许管理者们拥有自己的现金流理论(theory of cash flow),为什么又放任他们发明自己的动机理论(theory of motivation)?如果你不容忍在有关资金、技术和品牌的决策上的这种含糊不清,那么,当谈及像人才这样重要的资源时,又为什么与模棱两可相伴行呢?

第1章 必要的演变

超越人力资源管理：向人才学的必要的演变

你因而面临着一个选择：你可以在人才与组织工具不敷使用的情况下，继续游弋于你的战略疆域；或者，你也可以信奉并着手建立这样一门新的决策科学：它能洞烛存在于有关人才及其如何被组织在一起的重大决策内的隐蔽机遇——这些决策在哪里最为要紧，以及它们究竟应该在什么情况下做出。这是一个绝对必要的演变，因为一旦你的竞争对手们将它领会出来，你就不再能有效地参与竞争，除非你也跟着演变。

这一演变要求企业，在如下一些方面进行变革：在利用人才与组织视角去构建它们的战略的方式上，在业务领导者为他们所做出的、与在其管理下的人才与组织资源相关的决策承担责任的方式上，在人力资源专业人员传授对人才与组织进行最优化处理的原则的方式上，在对人力资源职能部门进行组织、奖励以及评估的方式上。我们将驱动这一演变的人才与组织决策科学称为"人才学"(talentship)。而它的出现将改变游戏的规则，一如财务金融学(finance)和市场营销学(marketing)的出现改变了它们那个时代的游戏规则一样。

人才学通过改善影响或依赖于人力资本的决策——它们在哪里能带来最重大的战略影响，以及它们究竟应该在哪里被做出——来营造组织效力(effectiveness)。

人力资本的重要性

无论是"人员"、"劳动力"、"智力资本"、"人力资本"、"人力资源"、"人才"，还是其他的一些称谓，存在于员工内部的资源及其如何被组织起来的问题正被日益地公认为战略成功与竞争优势的关键。这一观察而今是如此平常,以至于几乎已是不言而喻。

数字化、劳动力短缺、通过并购增长、同步进行的缩编(downsizing)和扩张、不断的过度竞争(hypercompetition)和变革、劳动力人口结构的改变以及全球化等趋势,仅仅是促使我们所说的"人才"(talent)成为当务之急(top priority)的众多趋势的其中几种。[4] 商界、学界以及公共政策领域的作者们已经注意到,在业务决策日益取决于人才及其组织编制(talent and its organization),以及雇佣关系处于必须适应的空前压力下的同时,这些业务决策必定会出笼得更为迅速。[5]

业务领导者们认识到,人员的管理对组织的成功至关重要。因此,这一方面也成为他们最为关注的问题之一。顶级的人力资源职能人员通常为董事会所倚重;成功的首席执行官(CEO)们写的回忆录中也会特意注明,他们的成功和他们的人才管理流程之间存在着联系。财务研究表明,越来越多的市场价值是由包括人力资本在内的无形资产所驱动的。来自于会计学、消费者研究、财务金融学、政治学以及运营管理学等不同学科的研究者们竞相界定组织内人力资本的最新量度尺度(metrics)。学者们和咨询公司们所提供的接二连三的证据表明,人力资源做法与财务绩效具有相关性。那些过去将其声誉建树于战略、业务运营、财务金融等学科上的咨询公司如今也把领导力(leadership)和人才管理作为常规业务。企业软件公司也已常规地将人力资本应用程序(包括胜任力数据库、绩效管理以及选拔与发展系统)整合进其企业范围的解决方案内。使自己的企业组织成为最佳工作场所(best place to work)之一,是顶级管理层的目标,而不只是人力资源领导者的目标。

例如,通用电气公司(GE)因其管理人才的深厚功底,以及将深刻的和共享的管理逻辑应用于范围广泛的各种业务的能力而广受尊敬。这正是这些业务置身于通用电气公司内部比单独经营更有价值的重要原因之一。通用电气公司之所以能够在较大程度上通过并购增长,是因为

第1章 必要的演变

相比其竞争对手们，它可以将优秀的经理人员更可靠地配置在新收购的企业里。这就使得通用电气公司能够考虑那些其他企业可能会放弃的并购项目。

根据各种说法，人力资源职业应是最具影响力的、战略上也至为重要的职业之一。我们因此会抱有如下的期望：它在人力资源领导者赖以推动组织效力和创造可持续的战略成功的精密复杂程度上，能有显著的进步。然而，调查研究连同我们自己与顶级人力资源领导者们临场相处的实战经验表明，这并非人力资源界通常的现实情形——即便是在那些高度重视其人力资源领导者的组织中。相反，人力资源记分卡着眼的，是成本和活动，以及典型的目标——涉及实现如下指标所代表的基准水平：每一美元收入（per revenue dollar）所包含的最低人力资源成本，或人力资源员工人数与企业员工总数的最低比值。基准测试和外包活动（outsourcing）的日益精密复杂——通过使成本更加透明并提供将人力资源职员的大量活动和成本从组织中转移出去的多种方式——加速了这一趋势。[6]

尽管所有的证据都表明，人才与组织的素质是要紧的，但要让大多数业务领导者们确切地知道，对员工的才能和组织的投资在何处及如何实际地推动了战略的成功，仍是困难得令人沮丧。学者们将这一差距称为"黑匣子"（black box）。[7] 业务领导者们对于传统的人力资源管理感到沮丧，即使它是以基准成本水平（benchmark cost level）的最顶尖的程序予以实施的。一位首席财务官（CFO）（现为他的组织的首席执行官）对我们说："我重视人力资源部门的辛勤工作，但我担心我们的组织可能不知道，相对于那些大多是战术性的问题而言，哪些人才问题是重要的。在财务金融、市场营销和业务运营方面，我知道该怎么回答这个问题。而在人才方面，我则不知道怎样做。要是人力资源部门能在这方面有更多贡献就好了。"[8] 持续的人力资源成本的削减可以轻易地成为这类沮丧的首席执行官眼里,通过人的因素产生经济影响(impact)的唯一出路——即使当他们期盼的是更具有战略性的某些东西时。

在本章中我们将展示,为什么人力资源管理的全部潜力尚未得到充分发挥。然而,我们的目的并不是要贬低人力资源管理的潜力——恰好相反。我们之所以写作本书,部分地是因为,在没有提供解决方案的情况下对人力资源管理的不足予以描述已经变得简直太过常见,以至于无法再进行下去了。我们将描述那些限制了人力资源管理的因素,并利用它们来展示,它们是如何掌握了将人力资源管理演变为与金融学或市场营销学一样受重视、一样必要的一门战略性学科的关键的。

其意义与影响已远远超越了人力资源管理的范围。这一演变不仅是必不可少的,也是无可避免的。那些轻忽它的组织将会因为其竞争对手们率先对这一演变有所领悟而蒙受损失。

人力资源管理中的顽固的传统主义

2005年,一篇文章被登载于《快速公司》(*Fast Company*)杂志,题为"我们为什么憎恨人力资源管理"(Why We Hate HR)。[9]它记载了一种职业的许多过于司空见惯的症状(all-too-common symptom):着眼于行政管理活动,要求遵从规则,几乎没有体现出与战略价值的任何逻辑关联,勤勉致力于那些与业务目标没有明确联系的职能性程序与做法。该文章引发了极大的关注:2006年对该文章标题的一次网络搜索显示了超过12,000次的点击量(hit)。其作者声称,它获得的回应比《快速公司》杂志前两年的任何文章都要多。[10]

为很多人所不记得的是,1981年的《哈佛商业评论》(*Harvard Business Review*)上,也有一篇题为"大帽子,没有牛"(Big Hat, No Cattle)的类似文章。[11]该文章标题指的是,在得克萨斯州(Texas)达拉斯市

第1章 必要的演变

(Dallas)的飞机场里,有一个"个子高高的、穿着得体的商人","戴着一顶大而干净的斯泰森(Stetson)毡帽";在他的附近,两名身穿褪色牛仔裤的晒得黝黑的中年男子从头到脚地将他打量完后,相顾而言道:"大帽子,没有牛。"商人打扮得像一个牧牛人,但实际上却没有畜群;而晒得黑黑的两名男子是真正的牛牧场主,却并不需要用一顶大帽子来证明这一点。1981年时,人力资源管理职能已拥有了主管头衔和主管办公室,且扮相和着装也与其他业务领导者们并无二致。尽管如此,该文章断言,通常并不存在这一管理职能对业务的成功做出了真正贡献的证据。

相隔了25年,还是同样的故事。但正如我们将会看到的,这并不意味着人力资源职业还没有取得进展——它已取得了进展;这也并不表示业务领导者们不想更好地对人才与组织资源进行争取,以及靠人才与组织资源更好地参与竞争——他们想这样做。然而,这的确(does)表明,在有关人力资源专业人员应该成为战略性的业务伙伴,以及业务领导者们应该挖掘其员工的潜力的长达25年的劝告与呼吁之后,组织仍然没有推出我们所期待的这种变革。对于这个问题有一个答案,但它不是继续将同样的事情做得更好,它也不能由人力资源职能单独来完成。

来源众多的证据证实,人力资源职业已经取得了很多技术进步,但在许多方面它又几乎没有什么变化。最生动鲜明的证据也许是来自于"有效组织中心"(Center for Effective Organizations)所进行的一项独特的调查。从1995年起,人力资源专业人员便被问起:与行政管理方面的事务相比,他们在战略性事务上花费了多少时间。他们记下了他们所记得的5~7年前在各种活动上所花费的时间,然后他们也记下了他们目前的时间花费。每一年,对于调查的反应都表明,人力资源专业人员感知到了向更具战略性的活动的、具有显著统计学意义的转变——最近期的数据,如表1-1显示。

表1-1 人力资源专业人员认为自己如何支配时间

在……所花时间的百分比	5~7年前	当前
维护记录：收集、追踪和维护员工的数据	25.9	13.2
审计和控制：确保对于内部业务运营、规章以及法律和工会要求的遵从	14.8	13.3
提供人力资源服务：协助人力资源做法的实施和管理	36.4	32.0
开发人力资源系统与做法：设计人力资源程序、方针和配套系统	12.6	18.1
充当战略性的业务合作伙伴：作为管理团队的成员；参与战略性人力资源规划、组织设计和战略性变革	9.6	23.5

资料来源：爱德华·E.劳勒三世（Edward E. Lawler III）、约翰·W.布德罗和苏珊·莫尔曼（Susan Mohrman）：《实现战略的卓越》（Achieving Strategic Excellence）[加州帕洛阿尔托市（Palo Alto, CA）：斯坦福大学出版社（Stanford University Press），2006年版]。

然而，当我们考察人力资源领导者们所说的他们横跨这些年的实际活动时，情况又大为不同。人力资源领导者们在自1995年以来的每一次调查中，提供了几乎相同的百分比！如表1-2所示，随着时间的推移，几乎很少有什么改变。

显然，比起20世纪90年代中期，当今人力资源活动的内容和范围已有很大不同，也更为繁复。自然地，人力资源专业人员不仅正在做着不同的事情，也在把很多事情做得更好。改进了的信息系统、记分卡、基准尺度、外包合同和胜任力模型比比皆是。利用电脑化的数据库和预测算法，劳动力计划现在可以对在工作职位之间移动的员工人数进行跟踪。而选拔测试，则是通过亭式电子自助服务终端（kiosks）或网络在线调查进行的。这些都是人力资源管理一直使用了数十年的同种工具的更好版本。在人力资源职能的效率（efficiency）和效力方面，它们带来了重要的影响。然而，根据人力资源专业人员自己的报告，这些表格显

表1-2 人力资源专业人员实际上如何支配自己的时间(1995~2004)

在……所花时间的百分比	1995年	2001年	2004年
维护记录	15.4	14.9	13.4
审计和控制	12.2	11.4	13.4
提供人力资源服务	31.3	31.3	31.7
开发人力资源系统与做法	18.5	19.3	18.2
充当战略性的业务合作伙伴	21.9	23.2	23.3

资料来源：爱德华·E.劳勒三世、约翰·W.布德罗和苏珊·莫尔曼：《实现战略的卓越》(加州帕洛阿尔托市：斯坦福大学出版社，2006年版)。

示，他们的关注重点在很大程度上，仍然是行政管理和与服务相关的目标，而非战略决策。这些数据生动地揭示了一个在传统范式（paradigm）方面，正变得越来越好的职业——但是，正像我们将要看到的那样，突破性战略成功的机遇在于一个扩展了的新范式。

必要的演变：一个范式扩展

在1981年题为"大帽子，没有牛"的文章出现的同时，百事可乐公司（Pepsi）的主管们正在组建一个内部的人力资源职能部门，作为自下而上变革该企业组织的一股重要力量。1987年，百事可乐公司前高级主管安德拉尔·皮尔逊（Andrall Pearson）记叙了这一因罕见而闻名的故事。皮尔逊不只是注意到了百事可乐人力资源职能部门的卓越，他也正确地理解了如下内容：范式转移（paradigm shift）既涉及的是人力资源管理做了些什么，也同样涉及了业务领导者们对人力资源管理有些什么预期，以及他们如何与人力资源专业人员共事。皮尔逊说："不幸的是，业务领导者们很少能认识到人事职能部门的潜力。所以，他们往往未能为该部门配备高素质的人员。于是,他们的低期望值也就成为了一个自我应验(self-fulfilling)的预言。"[12]

直到今天,这种恶性循环(vicious cycle)仍相当普遍。通过像财务金融和市场营销等职业的演变,可以看到打破它的关键。人力资源管理的使命通常可以由如下陈述(系我们用公司人力资源管理使命的几个实际例子构想出来的)予以概括:人力资源职能的使命,是成为受尊敬的业务伙伴,并通过提供帮助管理公司最重要的资产——它的人员——的优质服务,来帮助公司实现其目标。

这一陈述将价值主张(value proposition)定义为因应客户需求,提供高品质的服务。即使是战略性的人力资源管理,也往往被界定为提供那些被认为对内部客户比较重要的人力资源服务(如领导力发展、胜任力系统及奖励薪金等)。这种以服务提供和客户满意度为旨归的传统范式是从根本上受限的。因为,它假定客户知道自己需要些什么。基于市场的人力资源管理和对业务结果的责任现在被公认是重要的,但在实践中,它们通常是通过使用市场营销技术或业务结果,对传统的人力资源服务的普及性以及与财务结果的感知联系进行评估的方式来予以展现的。[13]

要摆脱传统的关注重心或当前的范式,人力资源管理就必须从它所提供的服务向它所辅助支持的决策,对其关注重心进行扩展。如果它做到了这一点的话,新的使命表述(mission statement)就将会是:人力资源职能的使命,是通过改善依赖或影响人员的决策,来增加组织的成功几率。

这听上去似乎简单得有些似是而非。然而,当居于领先地位的组织做出这一范式转移时,事情会发生重大的变化——并且不只限于人力资源管理职能内部。业务领导者、人力资源领导者以及员工们都会受到影响。这是不足为奇的。在从前的时代里,"仅仅着眼于制造出伟大产品

第1章 必要的演变

的科技公司需要向提供解决方案的方向转移"的说法虽然听上去很简单,但就是这一简单的识见,却导致了IBM(国际商业机器公司)和通用电气等公司的转型,并注定了那些没有看清它或未能对它予以执行的竞争对手们的消亡。就其重要性而言,我们在本书当中所描述的范式扩展(paradigm extension),便类似于从基于产品的关注重心向基于解决方案的关注重心的扩展。在这里,我们将它应用在人才上。这样一种变化对于人力资源职业,对于每一个制定人才与组织资源决策的人来说,都具有重要的意义和影响。

这一演变是关于人才与组织管理的,同样也是关于业务战略的;是关于人力资源职业的,同样也是关于组织的战略领导力的。这一转型是不可避免的,而我们也将会看到,历史表明演变已经开始。然而,如同那些不能足够快地适应生存环境的有机体一样,那些选择被动地等待这一演变的组织未必能够存活下来,对它加以利用。这是一个必要的演变,因为那些率先对其加以适应者将会拥有一个显著优势;这是一个必然的演变,因为人才资源简直太重要了。

刚才所描述的悖论,是人力资源和组织的领导者们日常所体验的东西。组织尊重它们的人力资源专业人员;而人力资源专业人员也比以往任何时候都更加努力地工作,并取得了很大成绩。当今的精密复杂的服务和信息平台在许多方面,都提供了新的范式赖以建立的巨大潜力;当今的人力资源领导者们因他们所做的工作和所拥有的专业水准而普遍受到尊重。业务领导者们对于和他们一道工作的单个的人力资源领导者们很赏识,但对人力资源职能的欣赏仍无法与财务金融、市场营销和业务运营这类职能相比。这些领导者们通常能从其人力资源领导者的贡献上找到价值,但却难于阐明人力资源职能在推动业务成功方面的价值。

这也正是即使在备受尊重的人力资源职能部门之间,我们也能听到那些顶级的人力资源职能人员发出如下牢骚的一个原因:"尽管在未来的一年里,我们将有大事可干,但我的首席执行官将会问到的第一个问题是,我是否已经削减了人力资源预算。"同样地,实施有用的、专业的人力资源程序固然非常重要,但这同对组织的至关重要的战略决策拥有深远而连贯一致的影响毕竟不是一回事。这一悖论的解决方案是,目前的范式已然是并将继续是宝贵而重要的。所以,这并不是一个范式转移的问题,反而是一个范式扩展的问题。

一旦范式扩展开始了,它就会贯穿于整个组织。在有关人才的对话的微妙而深刻的变化里,或者在人力资源领导者和他们的同事们的日常关系里,它经常可以被看到。要对过去有效的人才战略何时必须改变加以确定,大多数组织并没有系统的方式。举例来说,在聘用最好的人才的努力下,企业们往往年复一年地坚持只在相同的一些顶尖学校里进行招聘。然而,这往往意味着与其竞争对手们在完全相同的水域里"捕捞",追逐完全一样的有限的学生资源。

在20世纪70年代里,这一做法不但在获得足够的职位候选者方面,而且也在实现拥有种族和性别多样化的一批员工的目标上,都造成了重大的竞争性挑战。宝洁公司[Procter & Gamble(P&G)]选择了一条不同的道路。即便在顶级的学校里,宝洁公司当然也能进行有效的竞争,但对求职者的成本和质量的一项审慎分析导致它把它过去曾去招聘过的学校的数目削减了一半,并越来越重视关键的区域性校园,例如威斯康星大学(University of Wisconsin)。宝洁公司意识到,它可以利用其被称为"M测试"(M-test)的专有测试技术,以比其竞争对手们更准确的方式,来寻找高潜质的未来领导者。宝洁将它用于产品上的同样的市场营销原则,应用在了招聘程序当中。宝洁往往是在校园里预选和预聘有前途的学生来报名参加面试的第一家公司,而不是等着看谁来应聘。宝洁公司注重培养与院、系主任和教员们的关系,他们可以帮助识别有

第1章　必要的演变

前途的未来领导者。该公司将同样的技术,应用于那些有色人种职位候选者或有前途的女性职位候选者们有可能被发现的学校之中。它根据学生们在领导阶层里进步得有多快和多远,以研究资助或捐赠的形式,向那些学校提供奖励。其结果是职位候选者的质量、保留率(retention)和多样性的显著提高,以及招聘成本的降低——所有这些都源自于这样一种方针:不再做其他人都在做的事情,并在招聘中强调逻辑、分析和基本的市场营销原则。[14]

在我们20世纪90年代中期合作过的一个组织里,劳动力规划的典型办法是:人力资源管理要等到业务战略和规划已经完成后,再将业务目标转化为员工总数差距(headcount gap),并提出解决这些差距的人力资源程序和一项预算(例如改进了的招聘、人员配备或报酬)。而利用以决策为关注重心的方式,人力资源领导者们尝试了一些不同的东西。他们通过下列问题来指导年度员工总数审查(headcount review):

- 这些员工做了些什么,对我们的业务产生了最大的影响?
- 为了创造这一价值,他们的活动与组织的其他活动是如何融合在一起的?
- 在业务当中,这些活动产生过最大影响的关键流程有哪些?
- 对这些流程予以改善,怎样最有助于提高我们在市场上形成并保持优势的能力?

在这一遭接触之后,一线管理者们说:"这一对话与我以往同人力资源管理部门人员有过的任何对话都不同。之前,我从来没有意识到,员工总数规划(headcount planning)如此具有战略性!这正促使我们对以前曾经错过的战略要素进行评估。"在本书中,我们将描述为这些问题提供了基础的逻辑框架。

顺便提一下的是，提出这些问题的人力资源专业人员已被调动到了一线管理层的职位上，以显示他们的业务和战略头脑。我们也展望了这样一种未来：一线领导者们同样会明确地担任人力资源管理角色，以便他们可以学会如何具备这种战略识见。

向决策关注重心转移的意义和影响超出了人力资源计划和战略的范围。范式转移对整个组织的员工都具有深刻的意义和影响。员工的投入（employee engagement）是一个流行的提法。然而，临到解释自己的员工究竟对什么予以了投入时，大多数企业组织却都明显语焉不详。

为打造出包括信用卡、贷款、投资咨询和投资服务在内的一套完整的财务服务供给品组合，我们在20世纪90年代曾经共事过的一家财务服务组织一直在对企业进行着并购。[15]该企业组织内外部的每个人都知道，其战略目标是利用品牌和既有的声誉，作为向消费者交叉销售其他服务的基础，并进而通过协同作用获得战略的成功。业界的每个成员都在着眼于建设这样的销售队伍：善于交叉销售而不只是销售一种特定产品。就像其他所有的企业一样，这个组织也大力地投资于销售培训。它对销售人员进行调查，以追踪记录他们对协同战略的投入情况，并责成销售经理们来提高这些员工的投入程度。

然而，在新的扩展了的范式指导下，这家公司的人力资源专业人员鼓励销售经理们，从提升销售意味着使销售人员变得更好的这种传统逻辑后退，并充分考察交叉销售中所涉及的全套流程。他们意识到，过去的培训投入已大大地改善了销售流程，但产品整合滞后了。销售人员正变得越来越善于销售那些未经很好整合过的产品和服务！

抱持着这一识见，该组织对"产品整合员"（product integrator）的工作进行了重新审视，并发现它被界定为在技术性销售文件上，记录产品功能的文书任务。意识到产品整合员的重要性，该组织对产品整合员的角色进行了重新界定，以强调其在发现和实施产品的协同作用方面的卓

第 1 章 必要的演变

越性，而不仅仅是记录产品功能。对这类产品整合员的培训和其他投资的力度加大了；处于产品整合员角色中的员工们对于他们在何处可以做出最大的贡献，亦形成了更为清晰的概念。产品整合员们过去一直都在投入，但只有到了现在，他们才确切地知道了到哪里去投入。通过人才资源视角，该组织对其协同战略已有了不同的理解。

在本书中我们将会展示，像这样的机遇，存在于诸如飞机工程师、主题公园的街道清扫工，以及特色零售组织（specialty retail organization）的网页设计师等多种多样的角色之内。这些机遇之所以处于未经开发的状态，是因为，当谈到人才及其如何被组织起来的问题时，今天的指导模式（guiding model）仍然是初步的，主要着眼于程序，而不是决策。对范式的扩展揭示了这些尚未开发的机遇。正如此前所指出过的，它们代表着恰好在等待着被发现的一种未知的战略。

当今的人才决策是如何做出的

组织一直都在做着有关人才的决策。这样的决策往往被四种方法的其中之一所推动。第一种方法是遵从，它规定必须符合的规则、规章或标准。这种方法是强大的，因为它往往与减少处罚、罚款或诉讼的风险有着直接的关联。然而，纯粹基于遵从的决策很少能为那些日益增加的，并不由这类标准所明确支配的一系列情境提供指导。

第二种方法是风气和时尚。一些证据表明，人力资源管理创新所依循的那些模式更接近风尚而非理性的战略逻辑。[16] 例如，2001 至 2003 年间，那些在规模、产业和成熟度等方面跨度极大的众多企业组织同时采纳了要求领导者对其员工进行评级的绩效管理系统。因此，员工的 20% 被评为表现最优者，70% 被评为表现中等者，10% 被评为表现不力者。那么，什么是在恰好这同一时间里，适用于所有这些企业组织的基

17

本的战略和经济变动呢？

　　当然,发生作用的并不是任何形式的一种经济变动,而是从 2001 年开始登上畅销书排行榜的杰克·韦尔奇(Jack Welch)的一本书[《杰克·韦尔奇自传》(*Jack : Straight From the Gut*)]。[17]无论是哪里的业务领导者们,都在争相阅读韦尔奇如何将通用电气公司的成功,归因于其"20-70-10"系统。人力资源领导者们告诉我们,如下的情景并不罕见:一位首席执行官、董事会成员或部门主管走进他们的办公室,将这本书放在他们的桌上,然后说:"这一绩效管理系统曾对通用电气公司有效。我们为什么没有一个？"很少有人意识到,这一同样的绩效管理系统也曾被用于安然公司(Enron)(译者按:安然公司系前美国能源业巨头,因财务欺诈已于 2001 年底宣布申请破产保护,成为当时美国历史上最大的一桩破产案)！在没有一个逻辑支撑的情况下,仅仅靠追随风气和时尚,不一定会导致好结果。

　　相比之下,业务领导者们并没有要求他们的首席营销官们将通用电气公司的方法用于广告业务,或要求其首席财务官们将通用电气公司的方法用于债务结构。市场营销和财务金融是更加成熟的职业,拥有业务领导者们已经知悉的、必须用于这类决策的框架。在适用于人力资本的这类框架缺位的情况下,即使当流行的人力资源做法并不适合本组织的战略需要时,用心良好而又精明的业务领导者们也几乎别无选择,只能追随风气和时尚。相反,即使当可观的投资回报率(ROI)与其他组织内的做法有联系时,市场营销和财务金融专业人员也会进行严格的分析,以研究这些结果是否与他们的组织切实相关。

　　举例来说,美国全国汽车竞赛协会(NASCAR)所做的研究显示,在一项新的赞助被宣布的当天,该协会普通赞助商的股票价格会上涨。[18]然而,这并不意味着,每一家公司都应该赞助该协会的一个赛车队。作为一门决策科学的市场营销学要求,公司必须考虑的是,赞助一个团队

第1章 必要的演变

是否与其特定的战略背景相称;它也规定了对市场营销做法的应用,要依据细分市场而有所区别。这与"抹花生酱"式的做法——将同样的绩效管理系统施于所有员工,而罔顾其具体角色——正相反。

做出人才与组织决策的第三种方法是平等。组织说:"我们所有的员工都是重要的。给予他们之中的一些人以不同的对待,是不公平的。所以,我们所做的一切都必须是公平的,能平等地适用于每一个人。"与收入管理(revenue management)相关的类似辩论也已经随之发生。随着时间的推移,有关客户细分的决策原则已经引导了精密复杂的收入管理系统的开发。这类收入管理系统基于客户对战略目标的重要性,而对它们加以区别对待。可口可乐公司(Coca-Cola)已试行了基于室外温度给软饮料(soft drink)定价的自动售货机;而当气候模型显示一个地区免不了要遭受坏天气时,沃尔玛(Wal-Mart)存储了更多的 Pop-Tarts 牌夹心果饼。[19]酒店业的研究表明,提供有关差异化定价的逻辑基础的信息,能够增加对公平性的认知(fairness perceptions)。[20]公平(fairness)和平等(equality)是不一样的,但同时实现这两个目标的关键,是一个有效沟通的差异化(differentiation)的逻辑基础。

同样的事情正发生在人才方面。当谈及就业,公平(equity)是很重要的(无论就过程还是结果而言)。但公平并不等同于对所有员工的平等待遇,一如它并不意味着对所有客户的平等对待。趋于成熟的职业便会做出这种区别。我们发现,这是组织能够做出的最困难的区别之一,但也是最重要的之一。我们将描述已协助组织接受了这一挑战的一个逻辑框架。

最后,人才与组织决策的第四种基础是战略逻辑。这是我们在本书中将要倡导和阐发的决策框架。非常重要的是,人力资源职业内外部的领导者们能够与时俱进,做出更多与组织的效力和战略的成功有着深刻逻辑联系的重大人才决策。与市场营销和财务金融方面的情形正相仿,并非每一项决策都将是同样严格的,但必要的演变要求组织能够更具理性和逻辑性地对这类联系予以系统性考虑,并将它们用于更多的重要的人才决策。随着时间的推移和持续的使用,逻辑性和精确度将会提高,正如在财务金融和市场营销领域里已经呈现出来的那样。这将不仅仅会对人力资源职业有所推进,更重要的是,它将会推进组织的战略能力。

标志一门决策科学出现的条件

历史性的条件表明,一门人才决策科学必定会很快出现,而使用它的组织将会兴旺发达。这些条件包括:

- 资源对于业务的成功很重要。
- 资源是受约束的。
- 存在着支撑资源的完善的专业做法,能提供执行决策并监测其效果的能力。

在财务金融学和市场营销学创始之时,类似的条件也曾存在过。此外,还包括执行决策的合适的业务流程,主要是通过会计和销售职能。当这些新兴科学出现时,其早期的应用具有巨大的竞争优势。不过,随着它们得到更为普遍的使用和了解,用新的科学原则营造突破性的竞争优势将会变得越来越难。它们成了标准做法。

不妨考虑一下通过财务资源决策的新方法来营造和保持突破性的竞争优势的困难程度。作为一门决策科学的财务金融学已变得如此成熟和发达,以至于跨各类组织间的变化已越来越小。额外的创新不仅难以产生,而且也会被迅速地复制——因为财务决策的重要性举世公认,各类组织内的成熟的决策系统能够快速地侦知和吸收这类创新。

例如,呈现套利机遇的"货币估价异常"(currency valuation anomalies)现象一度会持续若干天;如今,它们瞬间即逝。金融体系已演变得可以及时发现它们,并调动大量的资本对其迅速加以利用。市场的校正瞬时便可完成,货币估价异常于是不复存在。同样的事情也可以在市场营销领域中看到:有太多的公司采用了能使优势得到更迅速复制,而差异化因子(differentiator)也更加难以保持下去的"仿效快手"(fast-follower)(译者按:亦可称为"跟进快手")模式。

问题的关键在于,最早认识到一门决策科学的出现的组织经常能够发现改进了的可持续的战略成功方面的大量机遇。像我们将会展示的那样,如今存在着适用于人才与组织资源的一门决策科学出现的条件。

市场、决策科学和专业做法的区别

如果我们想了解一种职业是如何变得具有战略性的,我们不能通过在该职业内部进行考察,或通过向内部客户询问它是否具有战略性来达成这一点。相反,我们必须从战略的形成和制定之处开始,从组织赖以参与竞争并兴旺发展的那些市场中开始。

至少有三类市场对组织的成功至关重要:财务市场、客户—产品市场和人才市场。在财务和客户—产品市场当中,界定组织如何在市场上运作的专业做法同用来分析和配置那里的资源的决策科学存在着明晰的区别。例如,会计制度(专业做法)和财务金融学(决策科学)之间,就有着明晰的区别。就应对管理汇报(management reporting)和满足外部要求而言,会计制度至关重要;而财务金融学所开发的,是被用来做出与适当的债务结构、内部收益率临界值(rate-of-return threshold)等相关的决策的工具。销售的专业做法和作为决策科学的市场营销学之间,存在着明晰程度相当的区别。出色的销售做法和量度标准是至关重要的,但它们迥异于用来做出客户细分、市场定位和产品组合决策的工具。

如今,会计学与财务金融学之间的那些差别太明晰了,以至于我们甚至很少考虑到它们。成为一名成功的会计师的胜任力虽与那些适用于一名成功的财务主管(首席财务官、财务总监等)的胜任力相关,但显然又完全不一样。而专业的课程反映了这一点。业界本身也已用这种方式进行了细分——大型会计师事务所便迥异于对财务金融有所侧重的投资银行公司。相类似地,销售的胜任力和活动显然也有别于市场营销的胜任力和活动。

这并不意味着,专业做法仅仅是行政管理性的或不太重要的。没有专业做法,决策科学就无法存在。事实上,专业做法必须先于决策科学而存在。在市场营销出色而销售不力,或财务金融上佳而会计外行的情形之下,很少有组织能够生存。如今,会计与财务金融之间或销售与市场营销之间的协同作用是如此强大,以至于很容易忽视决策科学如何从专业做法演变而来,以及它们二者如何既密切相关又有所区别。对专业做法和决策科学之间这一共生关系的更为切近的考察能够揭示出有关人力资源管理的演变,以及将会改变它的人才决策科学的识见。

一如财务金融和市场营销,人力资源管理帮助公司运作于一个至为重要的市场——在这一情形下,是人才市场。如果既没有有效的决策也没有专业做法,组织在财务和客户市场上便不可能成功。但它们是两种截然不同的要素。在人才市场上,组织将会越来越多地通过与专业做法协调一致的有效决策的协同作用来竞争。在我们看到这种区别被应用于人力资源管理和人才的同时,我们也看到,比起那些用在财务金融或市场营销上的决策流程,人才市场上的组织决策流程较为不够成熟和完善,而人力资源专业做法则更为成熟。在如今的人才市场上,专业做法和有效的决策系统之间的区别不太明晰。然而,对这种差别的清醒认识还是能够揭示出即将到来的演变的路径。

第1章 必要的演变

决策科学从专业做法演变而来

尽管会计与财务金融一如销售与市场营销一样,具有明晰的区别,但或许最有价值的识见可以得自于它们的协同作用,以及决策科学如何从专业做法演变而来。会计学不仅拥有约500年的历史,而且在作为决策科学的财务金融学显示出会计量度标准如何能够基于概念[例如相对资本回报率(relative returns on capital)]来支持决策,以及不同的因素[利润率(margin)、资产生产率(asset productivity)和财务杠杆率(leverage)]如何影响这些回报之前很久,就已是一个发达的职业了。

财务金融学出现于20世纪初,主要归功于杜邦公司(DuPont)——杜邦模型如今仍然在广泛使用。[21]为什么会是20世纪初呢?因为那正是资本的获取和配置成为竞争优势的重要来源的时候,也正是当辨别哪些业务可以带来适当的资本回报率的能力对有效的决策变得至关重要的时候。在那之前,组织是由那些具有普遍一致的资本回报率的业务单位——即使相当庞大——构成的。随着工业生产的日益向前推进,在企业内部和各个资本市场上,资本投资决策的重要性更进一步地增加了;而为了改善这些决策,财务金融工具也随之而演变。[22]例如,西尔斯百货公司(Sears)是一个庞大的组织,但它每一个地点的资本模式却几乎没有什么变化。

同样地,销售和贸易本身一样古老。而在市场营销学决策科学使用销售的信息来建立诸如客户细分和产品生命周期等决策模型之前很长一段时间,销售做法就已是一个发达的职业了。通过使品牌与特定的细分客户群保持协调一致,艾尔弗雷德·斯隆(Alfred Sloan)改组了通用汽车公司(GM),并规划了新的方向。这一战略意味着,例如,雪佛兰(Chevrolet)分部将生产中端市场(midmarket)轿车,而不是卡迪拉克

(Cadillac)。在随后的几年里,当客户和产品市场的规模和复杂程度使得系统性的决策——关乎市场细分、产品线管理、品牌化等——成为组织的竞争力因素时,市场营销学决策科学取得了飞快的进步。市场营销从几乎完全专注于广告做法,向如下趋势演变:把广告仅仅当做为了实现战略的成功和价值的增进,而被协同配置在一起的多种工具之一。[23] 20世纪50年代期间,与有竞争价值的客户相关的决策从广告研究导向型,转向了决策导向型。[24] 顶级管理层开始承担起责任,利用所提供的工具并通过战略性的配置决策,把市场营销与整体的业务目标整合在了一起。[25] 今天,在像百事可乐和卡夫食品(Kraft)这样的定量包装商品公司里,产品或包装由销售它们的零售店的类型来予以细分。你在一家小便利店的一桶冰里,将能找得到单只供应(single serve)的百事可乐;而在室温下的超级市场货架上,则将能找到六只装(six-packs)的。

图 1-1

从专业做法向决策科学的演变

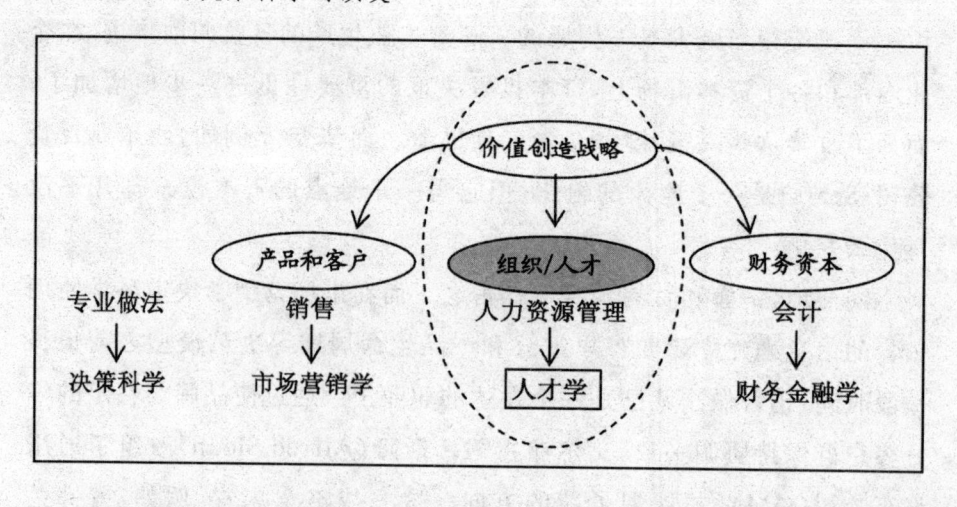

专业做法	产品和客户	组织/人才	财务资本
	销售	人力资源管理	会计
↓	↓	↓	↓
决策科学	市场营销学	人才学	财务金融学

(价值创造战略)

如图1-1所示，来自于财务金融和市场营销的历史性经验教训表明，与人力资源专业做法将继续存在同样重要的是，今天的人力资源管理挑战将不会只是通过这类专业做法方面的、逐步增大的改进予以应对。今天的人力资源职能通常基于专业的且往往经过充分研究的原则，通过着眼于人力资源做法（人员配备、发展、报酬、劳资关系等）的提供，来创造价值。这些做法很重要。而研究也表明，当完成得不错的时候，它们能为组织添加价值。[26]然而，仅仅是专业做法，并不能系统地处理和应对人才市场日益增加的复杂性和重要性，以及今日的竞争性挑战。

财务金融框架通过提升依赖或影响财务资源的决策，来创造组织价值；市场营销框架通过提升依赖或影响客户或产品资源的决策，来创造组织价值。财务金融学和市场营销学所提供的，是极具逻辑性的可靠框架——它们能将财务和客户资本与组织的可持续的战略成功联系在一起。要为组织打造可持续的独特竞争地位，战略决策必须超越通用的最佳做法。[27]

人才学：新的决策科学

市场营销学和财务金融学的经验教训告诉我们，人才决策科学的目标将是通过改善影响或依赖人才资源的决策，来增加组织的成功几率。为描述这门新的决策科学，并反映员工人才资源的管理方法（stewardship）这一概念，我们自创了人才学（talentship）这一术语。按照图1-1的显示，人才学之于人力资源管理，就相当于财务金融学之于会计，以及市场营销学之于销售。人才学作为决策科学，提供了能把人力资本、组织设计、组织效力以及最终的战略成功联系在一起的一种逻辑。

一如我们所定义的，人才资源不仅包括了为你的组织所了解并予以管理的人才,而且也包括了所有那些潜在可用的和有价值的人才——要是你知道他们就好了。它不只包括你所拥有的人员以及他们是如何被组织起来的,也包括你可能潜在地得到的人员以及你可能做出的相关组织决策。例如,在先前有关产品整合的例子里,该组织通过它的职位描述和绩效工具系统,对其产品整合员中间的文书人才进行了了解和追踪。它所未予追踪的,是他们发现和实施新的产品整合方法的能量。这一未知的人力能量,是具有改变游戏规则(game-changing)意义的产品整合战略的关键。

对有关这一资源的决策予以改善,是人才学的领域。人才资源不仅包括个人的能力,也包括他们的动机和所碰到的机遇。它涵盖了诸如人力资本和知识这类概念。人才学作为决策科学,还包括了用以改善与如下这些方面相关的决策的一种结构:如何提升个人的贡献度,以及如何提升个人在正式和非正式的组织设计、结构等方面的互动方式。人才学所关注的,是改善有关人的才能及其如何组织和互动的决策。

人才战显示了对人才学的需要

人才战(war for talent)指的是这样一种需要:组织要有效地吸引、发展并保留必要的人力资源——尤其是在那些他们将会变得稀缺的地方,最大限度地关注那些能够获取和留住更多稀缺人才的人力资源做法。人才战显示了我们先前所描述过的条件:人才资源之于成功不可或缺,而且正受到越来越多的约束。此外,在人才资源管理得有多好方面,存在着很大的变动幅度——这就为重大的竞争性转变和持久的竞争优势提供了必要的条件。

然而,人才战辩论的大部分仍然是围绕着确定那些使组织能够获得并留住稀缺人才的人力资源专业做法。人才学之所以与人才战相关,是

第1章 必要的演变

因为它所应对的,是有关在至关重要的人力资本市场上如何更有效地参与竞争的决策。但是,人才学鼓励的,是一种扩展了的视角。

人才学建议,第一个问题应该是:"赢得人才战能在什么至关重要的人力资本市场上,对我们的战略成功产生最大的影响?"人才学帮助组织确定,在何处赢得人才战最为紧要。它提供了一个能够确定对稀缺人才予以争取的独特方式的战略逻辑,而不只是模仿那些曾经对其他组织有效的做法。

大多数关于人才战的著作都假定,打赢意味着获取和留住更多的稀缺人才。然而,按照人才学视角的揭示,这只不过是这些资源的战略管理的一个选项。举例而言,高品质矿物燃料的短缺,昭显出对能在范围更广的燃料质量下有效地运作的发电设施投资的明智性。人才学为人才资源界定了相类似的替代方案。对高品质呼叫中心人才短缺的最佳回应可能是对角色重新加以界定,以便自动化系统能提供更多的指导,并可以在更多元化的人才素质条件下运转。你当然不需要一个大活人来告诉你一个航班是否延误飞行,或是记下你的"飞行常客"(frequent-flier)卡号码,但你可能的的确确需要一个真的人,来确定你是否可以把你15磅重的猫带进机舱内。

稀缺资源的第二种替代方案,是将它们配置在它们具有最大作用之处。一家企业组织会例行地分析它自己的生产运营,以确保它们专注于能带来最高的整体利润率的产品组合。针对人才与组织资源,人才学提倡了一种类似的方法。如果领导者或工程师供应短缺,将他们分配在他们可以发挥最大作用的地方至为重要。有关人才战的辩论,大都仅仅着重于选项的其中之一——获得更多的人才;而传统的人力资源管理的回应是,设计出比以往任何时候都更多的获取、发展和保留人才的创意程序。

认识到存在着人才战,就类似于杜邦公司认识到存在着"资本战"

（war for capital），以及通用汽车公司的艾尔弗雷德·斯隆认识到存在着"客户战"（war for customers）。但这两家组织对于这一识见的反应绝不仅仅是通过寻求能够获得更多的资本或客户的做法，而是利用一些一流的精密复杂系统，来指导有关资本和客户的最优决策。在今天的人才战里，组织必须超越这样一种传统范式：即为了吸引和留住人才，而打造比以往任何时候都要更为精密复杂的人力资源做法。它们必须通过一门决策科学，把人才作为具有竞争力的资源予以正视。

必要的演变和人力资源专业人员的角色

一种被普遍认可的谬论认为，人力资源职业的未来仅仅存在于诸如"战略性业务伙伴"、"组织架构师"或"人力资本变革推动者"等角色的领域。其想法似乎是，如果人力资源专业人员不属于这些角色的其中之一，他们就将是不相干的、被外包出去的或遭到淘汰的。当然，这些角色是重要的，但历史证明，成熟的职业会扩展其角色，而不是将先前的角色弃置于后。当财务金融学出现了，所有的会计师并不是非得成为财务分析师；当市场营销学出现了，所有的销售人员也并不是非得成为首席营销官（chief marketing officer）。按照图 1-2 的显示，这是一种范式扩展，而不是替代。

财务金融和市场营销已从专门着眼于控制，向其他的着重点演变：先是将着眼点向提供具有附加价值的服务扩展，最后再将着眼点向改进关键性决策扩展。就其控制角色而言，通过确保对重要的规则、规章或标准的遵从，一种职业得以创造价值。美国的萨班斯-奥克斯利法案（Sarbanes-Oxley Act）不久前便增加了会计职能中的控制活动。[28] 同样地，指导广告内容的规章反映了市场营销中的这一着眼点。至于人才方面，这一着眼点是与人事职能（往往被视为行政管理）联系在一起的。

第 1 章 必要的演变

图 1-2

扩展人力资源管理范式

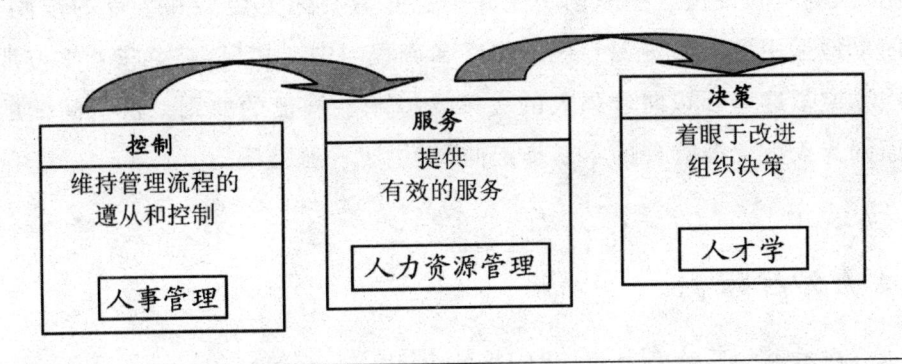

控制	服务	决策
维持管理流程的遵从和控制	提供有效的服务	着眼于改进组织决策
人事管理	人力资源管理	人才学

然而,遵从——如对法律规定或国际劳工标准的坚守——仍然是重要的。

服务的角色也很重要。在财务金融方面,它意味着必须有及时和准确的会计和报表管理;在市场营销方面,它意味着必须有强大的广告或销售服务。类似地,提供诸如报酬、继任规划、人员配备以及培训等方面的强有力的人力资源服务会一直很重要。

不过,财务金融和市场营销等领域已经利用讲授有助于那些业内业外人员做出更好决策的框架的决策科学,强化了它们的服务提供模式。例如,市场营销学中一种服务提供的方法将会针对业务领导者们所要求的地点和时间,提供出色的广告。更现代的专注于决策的方法会向业务领导者们,传授有关细分客户群和客户对广告的反应的原则,然后让领导者们对他们在如下这方面的成功负责:打造能够增加关键性细分客户群内的销售额和利润的战略。

在本书中,我们描述了一门适用于人才与组织资源的决策科学,以及组织领导者们为了改善他们的人才决策,如何必须学习这一决策科学的原则——恰如他们过去学习市场营销学和财务金融学的原则一样。一如我们将会看到的,人力资源职业所担当的一个新的重要角色,将是制定、阐明和传授这些原则。这并不意味着将财务金融和会计的准则,简单地运用到人力资源管理的程序和流程当中。相反,它意味着学习那些界定了这些领域向着强大的决策支撑职能演变的原则。这些演变的原则为人力资源管理的下一步走向,提供了一张蓝图。

本书的目标

在本书的后续章节里,我们将致力于:

- 为如下这类业务领导者们提供一个宣言:他们认识到,存在着某种比目前将人力资源管理作为一种战略伙伴关系来界定的更为丰富的东西;他们想要提高其组织内有关人力资本的决策的质量和严谨性
- 提供一个将人力资本同组织效力与战略成功联系在一起的具体逻辑框架
- 阐明在财务金融和市场营销领域里,历史性地创造了突破性识见的相同逻辑如何能被应用于依靠并通过人才来竞争
- 描述一门人力资本决策的新科学。它类似于适用于资金和客户-供给品的财务金融和市场营销决策科学
- 切实地展示人力资源领导者和一线领导者如何能够依靠并通过人力资本战略性地参与竞争,正像他们依靠并通过技术、资金和品牌参与竞争一样

第1章 必要的演变

本书的组织架构

本书的第1章已对人才学做了介绍。作为必要的演变,人才学将人力资源管理范式从服务向决策扩展。本书的第2章将对一门决策科学及其配套要素予以界定。本章将会显示,财务金融学和市场营销学等更为成熟的决策科学如何能对通往一门人才决策科学的路径加以引导。我们将会看到,合乎逻辑的决策框架是一门决策科学的基本支柱。本书的第3章将会介绍被称为"人力资本桥梁模型"(HC BRidge model)的决策框架,并会说明它的那些要素如何在组织与人才决策同战略的成功之间,提供一种逻辑联系。作为本书的组织框架,这一模型将会展示,对人才与组织的投资如何通过效率、效力和影响,被联系在一起。本书的第4章到第8章将使用如上所描述的这一决策框架,展示组织如何能够更刻意地确定它们自己的战略支点,确定最要紧的组织与人才支点,然后确定将使那些支点成为现实可能的程序、方针和投资。本书的第9章所要描述的,是人才学对于人力资本和组织量度的意义和影响。本书的第10章将会描述在与组织打交道的十年里,我们所学到的有关实施人才学组织(talentship organization)的知识和经验,并对人力资源管理的下一步走向进行探索。

第2章 应用于人才的一门决策科学

——了解必要的组成成分

本书第1章界定了人才学决策科学的目标:"通过改善依赖或影响人才资源的决策,来增加组织的成功几率。"在本章中,我们将界定一门决策科学及其必要的组成成分的概念。我们这里将专注于那些构成了所有成功的决策科学的特点的要素,以及它们如何适用于人才。本书的第3章将会对被我们当做人才学决策科学的支柱来使用的具体的决策框架——作为本书其余大部分内容的基础的框架——更为充分地予以描述。

为什么是一门"决策科学"

大约是在1999年,我们开始使用决策科学(decision science)这一术语,以把握人力资源管理的必要的演变的性质。自那时以来,它在人力资源主管、思想领袖(thought leader)以及学者间的使用已变得越来越普遍。由人力资源管理协会(Society for Human Resource Management)联合出版的、以人力资源管理的未来为主题的2005年思想领袖论说集包含了题为"将人力资源管理视为一门决策科学并为其带来规制"(See HR as a Decision Science and Bring Discipline to It)的整整一编。[1] 这一编包含了出自于我们之手的、将人才学概念应用于可持续的企业的一个章节。[2] 它也包括了诸如"科学戳穿人力资本神话"(Science Explodes Human Capital Mythology)、"人力资源会计、人力资本管理以及底线"(Human Resource Accounting, Human Capital Management, and the Bottom Line)、"改善人力资源管理的分析素养"(Improving Human Resources' Analytical Literacy),以及"人力资源管理与业务绩效的二元理论"(The Dual Theory of Human Resource Management and Business Performance)等其他章节。

然而,人才决策科学并没有被广泛接受的定义。几十年来,一直存在着决策和决策制定的一般性科学,积累着有关决策者如何行为,以及那些提升或降低其合理性和精确度的因素的识见。我们的人才决策科学概念便借鉴了这一研究。如同我们将会看到的,一门决策科学的组成成分帮助界定改善人才决策的必不可少的要素,以及人力资源职业的相关性。首先,让我们考虑一下把决策(decisions)和科学(science)结合在一起的力量。

决策

为什么我们要着眼于决策?正如我们在本书第1章中所看到的,市场营销和财务金融演变为它们今天所代表的具有战略影响力的职能,很大程度上是通过将它们的范式,从遵从到服务再到决策予以扩展。单是职能性服务的卓越性,不能通过这些资源来实现战略的成功。这是因为,这些资源与组织的不断成功不可分割,并非孤立于单一的职能之内。依赖或影响财务资本或客户的大多数决策都是由财务金融和市场营销职能以外的、担任首席领导角色的人做出的。人才决策的情形也是

第2章 应用于人才的一门决策科学

如此。

当我们要求一线的或人力资源领导者们想出一个依赖或影响人才资源但事后来看做得并不好的决策时,即使那些拥有业界一流的人力资源职能部门的企业也可以给出不胜枚举的例子。这些例子很多都有着惊人的一致性。人才决策的错误通常不(not)是由人力资源专业人员犯下的。蹩脚的人才决策的根源很少是蹩脚的人力资源程序;相反,它们是由具有意想不到的人才意义与影响的、出于善意的领导者们做出的。

例如,一家高度专业化的高科技公司做出决定,搬迁到离占其收入比远远超过50%的主要客户更近的地方。这一决策的逻辑是,通过将其业务运营设置得更加近便,该组织可以更有效和更迅速地服务于这家大客户。但被忽略的情况是,主要的服务离不开几位成熟老练而又高度专业化的专家。当这一搬迁举措被宣布后,离开该组织的专家比预期的要多。这一分裂对客户关系和公司声誉的损害程度远远超出了毗邻而居的好处。该决策原本需要整合三种视角:财务、市场营销和人才。财务和市场营销要素虽然得到了合乎逻辑的考虑,但未能对人才的意义和影响予以精确考虑,最终破坏了预期的好处。

我们曾一起共过事的几位高级主管强调说,人力资源战略往往反映了传统上不可或缺的某些行业需要。如"避免员工罢工",就与这样一些公司相关:重工业对其来说至关重要;其领导者在晋升至顶级人力资源管理角色之前,往往工作于劳资关系部门。而在许多销售组织里,其战斗口号则是"降低员工流动率",因为员工流动的成本是如此明显。人力资源领导者们指出,如果没有一个合乎逻辑的决策框架的话,这类目标会变得特别突出,以至于遮蔽住了其他重要的组织需要。

改善人才与组织决策的最大的机遇是通过改善在人力资源职能之外所做出的那些决策来体现的。就像有关财务和客户资源的决策一样,人才决策权属于那些能够做出影响人才决策的主管、经理、领班和员工们——这里所说的人才,包括他们自己和那些他们需要对其负责或与其互动者。即使在核心的人力资源流程——诸如继任规划、绩效管理、人员选拔和领导力发展——之内,效力方面的潜在改善也依赖于对非人力资源领导者的胜任力与投入度的改善——与人力资源管理通常所能直接控制的其他任何东西相比,其依赖程度都要严重得多。

搬迁例子的典型在于,最重要的业务决策会对多种资源造成影响。因此,目标应该是,为领导者们配置更全面的决策框架。这并非是一个在人员和利润间进行选择——组织的财务总监(financial controller)为利润而争,而人力资源领导者则扮演员工的吁求者——的问题。相反,其目标是一门使领导者能够将人才资源与其他至关重要的资源整合在一起的决策科学。毫无疑问,这能改善人才与组织决策,但其最终目标是更广泛地改善战略决策。

科学

为什么要使用科学(science)这个词呢?因为那些最成功的职业都拥有这样的决策系统:它们遵循科学的原则,同时具备把新的科学知识迅速转化为实际应用的强大能量。财务金融学、市场营销学和业务运营学等学科不仅为领导者们提供了说明那些资源如何影响战略的成功的框架和概念,也反映了大学、研究中心和学术期刊的研究成果。它们的决策模式与支持它们的学术科学的语言和结构是彼此吻合的。

例如,就运筹学(operations research)而言,在业界使用的技术工具和赋予其神髓的学术研究之间,往往有着很密切的联系。在全面质量管理(TQM)领域,经理人员所使用的决策框架反映了能转化为与诸如检验、维修、调整和设备更换一类流程之间的逻辑关系的基本逻辑要素——如计划(plan)、实施(do)、检查(check)以及行动(act)。这一逻

第2章 应用于人才的一门决策科学

辑使得经理人员的决策模式得以迅速地被有关统计流程控制、控制图以及时间序列统计分析等一类主题的研究所渗透。同时，它也为那些始终用实行全面质量管理的领导者们所面对的逻辑和实际问题来设计其研究问题的研究人员们，提供了一个背景。[3]

就人才与组织而言，领导者们所使用的逻辑框架同有关人力资源管理和工作场所人类行为的学术研究往往令人沮丧地很少具有相似性。[4]如同我们在本书中将会随处看到的，这之所以令人遗憾，是因为，领导者们能够从学术研究成果里学到很多；而通过更好地将业务领导者们的识见纳入其研究，学者们也可以学到很多。[5]不妨比较一下财务金融学中的债券评级方法和人力资源专业做法中的员工评估做法。双方都致力于为带一些风险的某种资产的未来绩效，提供一种有效而可靠的量度标准。一个财政部门在其投资决策中买进科学意义上严密的债券评级的信息，是意料之中的事；而由于人力资源职能部门看不到什么价值，它们往往缺乏对科学的员工评估投资（有效的测试、访谈、评估中心、调查等）的支持。事实上，自20世纪40年代起，用于比较就业测试的成本与其益处的框架便已经存在。但是，它们并没有被广泛使用，部分地是因为组织的决策框架与这些模式的逻辑原则几乎没有关联。[6]

一门决策科学也会通过科学的方法来探讨决策。这意味着问题是被设定的，以便它们可用基于数据的结果来检验和证伪；这也意味着当新的研究成果使旧的观念被淘汰时，支撑决策科学的逻辑要被修改；这还意味着，决策框架会明确地将新的科学成果转化为实际的意义与影响。这一科学方法包括，但远不止限于，一种基于事实的人力资源管理方法。许多带有"决策科学"标签的文章都与改进的分析方法、量度或记分卡有关。正如我们稍后将会说明的，数据当然是一门决策科学的要素，但被人力资源专业做法所使用的大部分数据都缺乏利用它们来促进决策或科学的必要的逻辑框架和分析。

一门真正的决策科学远远不止于仅仅把事实和量度标准结合在一起。一门决策科学对与资源相关的科学研究加以利用并赋予其以活力。与如下内容有关的研究大量存在：工作场所的人类行为、劳动力市场，以及组织如何能够更好地靠人才与组织资源竞争并对人才与组织资源进行争取。诸如心理学、经济学、社会学、组织理论、博弈论，乃至运营管理（operations management）和人体生理学之类的学科都包含强有力的研究框架和研究成果。不幸的是，这类成果向实际决策的转化往往可悲地缓慢或并不存在。一门决策科学将研究同组织的决策者们所面临的现实困境联系在了一起。它也提供了一种方法，不仅可将人才与组织方面的研究应用到其他领域，并且能引入其他科学领域（如运营学、战略学、市场营销学等）的识见，以影响组织内部的人才决策。

一门人才决策科学的组成成分

要落实一门人才决策科学，重要的是要考虑什么是必需的。基于我们从人力资源管理之外的领域所了解到的，以及我们在组织内部实施人力资源管理决策科学的经验，我们认为在一门成熟的决策科学当中，存在着如下五个重要元素：

- 决策框架
- 管理系统整合
- 共享的心智模式
- 数据、量度和分析
- 着眼于最优化

决策框架

决策框架界定的,是有关某种资源的决策同组织的最终目标之间的逻辑联系。它界定了组织应该如何以一种共同的和连贯一致的方式,思考业务决策的人才意义与组织影响。它提供了对涉及资源的决策进行评估和改进的依据。

一种有效的决策框架提供了被拆分为独立要素的因果关系链的连贯一致的逻辑模型。杜邦公司的股本回报率(ROE)模型,是一个很好的例证。[7] 如图2-1所显示,存在着一个被细分成三要素(利润率、资产生产率和财务杠杆率)的目标股本回报率。

股本回报率作为一个连贯一致的和合乎逻辑的模型,可表示为一个代数公式。它也描述了资本的因果链:

$$股本 \rightarrow 资产 \rightarrow 销售 \rightarrow 利润$$

图 2-1

杜邦公司股本回报率模型

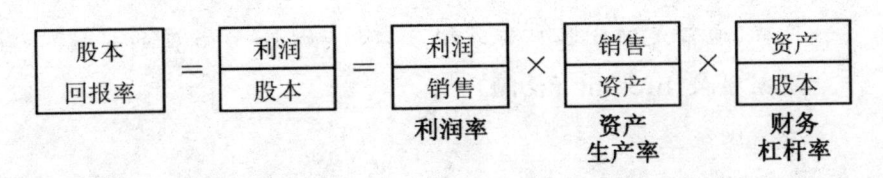

$$\frac{股本}{回报率} = \frac{利润}{股本} = \underbrace{\frac{利润}{销售}}_{利润率} \times \underbrace{\frac{销售}{资产}}_{资产生产率} \times \underbrace{\frac{资产}{股本}}_{财务杠杆率}$$

经《商业史评论》(*Business History Review*)第49期第2号许可重印。图示来自H.托马斯·约翰逊(H. Thomas Johnson)1975年的"一个早期综合产业中的管理会计:杜邦公司,1903~1912年"(Management Accounting in an Early Integrated Industrial: E. I. DuPont de Nemours Powder Company, 1903-1912)。哈佛学院院长和研究员版权所有(1975);保留所有权利。

从模型右下角的分母开始,因果链可以描述如下:

- 股本(投资)被用来购置资产(资产与股本之比,是财务杠杆率)。
- 资产被用来形成销售(销售与资产之比,是资产生产率)。
- 销售产生利润(利润与销售之比,是利润率)。

在利润率、资产生产率和财务杠杆率之间,存在着相当大的独立性。虽然在这些要素之间几乎从未存在过完全的独立性,一个好的决策框架将会尽可能多地予以实现。在杜邦公司的模型内,降低销货成本(cost of goods sold)可以在不影响资产生产率或财务杠杆率的情况下,增大利润率;增加应收账款(accounts receivable)可以在不影响利润率或财务杠杆率的前提下,提升资产生产率;最后,通过增加债务来减少股本,可以在不影响资产生产率或营业利润率的情形下,增加财务杠杆率。

同样的标准的因果关系链也可以在来自于市场营销学的决策框架里看到。虽然可能存在着众多的变体,一个典型的市场营销学决策框架是:

投资→组合[如产品、价格、促销和分销(placement)"四个P"]→目标(通常是细分客户群或细分市场,如18～25岁的男性)→生命周期利润(lifetime profit)

"人力资本桥梁":人才学的决策框架。人才与组织决策的因果链可以被描绘为:

投资→程序与做法(效率)→组织要素和人才资源库的绩效(效力)→组织的可持续的战略成功(影响)

图 2-2

财务金融学、市场营销学和人才学的递进序列

```
        财务金融学              市场营销学              人才学

                            生命周期              可持续的
          利润                 利润                战略成功
利润率      ↑      客户价值       ↑        影响        ↑
                              目标                组织与人才
          销售               (细分群)
资产生产率    ↑       反应        ↑        效力        ↑
                              组合                程序与做法
          资产              (四个P)
财务杠杆率   ↑       花费        ↑        效率        ↑
          股本                投资                  投资
```

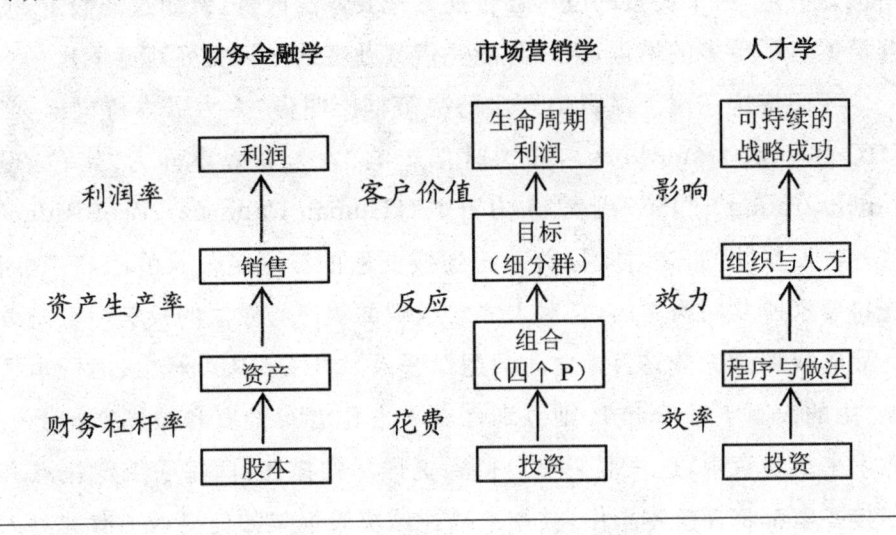

图 2-2 展示了我们所描述的财务金融学、市场营销学和人才学的因果逻辑。类比虽并不完全精确，但可以看出背后的逻辑是相似的。问题的关键不在于人才学的逻辑与市场营销学和财务金融学的逻辑具备完全的一一对应关系，而在于它与它们具有逻辑上的一致性：资源花费在活动或资产上面；这些活动或资产为销售、客户和人才资源库等目标带来变化；这些目标为财务成果或其他可持续的战略成功因素带来变化。

这些环节也是独立的。你可以花费同样的数额去开展培训活动（效率）并从培训的程序与做法中，得到远为不同的结果（效力）。同样地，你也可以提高不同的人才资源库的技能（效力），但通过新技能取得的成果的差别可能会很大。同等水平的效率可以产生不同水平的效力，同等水平的效力可以产生显著不同的影响。正如我们将会看到的，当组织缺乏

这样一个框架时,它们会错误地仅仅考虑逻辑链的一个部分(例如,压缩人力资源预算以产生更高的效率,而不考虑效力或影响);或者,它们会错误地假定,一个要素的改善会带动其他要素的改善(例如这样假定:倘若员工有了更多的培训,组织将能凭借其独特的知识更好地竞争)。

我们将这一用于组织与人才的决策框架叫做"人力资本桥梁框架"(HC BRidge framework),并同时把影响、效力和效率称为"定位点"(anchor point)["HC"代表"人力资本"(Human Capital)。而"BRidge"(桥梁)所反映的,是对支撑着一组连接要素的三个定位点的隐喻;这组连接要素所共同跨越的,是对人才与组织的程序与做法的投资同可持续的战略成功这一最终目标之间的逻辑联系。"HC BRidge"(人力资本桥梁)中的大写字母 B 和 R 则分别代表本书作者布德罗和拉姆斯特德]。在本书第 3 章中,这一框架将会得到更详尽的描述;而每一个定位点和连接要素都将在整本书中,被用来描述该决策框架如何揭示了有关对人才进行争取并靠人才竞争的新的识见。

传统的人力资源管理决策框架。对于人才学和用于人力资源管理的决策框架的欠缺,人力资源领导者们通常的第一反应是:"我们已经有很多为帮助人力资源管理职能以外的领导者们做出决策而设计的系统,如薪水结构和胜任力系统。"不妨考虑一下薪水结构。几乎每个人都知道他们的薪水等级(salary grade);而员工和经理人员们在其有关预算编制、人员总数规划、绩优薪金以及其他奖励的决策里,常规地使用着薪水结构。由于薪水等级往往是描绘组织的人才资源的唯一可用框架,它们可以成为诸如签字权、参与领导程序、停车位分配以及许多其他与原初目的无关的决策的默认框架(default framework)。薪水等级系统当然会对决策产生影响,但就我们对决策框架的界定而言,它还算不上一个决策框架。它实际上是一个用以提供人力资源管理系统的组织框架,而不是一个资源决策框架。

贯穿一个企业的胜任力系统能达到相似的目的。如果做得好,它们能够提供组织内部用以对能力进行界定、量度和发展的共同的架构。其中不仅包括了一份工作的职位要求,而且也包括了合乎逻辑的递进关系(logical progression),以及工作职位之间的重要的过渡点。这类系统可用于使关键的人才管理系统和个体量度协调一致,以帮助发展每个个体和整个人才资源库。它们与薪水等级结构一样,非常重要和有用,既支持决策也支持数据分析。然而,即使是发达的胜任力系统版本,也不提供针对如下重要业务问题的必要的识见:如替代性业务模式的人才意义与影响、组织的结构与设计、竞争性的人才市场价值主张,以及人力资源投资的价值。

薪水结构和胜任力系统与在财务金融学决策科学出现之前就已存在的"会计科目表"(chart of accounts)之类的会计学的组织框架非常相似。[8] 会计科目表提供了一个用以组织大宗数据的分类系统,当然有助于提高决策的连贯一致性。与会计科目表一样,薪水等级系统透过系统性的管理控制,来提供其主要的价值。它出现于我们前面描述过的人事的控制时代。它往往在抑制过度投资方面,比在查明增加的报酬将能在哪些领域内优化组织的价值方面,能创造更多的价值。胜任力模式出现得更为晚近——是在人力资源职业的服务阶段,为的是对人力资源服务进行整合并使其协调一致。当报酬和胜任力系统被整合在一个决策科学框架之内,它们变得更加强大,并能潜在地对组织施加更大的影响。这是因为,它们能被一个更具战略相关性和综合性的视角来加以配置。

管理系统整合

一门决策科学接下来的一个组成成分,是其决策框架和主要原则向一般管理系统的整合融入。决策框架必须经过整合,以便有关不同资源的决策可以天衣无缝地支持整体的组织和业务流程。这方面如果做得好,它会列入对包括人才在内的所有关键资源都予以考虑的决策,而不是孤立地对资源着眼。这种整合也有赖于一般的业务规划流程和职能性规划流程之间的更大的协调一致性。例如,对于财务金融和市场营销职能的规划是与对于整个组织的规划紧密地联系在一起的。

在大多数组织中,财务框架是很好地整合进了一般管理系统之内的。事实上,改善人才与组织决策的挑战是,公司只有财务管理系统,而缺乏适用于其他重要资源的发达的决策系统。例如,许多组织所拥有的战略规划流程都似乎更专注于筹备长远的财务计划,而非优化战略地位。与其说财务金融职能有意地抢占主导地位,毋宁说其流程和框架更具成熟度和整合性。在支撑财务计划的关于领导能力的战略规划里,同样的整合性关注是罕见的。

如下两类管理系统必须与一门成熟的组织与人才决策科学整合在一起:

- 人才问题应在其中加以考虑和解决的、人力资源职能以外的管理系统。包括战略规划、产品线管理、企业发展(例如,兼并和收购)、经营预算和资本预算
- 必须对组织的战略背景予以考虑的人才管理系统(通常在人力资源职能之内)。包括劳动力规划、人员配备、发展、绩效管理、报酬和继任规划

对组织进行变革的最困难的方式,也许是强制实行与有效的既有管理流程竞争的新决策框架。人力资源管理领域的组织效力领导者们往往将他们的规划和决策系统,作为现有流程的独特补充予以推行。在我们的经验里,我们遇到过与长远的规划流程没有多大共同性和整合性的

第 2 章 应用于人才的一门决策科学

劳动力规划系统。人力资源领导者往往可以通过与其他领导者的伙伴关系，以改善业务规划流程的方式来更好地服务于组织，而不是配置有可能是不良替代物的新的人力资源流程。我们发觉，人力资源管理和人才规划的流程越是独立于和有别于核心的管理流程，它们在战略上越是缺乏有效性。

让我们举例说明人才决策框架是如何利用大多数组织内部相当完善的资本预算系统，同管理系统整合在一起的。一个基本的财务假设是，期望更高的风险下的更高的投资回报。资本投资里许多潜在的风险因素都是与人才资源挂钩的。资本预算能同人才资源决策更多地整合在一起的一种方式，是具体地确定与资本投资相关的人才与组织风险因素（领导的可得性和素质、所需要的组织变革的程度、组织内部与技术相关的经验等），然后针对由于组织因素而具有更高风险的投资，设定一个更高回报的最低预期回报率（hurdle rate）。

人才与组织系统同管理系统的整合也必须考虑到规划流程的先后顺序。遇到出现如下这种情形的组织并不稀奇：组织规划流程已经结束后很久，人才规划流程才开始启动；而人力资源预算基本上就是将按员工总数或培训配给的预算予以分配。在一些组织中，由于人力资源流程发生在所有关键的战略决策已经做出之后（*after*），人力资源规划不可能对组织的战略决策产生影响。连像把握人力资源规划流程的时机，以使得其结果能为更广泛的预算和规划流程所用这样简单的事情，都能显著提高与管理流程的整合程度以及所产生的决策的质量。

20 世纪 80 年代期间，百事可乐公司的领导者们将有关聘用和培训水平的决策称为"human capex"，意思是"人力资本支出"（human capital expenditure）计划。他们认为，组织应该把人力资本支出流程，视为与财务资本支出（financial capex）同等重要——正像百事可乐全球公司人力资源管理前执行副总裁约翰·布朗森（John Bronson）回忆所及：

百事公司安德拉尔[安迪（Andy）]·皮尔逊的遗产之一，是MRPA——管理资源规划审计。这是他对组织内人才的审计。他不加掩饰地认为，这是他的流程，而不是人力资源职能部门的流程，甚至不是部门总裁们的流程。他期望领导者们以对待更为传统的财务资本支出相同的重视程度，对待他们的人力资本支出。安迪认为，一流的公司需要的是一流的人手（blue-chip companies required blue-chip players）。他在百事公司整个组织内，百折不挠地持续推动着该流程。他就像审核一份融资计划的商业银行家。如果业务单位的首席执行官无法解释人才计划如何支持增长、预算和财务资本支出的话，那么，不仅他的计划将处于危险之中，他也可能会失去他的工作职位。对安迪来说，如果你没有一个有关人才如何支持出众的业务绩效和增长这两项内容的坚实计划，你便不是更主要的工作职位的认真的竞争者。[9]

对业务领导者这种责任的一个基本要求，是一门能使职能性的和一般性的管理系统协调一致的共享的决策科学。由于人力资源管理是一种较不成熟的职业，所以与更为成熟的领域如财务金融相比，在该职业内使用的决策模式中，往往具有较少的连贯一致性。如下是为业务和人力资源领导者们所准备的、我们最喜欢的讨论问题之一：假设你要求十位财务总监去解决一项具体的财务难题，同时要求十个人力资源专业人员去处理一项特定的组织或人才挑战，那么，哪里的反应会更连贯一致和协调一致呢——在财务总监之间，还是在人力资源专业人员之间？

回答差不多总是：与财务问题相比，在人员问题上会有较少的连贯一致性和协调一致性。此外，人力资源领导者们的不同背景、经验和视角也将促成他们的反应之间的变化。当企业总部的人力资源专业人员和业务单位的人力资源专业人员之间，存在着显著的不协调一致时，这一点便可以看出来。例子包括绩效管理和报酬方面目标设定的不同方法,以及不同的个体发展假设和模型——这些都来自于推动继任规划和发展系统设计的那些专业人员。

这是在缺乏一个共同观点的情况下运作的人力资源职能的症状。由于没有一个将人才管理系统和决策内的各种要素联系在一起的连贯一致的决策框架,它们缺乏连贯一致的信息以对其核心系统进行整合,也就更谈不上对人力资源职能以外的更广泛的管理系统施加影响了。

因此,使人才规划和人力资源职能规划一类人力资源系统同决策框架协调一致,是一门成熟而有效的决策科学至关重要的要求,也是一个在更广泛的管理系统之内整合人才决策的平台的至关重要的要求。

共享的心智模式

一门成功的决策科学是组织的领导者们作为其工作的一个自然而然的部分来使用的。其逻辑要素是该职业内外部关键的决策者的心智模式和心态的一个组成部分。所有的组织领导者们都被预期拥有使用决策框架的基本原则进行对话的胜任力,并同时被要求具备使用需要他们直接介入的系统的技能和专业支持。每个业务领导者都必须通晓来自于财务金融学决策科学的原则,例如净现值和资产与负债;同样地,他们也必须熟悉市场营销学决策科学的概念,例如细分客户群和产品生命周期。虽然市场营销和财务金融职能部门既会提供支持,也会提供更深层次的专业能力,但所有的经理人员都知道,他们不能将财务金融和市场营销原则的基本知识拱手让给别人。这些相同的原则也运作在预算编制等管理系统之内。因此,领导者们不仅了解它们为什么重要,而且也在日常地使用着这些基本的决策科学概念。因此,存在着利用这些系统改善决策的制定的更少阻力和更多机遇。如果市场营销或财务金融职能建议对总经理们的决策系统采取一些提高措施,似乎就毫不奇怪。

这是因为，这些经理人员已经习惯于在市场营销和财务金融原则的伴随下工作。

今天，个体的领导者们往往以截然不同的心智模式、存在分歧的逻辑原则，以及对非常不同的因素的侧重，来处理人才与组织决策。所尊奉的原则的来源也很庞杂——从励志演说家和当红的企业主管，到成功的运动员和偶一为之的大学教授。没有对于关键性原则的共同体认，人才与组织管理系统会缺乏背景的衬托，会被看做是行政性的或官僚化的。随着人才与组织决策科学不断走向成熟，其原则将会变得更为连贯一致，成为一线领导者和人力资源领导者的心态的更为自然的一部分，并带有适度的精密复杂性。

为了实现这一目标，作为一个显著的变化，人力资源领导者们将需要更多地着眼于切实的传授（teaching）而非浮泛的告知（telling）。财务金融学和市场营销学之所以是有效的，部分地是因为其原则在商学院里就已被传授给了业务领导者们，又有高层管理发展项目（executive development）后续跟进，并为真实世界的实践及领导者们的职业经验所强化——其间，领导者们通常由职能部门的专家们予以辅导。在财务金融和市场营销部门内部，即使有着非常成熟和强大的职能人员在行使职责，对拥有出色的财务金融和市场营销胜任力的高级领导者的需要也被看做是重大的。人才学也将打造出会被一直传授给组织的领导者们的决策框架，并使之成为他们的工作和决策的一个自然而然的部分。

就人力资源职能领导者们而言，对一种人才学心态的需要也至关重要。在我们的经验里，任何组织内几乎总是有一些人力资源专业人员能基于人才如何与战略的成功联系在一起，而对决策予以有效的理解、传授和提高。这些人力资源专业人员通常也承认，他们学会了以自己的方式来提供这种支持，而很少进行系统的传授和发展。一位人力资源专业人员说得好："这种能力对我们的未来非常关键，但它却无法扩展，因为

第2章 应用于人才的一门决策科学

每个人都在以不同的方式施展它和学习它。"[10]

通过发展、使用和传授有关如何将人才资源与战略的成功联系在一起的连贯一致的、合乎逻辑的观点,决策框架有助于形成扩展性。一种合乎逻辑的观点为正在进行的有关人才和战略的对话,提供了一致的脚本,使有关整个组织的人才问题的更可靠的和更连贯一致的诊断、分析和行动成为可能。

数据、量度和分析

一门成熟的决策科学拥有与其决策框架的原则协调一致的数据、量度和分析。这些内容通过管理系统被提炼和配置,为了解其原则的领导者们所使用,并为添加识见和专长的专业人员所支持。如今的财务金融学几乎处处反映了这一成熟程度;而市场营销学则在接近这一成熟程度——特别是在竞争态势取决于市场营销的精密复杂程度的行业如消费产品和多地点零售业里。

这些系统已经演变了几十年。而今天,我们已几乎注意不到财务量度和分析流程同财务决策模型是如何完美地整合在一起的。似乎一直以来就是这样的。例如,如表2-1所描述的,如今,财务决策里通常被量度的比率和会计报表结构已直接与杜邦公司的决策框架挂上了钩。同样地,市场营销决策框架提供了客户关系管理和客户分析系统的逻辑结构——为得到具有竞争力的识见,它使用了大量的数据挖掘和先进的分析方法。[11]

成为鲜明对比的是,如今,人力资源管理的数据、信息和量度则面临着一个悖论。虽然技术日益精密复杂,数据可用度越来越高,而报告和传播人力资源信息的能量也不断精进壮大,但当对人力资源数据系统、记分卡以及整合的企业资源系统的投资未能带来所需要的推动组织效力的战略识见时,挫折感便开始加剧。造成这一悖论的一个原因是,技

表 2-1 财务决策里量度的比率

	常见的配套分析比率	分子和分母的数据来源
利润率	毛利率 销货成本 销售、总务和行政费用率 人力资源所占收入的百分比 营业利润率	二者都来自于营业损益表（利润和亏损）
资产生产率	应收账款（天数） 应付账款（天数） 库存周转率 现金营业周期	一个来自于营业损益表，另一个来自于资产负债表
财务杠杆率	债务股本比	二者都来自于资产负债表

术进步的速度已超过了把人才与组织决策同战略的成功联系在一起的基本逻辑。市场营销和财务金融要素的存在时间已远远超过 50 年，所以那些决策科学在技术向前推进之前，已远为成熟。经电脑增强的系统可以建立在发达的决策框架、整合的管理系统和共享的心智模式之上，使得信息技术要有价值得多。

　　人力资源管理领域就既没有这类决策科学，也没有对信息技术加以组织的决策框架。因此，技术便在工资表（payroll）之类具备更成形的组织框架的自动化领域里，找到了自己的最大价值。但是，尚未达到支持更具战略性的决策的影响水平。例如，当安装一种新的软件系统时，人力资源职能往往要通过"脑力风暴"（brainstorm）的方式，集思广益地研究它们自己独特的员工流动率分类。因此，即使在使用这类系统多年之后，仍然对影响员工流动率的因素，包括员工流动率是如何影响组织的，以及应怎样予以应对等方面有着太少的识见，也就并不奇怪了。

　　就像我们随后将会讨论的，人力资源量度标准主要存在于会计系统需要信息来控制劳动力成本或监察职能活动的区域。效率得到了很多关注,但效力和影响往往未得到量度。在将分析方法(analytics)——包括像社会网络分析(social network analysis)和多元回归(multivariate regression)一类高级数据分析方法——应用于人力资源管理领域方面,虽然已有重大的进展,但这类方法却往往苦于缺少一种更为全面的决策框架。举例来说,一种来自于市场营销学的、被称为"联合分析"(conjoint analysis)的统计方法已被应用于员工调查的数据,以考察哪些工作要素与员工的投入度或流动率最显著相关。[12] 它提供了有关人力资源程序如何可能加强这些工作要素的识见,但它却往往不能确定,员工的投入度和保留率在什么地方最为紧要,以及为什么。先进的分析方法给人才决策质量的提高带来了极大的希望,但正像我们随后将会看到的,往往是逻辑能带来大的突破,而非分析方法。

一种决策框架为组织的数据、量度标准和分析方法提供逻辑结构,并确定现有量度系统里的漏洞。配备着这样的决策科学与框架的组织可以避免投资于那些由于工具不解决重要问题而未能发挥其潜力的、精密复杂的数据分析。

着眼于最优化

一门成熟的决策科学的最后一个支柱是,它的逻辑揭示了决策如何能对来自于一种资源的回报进行优化,而不是对它们简单地予以描述或仅仅部分地予以最大化处理。一门成熟的决策科学通过对取舍予以平衡,来揭示如何对结果进行优化,而非假定多多益善。

财务金融学提供了一个很好的例证。在杜邦模型(它标志着财务金融学决策科学的开始)之前,企业的目标仅仅是利润最大化。过量的资本被引向利润大的业务,往往导致较高的利润率和较低的资本回报率。与孤立地追求利润最大化相反,杜邦模型力图通过承认财务资本资源的约束,来实现利润的最优化。[13] 随着财务金融学决策科学走向成熟,其他因素也被整合了进来。财务决策模型现在不仅致力于回报的最大化,而且也使用投资组合理论(portfolio theory)一类决策框架,在风险和流动性的背景下达致回报的最优化。更进一步的完善和改进揭示了如何在更广泛的战略里,通过对那些考虑到了投资有可能推动的未来战略选择范围的方式进行投资,来平衡流动性。

相比之下,许多人力资源决策往往在不加限制或没有背景的情况下,试图提高员工的学习劲头、投入度或保留率。这迥异于以组织独特的资源的机会成本和约束为前提,对人力资源做法的组合予以最优化。[14] 例如,如果更多的销售培训增加产品知识,进而增加销售的成功几率,那么,一个不够成熟的决策框架就可能会将培训应用得更为广泛。既已经通过将培训与增长了的销售挂钩证明了培训的价值,正确的决策似乎就应该是,获得更多的培训。与我们一起工作过的几位企业主管曾把这一方式称为"抹花生酱",因为它把某种东西均等地向整个组织传播。

事实上,考虑到通过培训来取得几率增加了的销售成功的必要投资(时间、资金等),从一个已经很高的水平起步来对产品的知识进行提高可能会非常昂贵。最优的解决方案可能会涉及较少的产品知识和较多的动机激发,进而意味着较少的培训和较多的奖励。重点在于,一门成熟的决策科学在设计问题时,根据的是最优的解决方案,而不仅仅是对关系进行描述,或脱离具体背景地增加一种预期的结果。即使当最优决策不能被精确地界定时,对最优化的侧重所提供的逻辑也往往会通向被某一种不够全面的方法所错过了的那些识见。

区分平均价值和边际价值。 最优化的一项核心原则,是平均影响和边际(或增量)影响之间的区别。虽然某种东西可能极有价值,但增加或减少

第 2 章 应用于人才的一门决策科学

其数量可能并不会有很大影响。举例而言,假定一个组织有 100 个销售代表和 5,000 万美元总收入,意味着每位销售代表的平均销售额为 50 万美元。那么,销售代表的最佳人数是多少?你从平均值里得不到答案。最优化要求你明白增加或减少销售队伍的潜在影响。如果同样的 5,000 万美元收入可以由 40 位代表来实现,那么,最后十位代表的边际价值,将实际上等于零;另一方面,如果所有的这些销售代表已经全力投入工作,但还存在没有足够的销售覆盖率的可销售区域,那么,额外的销售代表将带来显著的增量销售额。

对提供高平均价值的资源或活动同那些提供高边际价值的资源或活动之间的区别,一门成熟的决策科学能明确地予以阐明。我们使用关键(pivotal)一词,来描述资源、活动和决策的边际效应(marginal effect)。关键(pivotal)一词抓取了一个杠杆的概念:发生于支点的一个小小的改变能够引起另一端非常大的变化。高度关键的区域是这样一些区域:发生于其间的一个小小的改变能对战略和价值带来大大的影响。一种资源、决策或活动即便不是关键的,也可以极有价值、极为重要。一些资源、决策或活动既是重要的(平均而言,极有价值),也是关键的(小小的改变能带来大大的影响)。

产品设计是一个很好的例子。不妨考虑一下,汽车的如下两个组成成分会怎样与消费者的购买决策产生关联:轮胎和车内设计。平均来说,哪一项能增加更多的价值?是轮胎。对汽车的行驶能力来说,它们必不可少。它们既影响汽车的安全性,也影响其性能。然而,轮胎一般并不影响购买决策。因为,在安全标准的保证之下,所有的轮胎都将会十分安全和可靠。而汽车内部功能的差别——最佳的音响系统、优雅的内部装潢、便携式技术的基座(portable technology dock)、杯架的数目和位置——可能对消费者的购买决策具有深远得多的影响。就汽车的整体价值而言,没有轮胎,你开不了车;而没有杯架和 iPod 基座,你却开得了车。然而,内部功能显然对购买决策有更大的影响。用我们的语言来表述的话,轮胎虽重要,但车内设计是关键(*pivotal*)。

图 2-3

汽车组成成分的收益率曲线:轮胎与车内设计之比较

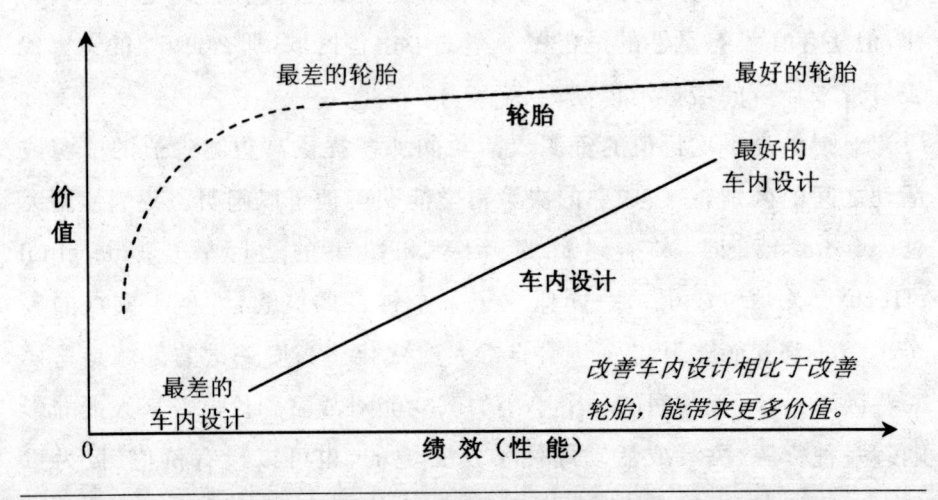

```
     价
     值

                                  最差的轮胎        最好的轮胎
                                         轮胎
                                                 最好的
                                                 车内设计

                                            车内设计

          最差的
          车内设计              改善车内设计相比于改善
                              轮胎,能带来更多价值。
     0                    绩 效(性 能)
```

图 2-3 以我们称为"绩效收益率曲线"(performance yield curve)——用于本书全书的、支撑着人才学的一个基本理念——的形式,展示了这一例子。轮胎的绩效(性能)收益率曲线远远高于内部功能的绩效(性能)收益率曲线,这反映了轮胎的重要性。横跨大范围绩效(性能)水平的轮胎的收益率曲线较为平坦。而如果轮胎绩效(性能)低于一定的水平,它便会很快地向左边下降。轮胎能创造巨大的价值,也非常重要,但一旦它们达到一定水平,增加其绩效(性能)并不能为消费者的购买决策增加价值。然而,如果它们低于最低标准[如 2000 年发生于福特休旅车(Ford SUVs)上的凡士通(Firestone)轮胎事件导致了巨

量的召回],结果的确会非常糟糕。针对轮胎对初始购买决策的影响而实施的最优化举措的关键,是让它们达到标准,而不是显著地高于标准。若超过了这一点,提升轮胎绩效(性能)的增量成本便超过了客户购买中的增量价值。

作为决策科学,市场营销学和财务金融学拥有能对边际价值和平均价值之间的差别加以利用的精密复杂的系统。随着市场营销学决策科学的演变,细分(segmentation)的概念被应用于多种层面,包括市场、市场中的客户、产品,以及如我们刚才所讨论的,产品内的产品功能。联合分析和其他统计工具则使用来自于广泛的消费者研究的数据,发掘有关产品功能的增量价值的深刻识见,对有关产品设计的决策进行渗透和影响。它们小心翼翼地将那些核心的或预期的属性[有时被称为(满足起码的准入或起始要求的)"桌面赌注"(table stakes)](如安全轮胎),从差别能在其中推动价值的感知的那些属性(如新车的内部设计)里分离出来。最优化要求,基于增量贡献而不是平均贡献来进行投资。要做到这一点,产品功能必须根据其边际价值[或关键性(pivotalness)],而不是平均价值[或重要性(importance)]来予以细分。不能基于关键性进行细分,往往会导致均等投资——即使如图2-4所显示的,当潜在的边际回报存在着显著的不同时。

这似乎是基本的道理,但在组织与人才的决策中,却经常被误用。我们所谓的"人才细分"(talent segmentation),仍然是非常初步的。[15]我们从这种常见的倾向里,看到了这一点:让范围广泛的工作职位或人才资源库全都做同样的事情。例子包括,"如果股票期权对企业主管是有利的,那么,它们就应该被扩大到所有员工","如果强化给予客户的关注是重要的,那么,每个人都应该有30小时的客户意识(customer awareness)培训",以及"如果在销售队伍里淘汰绩效最差的10%是有意义的,那么,让我们将每一项工作职位里绩效最差的10%都予以淘汰"。

图 2-4

细分与均等投资的危险

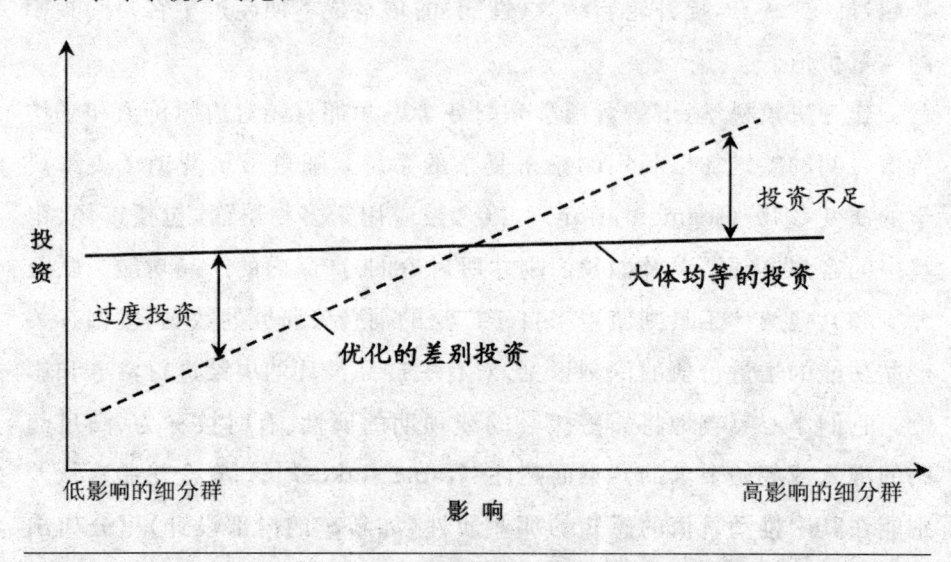

投资 / 影响

- 投资不足
- 大体均等的投资
- 过度投资
- 优化的差别投资
- 低影响的细分群
- 高影响的细分群

人才与组织决策内基于边际价值的有效细分有助于回答如下的问题:"我的战略在什么地方要求提高人才的绩效?这样的人才又是如何组织的?"答案不可能是"到处",因为那受成本所限;答案也不可能是"无处",因为竞争优势必定有其来源——一个或多个包含有多个任职者的角色(multi-incumbent roles),或人才资源库,其间出色的人才素质能带来重大的战略影响。缺乏能够指导这种人才细分的决策科学,组织通常会对最关键的人才资源库投资太少,而对尽管重要但却远不那么关键的人才资源库投资太多。一如我们前面所强调的,人才与组织决策对竞争优势至关重要的观念如今实在已是不言而喻的道理。然而,竞争优势的真正本质在于,寻找独特的和不同的方式,来推进特定的价值主张,抓住具体的市场机遇,或者借助独特的战略资源。但是,当前有关组织与人才的决策的制定往往着眼于复制其他成功的公司的做法,而不是着眼于

第2章 应用于人才的一门决策科学

用来寻找适合于特定背景的投资的深入的内部分析。缺乏一门能够区分平均价值和边际价值的决策科学，是一个重大原因。

汽车保险业的细分。 基于边际影响的细分为好事达保险公司（Allstate Insurance Company）带来了竞争优势。好事达（那时还是西尔斯公司的一个分部）是第一批基于年龄、汽车使用情况以及索赔历史来对保险费率进行调整——堪称当时的一场革命——的公司之一。[16]这一很容易描述的想法对汽车保险业务的几乎所有方面，都具有巨大的意义和影响。通过根据与事故发生几率及其他因素相关的顾客特征来调整其收费标准，好事达不仅能够从保险市场获取更多的价值，也能够向其顾客提供更大的价值。通过引入它目前正在"您值得选择的汽车保险"（Your Choice Auto Insurance）这一品牌之下加以推广的各种新的因素，好事达延续了其定价模式中的创新差异化传统。而该品牌正是以其精密复杂的定价模式为基础打造的。这一切通过为顾客提供更广泛的多种选择，从一个产品界定的视角着眼，改变了游戏规则。之前，顾客们可以选择他们的承保范围的等级（level of coverage）和免赔额（deductible）的额度；现在，他们可以定制保险单的一些功能：如（驾驶记录良好者偶发一次责任事故时，可确保保费不变或最多小幅微涨的）"事故宽恕"（accident forgiveness），以及他们所希望的、与良好的驾驶记录相关的奖励类型。

好事达公司的研究揭示了不同消费群体之间有趣的和令人惊讶的汽车安全模式。《商业周刊》（*Business Week*）的一则报道指出：

> 几十年来，基于诸如顾客的年龄和居住地等基本细节，好事达公司已将其顾客集中地划分为三个主要的定价类别。它现在拥有1,500多种价位。代理商过去常常是简单地参考一本手册，来给顾

客一个价位;而现在,他们则登录到一台电脑上。该电脑使用复杂的算法,来分析16种信用报告变量,如逾期付款和信用卡余额,以及诸如具体车型的索赔历史等数据。因此,[那些被视为万无一失者(safe bet)的驾驶者]得到了奖励,比起旧系统来最高可节省20%;而高风险的驾驶者们则受到了惩罚,最高需付出20%。它一直运作得相当不错,以至于好事达现已将其应用到了如业主保险等其他产品线之上。[17]

使用决策科学原则来改变思维方式

决策是促使思维方式发生变化的一种诱因。历史地看,随着决策科学与组织结下了不解之缘,自然的协同作用便在五种决策科学要素之间发生了。在业务与人力资源领导者、员工、投资者,以及潜在的员工谈论一种战略资源的方式上,这一切都造成了切实的而又非常有机的变化。不妨考虑一下你的组织处理其人才与组织决策的方式的仅仅三种变化的力量。

首先,对关键性和重要性的明确区分激发了对于人才决策的边际价值的侧重。例如,对于人才而言,这与广告的边际价值同广告的整体重要性之间的区别同等重要。它有助于决策者避免迷失在大量重要的举措之中,并恰当地设定其优先事项。

第二,坚持使用绩效收益率曲线,来确定支点的倾斜度和形状的性质。这种训练不仅有助于确定相对于提高绩效而言,决策应该着眼于何处以达到某种标准,还提供了一种思考不同层面的绩效的风险和回报的方式。它帮助人们免于以本意虽然良好但却不够完备的规则如"为每一种工作职位配备最佳人选"为基础,来做出决策。

第三,着眼于最优化,而不只是最大化。这将营造一个能以更理性的态度对取舍进行讨论的环境。不够理性的情绪化通常会将好的决策屏蔽掉,并往往导致如"为了对大家公平,让我们只做同样的事"之类的决策。最优化不仅假定人才投资将是不均等的,而且也设置了用以分析和交流这类不均等投资的良好理由的高标准。

因此,即使在一门决策科学的早期实施阶段,在人才与组织如何被理解和生成方面,有形的变化也在发生。历史表明,正是从这些微小的具体步骤上,未曾取得过的重大战略成功滚滚而来。

结论

当新的决策科学出现时,它们通常会呈现出社会、组织和个人传统方面的艰难变化。在新的逻辑被竞争对手们所使用之前,未能更优化地做出决策并不会带来任何相对的劣势。所以,不太精密复杂的决策系统仍然能让组织保持竞争力。在好事达保险公司采用客户细分和最优化的决策科学原则之前,并没有人通过遵循旧的模式而做得更差。然而,采用一门新的决策科学的先行者们常常能形成强大的竞争优势。一旦好事达公司通过采用更精密复杂的决策科学创造了价值,其竞争对手们便处于劣势。很快,大家都开始意识到了新的决策框架的力量,并试图迎头赶上。

我们相信,人力资源管理以及组织与人才决策的规模更大的领域恰恰处于这一历史节点。一些组织正开始开发更成熟的决策科学的某些要素。例如,在康宁公司,支撑关键部门的人力资源领导者们在其年度战略会议上,使用以人才为着重点的战略分析。[18]而在哈特福德金融服务集团公司(Hartford Financial Services Group, Inc.),对人力资源程序的投资的分配部分地基于它们将会在哪里具有最关键的影响。[19]

但是,由于这些影响是那么孤立,目前尚未有进行演变的迫切需要。

即使做出更为传统的人才与组织决策,绝大多数组织也能够有效地竞争。不过,新的决策科学会为了人才而出现,正如它曾为了其他资源而出现过一样肯定。首先应用了新决策框架的一些组织将会取得显著的先行优势,从而逼迫别人做出反应。依我们的设想,就像今天的财务金融学和市场营销学那样,人才决策科学总有一天,会成为管理思想的一个自然的组成部分。但在那一幕发生之前,首先对它加以应用的组织会有做出改变游戏规则的战略决策的机遇。

本书余下部分所描述的,就是这一新兴的决策科学:人才学。它依托着如下这样一些支柱:管理系统整合、共享的心智模式,以及协调一致的数据、分析方法和量度标准。基于影响、效力和效率的决策框架是核心支柱,所有这些决策科学的组成成分都围绕着它旋转。因此,我们围绕着该决策框架及其至关重要的核心要素,安排了本书的结构。接下来,我们来描述这些核心要素。

第3章 "人力资本桥梁框架"

——影响、效力和效率中的支点

在迪士尼（Disney）主题公园里，哪些人才资源库对战略的成功有着最大的影响呢？是卡通人物（如米老鼠）、骑乘（设施）设计师（ride designer）、街上的演艺人员（cast member）（译者按：迪士尼对其员工的统一的特别称谓；迪士尼公司一向将其公园或乐园运营，类比为舞台上的戏剧演出，故名）、高层领导团队，还是迪士尼员工天天所扮演的许多其他角色？正如我们在本书第2章中所看到的，答案很可能依赖于何为重要与何为关键之间的一个明确区分。它需要在一个更深的层次上思考战略问题，而不仅仅是问："哪一些人才资源库有助于使迪士尼主题公园成为'地球上最快乐的地方'？"很显然，每个人都试图为此做出贡献。当我们就这样的问题在任何组织内发问时，回答都会大相径庭，而回答的理由也会更加不同！对于战略的成功来说，在答案上变得更清晰和更连贯一致至关重要。

本书第2章显示了一门决策科学如何通过使用一种框架，来营造这份清晰度。该框架描述了有关一种至关重要的资源的决策同它们如何影响战略的成功之间的逻辑联系。决策科学的其他要素（心态、系统和最优化）依赖于决策框架的逻辑。本章描述的，是支撑人才学的决策框架。它不仅阐明了人才决策同战略成功之间的逻辑联系,而且还对它们加以组织,以便它们能被连贯一致地应用于所有不同的战略和业务情势。我们将使用一个主题公园内的人才的相对简单的例子,来引入这一决策框架,并在本书其余的大部分内容里,使用该决策框架作为指导性的逻辑。在以后的章节里,我们将把该框架应用到其他更为复杂的情形之中,例如波音公司(Boeing)和空中客车公司(Airbus)所面临的全球性战略困境。

应用于人才的影响、效力和效率

我们稍早的时候,在影响、效力和效率三个定位点之上,建立了人才决策框架。我们称这些为"定位点",是因为它们就像是一座吊桥的支座

图 3-1

将定位点应用于人才与组织决策

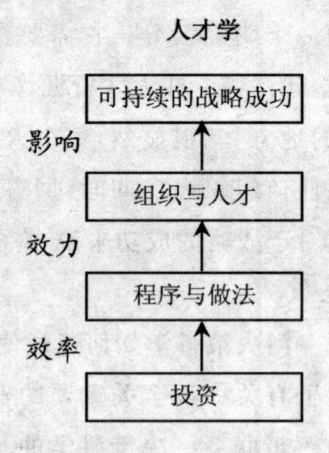

人才学

影响 → 可持续的战略成功 ↑ 组织与人才

效力 ↑ 程序与做法

效率 ↑ 投资

第 3 章 "人力资本桥梁框架"

一样。本书第 2 章已表明,这三个概念也是其他职业内的决策科学的组成部分。图 3-1 回顾了它们是如何应用到人才与组织决策中去的。

图 3-2

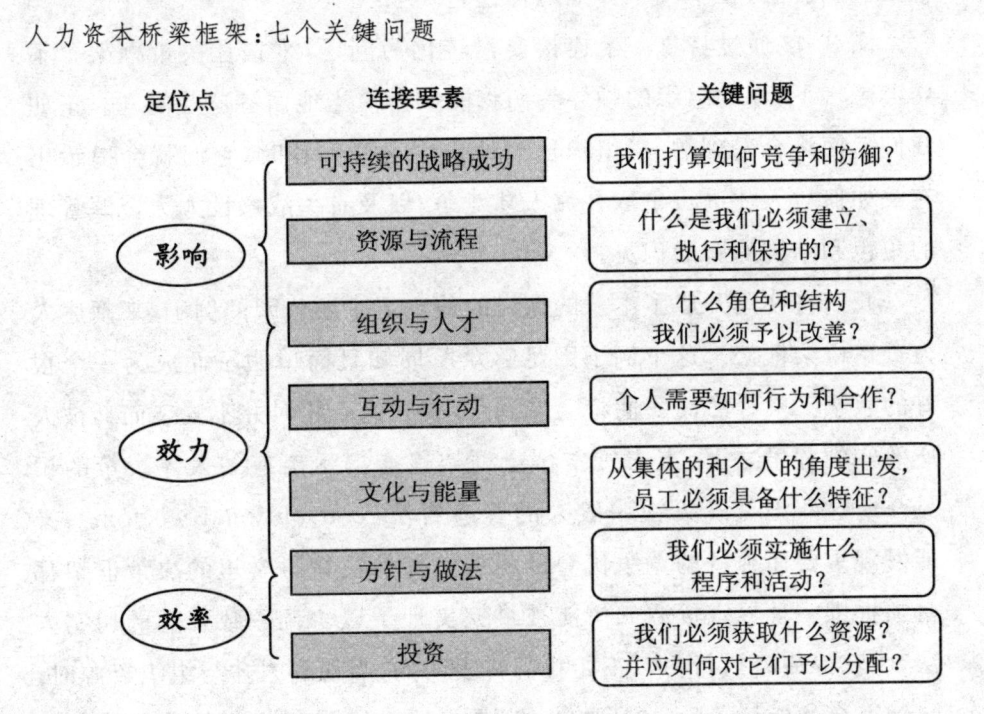

人力资本桥梁框架:七个关键问题

定位点	连接要素	关键问题
影响	可持续的战略成功	我们打算如何竞争和防御?
影响	资源与流程	什么是我们必须建立、执行和保护的?
影响	组织与人才	什么角色和结构我们必须予以改善?
效力	互动与行动	个人需要如何行为和合作?
效力	文化与能量	从集体的和个人的角度出发,员工必须具备什么特征?
效率	方针与做法	我们必须实施什么程序和活动?
效率	投资	我们必须获取什么资源?并应如何对它们予以分配?

效率捕捉的,是投资如何影响程序与做法;效力捕捉的,是程序与做法如何影响人才与组织资源库;影响捕捉的,是人才与组织资源库如何影响可持续的战略成功。所有这些定位点不仅都是必需的,而且一起运作。在制定人才与组织决策时,它们都必须被考虑到。然而,和这些定位点一样有用的是,我们可以更深入地描述一套合乎逻辑的连接要素。它们显示了每个定位点如何运作的详细情形。为了继续这个大桥

的比喻，可以将这些连接要素想象成一座吊桥上的定位点间的跨越接插件。

图3-2进行的就是这下一个步骤。它提供了三个定位点内部的具体连接要素。正如我们先前所提及的，我们把这个称为"人力资本桥梁框架"。我们将在本章中详细地描述它。

图3-2通过将每一个连接要素转化为问题，来描述决策框架。不妨考虑一下，你的组织的领导者们将能如何恰当地回答这些问题。正如我们后面将会看到的，当组织适当地使用这些问题时，它们就会揭示出有关如何对人才进行争取并靠人才竞争，以及有关战略性人力资源管理的角色和结构的新的识见。

我们将使用开启了本章的探讨的迪士尼主题公园的例子，来阐述人力资本桥梁框架。这个例子因足够众所周知且简单明了而成为一个很好的教学工具。然而我们将会看到，即使在这一相对并不复杂而又被人所熟知的背景之下，人力资本桥梁框架也能揭示出有关人才决策的识见——这些识见既无视一般人的普遍看法（conventional wisdom），又能发现重要而独特的竞争优势的机遇。任何决策科学里的决策框架都必须提供一种界定资源如何能被最完美地予以协调一致处理的切实方法，以获得战略执行力。正如我们将表明的，当谈到人才与组织资源时，协调一致性（alignment）所要求的，是弄明白人才与组织的质量或数量差别在哪里能具有最大的战略影响；执行力（execution）所要求的，是要知道对于提升那些至关重要的人才与组织要素来说，什么决策最为关键；而敏捷性（agility）所要求的，是要有一个涵盖多种情境且能确定变革在哪里必须发生的一致的逻辑。

影响支点：人才与组织最能影响可持续的战略成功之处

影响确定的，是组织与人才绩效的改进与可持续的战略成功之间的关系。所谓支点，就是绩效的差别最能影响到成功的地方。图3-2显示，这需要深入掘进到组织或单位一级的战略，以挖掘出有关组织计划在哪里和如何竞争的具体细节，以及有关对于取得某一竞争地位来说，将会是至关重要的"支撑元件"的具体细节。这些识见所确定的，是能给战略的成功带来最大影响的组织与人才区域。

还记得本章的开篇与迪士尼主题公园相关。假设我们以通常的方式，提出"对于主题公园的成功来说，重要的人才是什么"的问题，你会说些什么？我们发现，回答总是多种多样的，且它们之中总是包括了卡通人物。的确，卡通人物和米老鼠戏装裹着的有才能的人都非常重要。然而，一门决策科学侧重于支点。不妨考虑一下，当我们根据影响将问题设计得不同时，会发生什么："人才与组织质量方面的改善将会在哪里，对战略成功有最大影响？"回答这一问题需要做进一步考察，以找出能够阐明人才与组织支点的战略支点。图3-2显示，这需要对战略的成功，以及什么最能够影响到它做出界定。

可持续的战略成功

可持续的战略成功作为第一个连接要素，询问的是："我们打算如何竞争并捍卫我们的地位？"虽然这似乎总是一个简单的问题，本书第4章将会表明，使其变得更为具体，通常会有很大的价值。这一连接要素对组织战略进行深入探究，以界定具体的竞争或战略背景、组织在这一背景下打算获取的地位、主要的有竞争力的差异化因子以及组织将被定位于其上何处、组织将如何成长、它将如何具备足够的独特性和可防御性以维持这一地位。

我们之所以说"可持续的战略成功"而非"竞争优势",是因为本书中的原则不仅适用于在传统的金融市场上竞争的营利性组织,而且也适用于使命驱动型组织,如美国海军、亚洲开发银行以及联合国。这些原则适用于当目标是扩大传统的和竞争性的战略成果,以及当目标是可持续性——往往被称为"三重底线"(triple bottom line)——时。[1]

作为一家多种经营的娱乐公司,华特迪士尼公司(The Walt Disney Company)旗下形形色色的活动包括:ESPN地带拱廊(ESPN Zone arcades)、零售商店、电影、电视和主题公园。[2] 让我们来关注出自于最知名的迪士尼景点之一——迪士尼乐园(Disneyland)——的一个例子。对迪士尼乐园来说,可持续的战略成功看上去可能像什么?尽管迪士尼乐园拥有许多竞争对手,让我们只把它同其中的一个——位于俄亥俄州桑达斯基(Sandusky, Ohio)的杉点乐园(Cedar Point)——做个比较。迪士尼乐园和杉点乐园的网站颇具启发性:迪士尼乐园的视觉图像显示的,是如睡美人城堡(Sleeping Beauty's Castle)(译者按:香港迪士尼乐园的这个城堡被称为"睡公主城堡")一类的名胜,往往伴随着前景里的著名卡通人物;[3] 杉点乐园显示的,则是高耸的钢、木制过山车。[4] 迪士尼乐园的宣传口号,是"地球上最快乐的地方"(The Happiest Place on Earth);杉点乐园的,则是"世界过山车之都"(The Roller Coaster Capital of the World)(或者有人也许要说成"地球上最惊险的地方")。迪士尼乐园强调家庭娱乐;而杉点乐园则强调紧张刺激。迪士尼乐园的网站提供的是米老鼠的信息;杉点乐园的网站则提供相关的博客,主顾们可用来描述他们的惊险骑乘体验并展开有关骑乘的技术方面的讨论。

表3-1依托一组共同的差异化因子,对迪士尼乐园和杉点乐园做了比较。这些差异化因子阐明了每个组织所期望的独特的竞争地位,以

及如何使这一地位具有价值且难以复制。战略意图在本质上,并没有对、错之别。例如,跑车本来就应该比家庭轿车噪音更大:对于一辆跑车来说,设计出适当类型的发动机噪音可能正是战略成功的关键;而使汽车驾驶室更为安静,也正是制造家庭用车的关键。

表3-1 迪士尼乐园与杉点乐园的战略定位

	迪士尼乐园	杉点乐园
关键的差异化因子	迪士尼卡通人物	过山车
价值主张	"地球上最快乐的地方"	"世界过山车之都"
品牌要素	奇幻想象	紧张刺激
有趣的网站功能	0%迪士尼度假融资方案	过山车爱好者的博客与讨论网页
老年人折扣	无	75%

资料来源:迪士尼在线(Disney Online),http://www.disneyland.disney.go.com;杉点乐园(Cedar Point Amusement Park),http://www.cedarpiont.com。

即使在一个像主题公园这样集中的例子里,我们仍可以看到其各自的战略中所包含的极大丰富性。随后的章节将会显示出那些跨多个产品或产业部门的战略中的、更为宏大的丰富性。迪士尼主题公园的战略意图,是要用独一无二、令人惊奇的快乐体验让顾客愉悦。一个公园怎样做到这一点呢?这个问题把我们带入图3-2中的下一个连接要素。

资源与流程

人力资本桥梁框架的下一个要素——资源与流程——描述的是,要实现和捍卫战略地位或使命,一个组织必须建树些什么。图3-2提到了两个重要的范畴。其一是必须被获取、配置、利用以及保护的"资源"。对主题公园来说,这些资源将包括品牌、房地产,以及与主要的监管机构或地方当局的关系。我们将在后面的章节里,用其他的例子来涵盖这一要素。

其二是"流程",也即是该组织为创造其独特价值而必须完成的转型。我们将着眼于一个主题公园里招待宾客的流程。这一流程涉及把他们运送到公园,使他们熟悉和适应公园内的环境,当他们在公园现场时为其提供服务和经验,确保他们的安全和舒适度,以及将他们送离公园。转型是为了让宾客更开心、更愉悦,渴望当未来购买迪士尼产品或服务的回头客;为了让他们高兴到会将他们在迪士尼乐园的经历告诉其朋友和家人的程度,从而为迪士尼带来新的宾客。

影响分析的下一个挑战,是找到流程中的支点——即所做的改善将能对迪士尼取悦顾客的战略目标产生最大影响之处。在流程中找到支点的其中一个方法,是寻找约束因素。这些因素就像一条管道里的"瓶颈":如果你解除了一种约束,那么,整个流程就将会运转得更好。对于迪士尼主题公园来说,一个关键的约束因素,就是一个宾客在公园内所花费的分钟数。迪士尼必须对"令人愉悦"的分钟数("delightful" minutes)予以最大化。迪士尼乐园拥有85英亩的公共区域、许多不同的"乐园",以及成百上千的小型和大型景点。帮助宾客游览,乃至使他们游览时愉悦,界定了迪士尼处理这一约束的方式。请注意这如何促成了顾客愉悦战略,并通过确定一个支持它的关键流程,使之更加具体。

组织与人才

组织与人才连接要素侧重于什么工作必须完成,以及它应该如何被予以组织。这里我们所要寻找的,是协调一致性和绩效改进将会在流程与资源的战略支点上有很大影响的人才与组织区域。确定关键的资源与流程能使我们现在对人才问题看得更清楚。影响问题不再是问:"什么人才是重要的?"而是变成了:"人才上的改善将会在哪里对令宾客愉悦的分钟数有最大影响?"答案仍然是"米老鼠和其他卡通人物"吗？正如我们将看到的,或许并不是。

图3-3采用的是绩效收益率曲线的概念,并将其应用于迪士尼主题公园的两种人才资源库:米老鼠和公园清扫工。

图3-3

将收益率曲线应用于人才:迪士尼乐园的米老鼠与清扫工

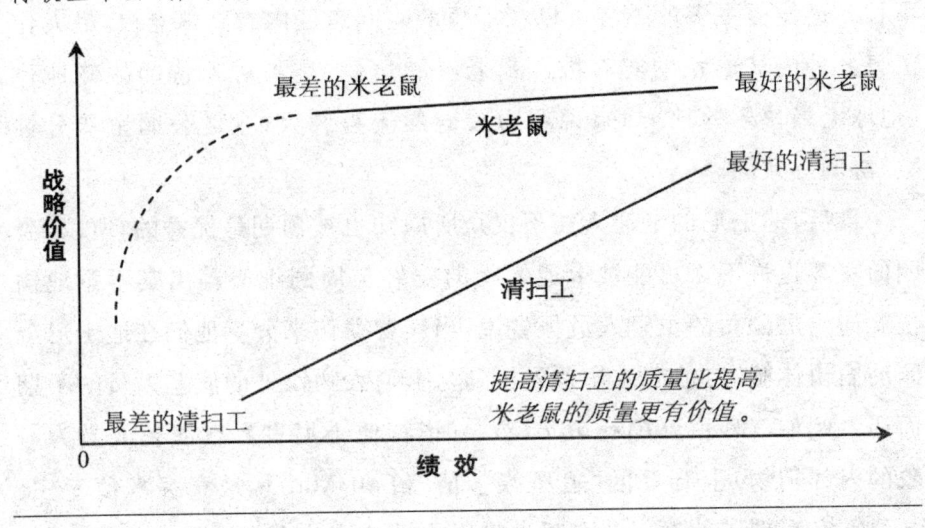

（图中：战略价值 / 绩效；最差的米老鼠、最好的米老鼠、米老鼠；最好的清扫工、清扫工、最差的清扫工；提高清扫工的质量比提高米老鼠的质量更有价值。）

米老鼠是重要,但不一定关键。 图中顶上的线,代表了米老鼠角色中的人才的绩效。这条曲线的位置非常高,因为米老鼠的绩效极具价值。然而,在绩效最好的米老鼠和绩效最差的米老鼠之间,价值上的变动幅度却并不是那么大。极而言之,如果穿着米老鼠戏装的人从事有害的顾客互动行为,后果将具有战略破坏性。这一点由曲线左侧非常陡峭的、向下的倾斜表现了出来。这也就是为什么米老鼠的角色,已被设计得几乎不可能犯这样的错误。身穿米老鼠戏装的人总是被一个督导人员陪伴着,从未被人见到过真面目,也从未与人交谈过。督导人员控制着米老鼠与宾客的接触，并确保米老鼠不跌倒、不迷路或不擅自休息。

因为这个职务位置已被设计得如此之好，对提升米老鼠的绩效的投资也就很少能有回报。旨在确保米老鼠的绩效达到非常高的必要标准的投资有很大的价值，但是超出了这一标准，人才资源库的绩效上的差别，则不是那么不可或缺的。米老鼠的角色是如此重要，你不能把它留给演艺人员即兴而为。如果你仔细观察，米老鼠每个小时都在设法与大量宾客互动。每一个宾客都受到了高度重视，但与米老鼠的互动时间并不长。这使得更多的顾客可以在很短的时间跨度内看到米老鼠，最大化了每分钟内被愉悦的宾客数。米老鼠的角色，是与对独特的战略地位（地球上最快乐的地方）来说至为关键的流程约束（主题公园里的分钟数）协调一致的。

最后，迪士尼的卡通人物不仅众所周知也被预期是优秀的，所以，公园的宾客也许不太可能被卡通人物的友好与周到细心等出其不意地愉悦。迪士尼公司的主管人员报告说，当宾客写信来分享他们在迪士尼公园的愉快体验时，他们往往首先提到与卡通人物以外的演艺人员的不期而遇。例如，《耳目》(Eyes and Ears)（华特迪士尼世界以演艺人员为对象的内部刊物）上刊登的"追星族来信"(Fan Mail)，是宾客来信专栏。一位宾客写到了他对一个有听力障碍的勤杂演艺人员的印象如何深刻，称其"与我们一家沟通得很顺畅，对孩子们非常好"。[5] 这并不是说宾客们不想写迪士尼卡通人物，而是这些卡通人物可能不是带来惊奇和愉悦的至关重要的支点。

在迪士尼乐园，清扫工是关键人才。如果宾客体验流程的人才支点不是迪士尼的卡通人物，那会是什么？当宾客碰到一个问题时，像公园清扫工和商店职员一类的人最有可能就在附近，处于易于接触到的角色之中。所以，宾客会与他们打交道。对于在哪里能买到一次性照相机，人

第3章 "人力资本桥梁框架"

们很少会向灰姑娘（Cinderella）发问，但会每天数百次地向街道清扫工打听！

图3-3中较低的曲线代表了清扫工。该清扫工曲线拥有比米老鼠要陡峭得多的倾斜度，因为清扫工绩效上的变化，带来了价值上更大的变化。迪士尼清扫工有机会在忙碌中对顾客服务流程做出调整，对顾客需求的变化、无法预料的情况，以及顾客体验上的变化做出反应。这些就是能对"地球上最快乐的地方"差异化因子有关键性影响的东西。毫无疑问，这些支点是嵌在迪士尼魔力（Disney magic）的结构、创意设置以及品牌之上的。协调一致性是关键。事实上，正是因为这种全面的协调一致，与宾客在公园内的互动或打交道才成为一项关键的职责。清扫工在这一职责中，起了很大的作用。在迪士尼，清扫工实际上是手握扫帚的一线顾客代表。

有趣的是，与宾客互动也涵盖了其他的工作职位。例如，商店职员也有以令人惊喜的方式帮助宾客的相似的机遇。我们听到过身受困扰的宾客们这样的故事：他们从一个柜子里抓了几瓶水，付了钱，就返回到他们的桌子旁；不料，竟发现匆忙之中，他们为他们的四个孩子，只买了三瓶水；店员恰好走过来说："这是第四瓶水，免费的。"当商店职员和清扫工合作时，令顾客愉悦的可能性就会成倍地增加。几十年来，在迪士尼，正是为了这样的一些时刻，商店职员一直被精心安排或分派着。最近，通过在商店或餐厅前台安排迎宾员（greeter）的方式，其他行业的零售商们设置了类似的角色。

关键和重要是不同的。另一方面，这并不是说米老鼠不重要：图3-3所示的收益率曲线图显示，米老鼠线在各点上均高于清扫工线。即使最好的清扫工创造的价值也可能比绩效最差的米老鼠要低。在任何运行良好的组织内，每个人都在以不同的方式，为组织的使命做着贡献。关键是要系统地了解这些不同。揭示出这些不同的问题往往是："在改善人才与组织这件事最至关要紧之处，什么最为关键？"

一旦我们了解了人才与组织支点，我们便离锁定我们的人才投资以带来显著的战略影响切近得多了。不过，我们仍然需要更深地进入一个层次，去发现具体的人才与组织要素，以及将对它们产生最佳影响的程序与做法。这就是人力资本桥梁框架中的下一个定位点：效力。

效力支点：方针与做法最能影响组织与人才的绩效之处

效力界定人才与组织的绩效同方针与做法组合之间的关系。人力资源程序与流程是如何影响个人和团体的能量与行动的？如图3-2所示，效力是独立于影响的。这是因为做法将会如何改进绩效，是不依赖于这一改进了的绩效的战略影响的。强有力的识见产生于效力和影响被合在一起加以考虑时。

相比于影响，大多数人力资源组织更拿手的是效力。人力资源专业人员协会从属于人力资源实践领域，例如美国培训与发展协会（American Society for Training & Development）或员工福利研究所（Employee Benefit Research Institute）。在人员配备、报酬、发展、绩效管理及其他人力资源领域的研究中，人力资源做法的影响是突出的问题。大多数人力资源教科书都是围绕着人力资源活动（虽然日益关注程序如何与战略相结合）来结构的。

效力很重要，但判断程序（例如人员配备、培训和奖励）对行动与互动（例如绩效评级、胜任力、团队配合和员工保留）的作用如何真正影响到业务或竞争地位，往往还是具有挑战性的。忽视影响而倾向于效力的组织往往会推出对低影响（low-impact）人才资源库具有重大效力的善意的人力资源程序。不顾效力而倾向于影响同样是危险的，会导致这样的情境;对人才加以改善的那些机遇能显著影响可持续的战略成功,但对于如何靠它们来培养执行的能力却几乎一无所知。让我们回到迪士尼乐园的例子中来。效力确定的,是将对关键的人才资源库——清扫工——的绩效予以最大程度改善的关键性程序与方针。图3-2显示,这需要询问更深入的问题:人才资源库究竟如何通过互动与行动,来施加它们的战略影响。让我们来看看在迪士尼,这一切将如何运作。

互动与行动

互动与行动描述的是,个人的行为与合作如何对关键的角色产生影响:将会遇到什么主要的相关成员?什么将会是主要的角色挑战和协调一致的反应?什么将能区分有效的和无效的行为?

有趣的是,在迪士尼主题公园里,关键性的行动与互动可能并不是改善清扫的绩效!这乍看起来似乎不相宜,因为主题公园的清洁度,显然是迪士尼的一个基本的差异化因子。没有人会否认公园清洁度的重要性,但它关键吗?迪士尼清扫工和人才资源库中与顾客互动的其他工作职位都是关键的。因为,它们能影响公园内令人愉悦的分钟数这一约束因素。我们最喜爱的实例来自于我们其中一个班上的一名主管人员。他回忆有一次,他那个被晒得红扑扑、热辣辣的孩子烦躁不安,正坐在烈日炎炎的马路边上,等着观看游行表演。一个刚巧路过的清扫工注意到了被暴晒着的孩子,便停下了清扫。他告诉这一家人,在小山上有一片可以供他们观看游行表演的阴凉儿。他随后陪着那一家人,去了那个地方。

关键性揭示了角色内部的区别。一个清洁的公园对迪士尼来说,尽管重要得令人难以置信,但是,在最大化令宾客愉悦的分钟数方面,清扫工的工作中涉及清扫的那部分有着平缓的倾斜度。对清扫工而言,符合清洁标准是题中应有之义,但将清洁度改善得超出了这一标准,并不会令宾客惊奇或愉悦。例如,在迪士尼,并没有放射性物质或危险废弃物。因此,尽管一个清洁的公园非常重要,对其照管的绩效水平并不像手术室或核设施等场所可能要求得那么高。创意的清洁不太可能比创意的顾客互动更让宾客感到愉悦。

与米老鼠的绩效一样,洁净是宾客所预期的。因此,用超出标准的洁净让其感到惊喜,可能会更难。一如米老鼠的情形,迪士尼通过巧妙的公园设计乃至文化,已经将清扫质量里大部分的变异精心地处理掉了(如果一个清扫工没能把某一样东西弄干净,那么另外的迪士尼演艺人员将很可能会赶在它影响到一名宾客之前,就把它锁定了)。清扫工需要达到一个非常高的清扫标准,但是一旦他们达到了这一标准,在让宾客感到惊奇和愉悦方面,做得更多可能仅仅会带来小小的影响。

角色挑战与紧要关头揭示出关键的行动与互动。关键的行动与互动往往通过至关重要的角色挑战或紧要关头(moments of truth)——互动与行动能产生最大的影响之处——被揭示出来。对于迪士尼的清扫工来说,关键的角色挑战,就是当宾客需要帮助或信息时。而关键的协调一致行动,就是以一种令人惊喜的、准确而适当的方式来予以提供。请注意,光说清扫工应该营造令人愉悦的宾客体验是不够的。对于清扫工来说,协调一致的行动不是提供娱乐(唱歌和玩杂耍),即使这也符合"使宾客愉悦"的一般性描述。迪士尼还有很多其他的角色让宾客享受娱乐,所以清扫工不可能在这方面带来同样大的影响。

更重要的是,忙于唱歌和玩杂耍的清扫工不会被宾客问及哪里是骑乘地点和哪些路线最短等问题。公园里的宾客也不会向米老鼠或灰姑娘提出这些问题(没有人会问灰姑娘,该到哪里去买纪念品)。宾客感到更舒服的,是向那些处于被迪士尼称为"易接近"(accessible)的角色中的人,询问那些虽然平凡琐碎但对他们来说却又非常重要的问题。而他们也更乐意采纳来自这类角色的意见。因此,处于清扫工角色中的员工通过他们所提供的宾客协助工作的质量,能带来关键性的影响;而为了最有效,他们需要处于清扫工的角色之中。

人力资本桥梁框架的互动要素侧重于个体如何合作。互动可以是业务单位之间的正式的信息共享或利润和成本分配;或者,它们可以通过非正式的网络、沟通交流模式以及相互信任和尊重的形式,体现得更为精细微妙。举例来说,在迪士尼,一项关键性的互动是让清扫工领班与公园设计师一道,出席规划会议。清扫工们在不断地获悉某些对于公园设计来说,至关重要的信息——例如,公园哪儿需要观看游行的更多的阴凉之处。迪士尼将清扫工领班的协调一致行为,界定为包括观察和倾听清扫工们谈论他们与宾客在一起的体验。清扫工领班需要获得这种信息,而设计师需要倾听清扫工领班所说的话。这是在其最关键的层面上的合作。人力资本桥梁框架中的互动要素对结构以及促使这些互动发生的正式和非正式关系进行确定。一如当清扫工与宾客互动时的情形,互动也达到了组织边界的外部。

图3-4显示的是,收益率(yield)的概念如何适用于清扫的工作与帮助宾客的行动。曾有助于我们更加清楚地看到支点存在于战略的什么地方,以及什么人才资源库关键的同样的逻辑现在也适用于这里,揭示了角色内部的支点。相似的逻辑在几个不同的层面上的这种深入应用,是一门成熟的决策科学的标志。

质量关键性和数量关键性。 要是员工短缺和流动怎么办?当重大的战略问题是拥有或获得足够的人才时,人力资本桥梁框架还适用吗?迄今为止,我们一直侧重于清扫工或米老鼠在绩效方面的差别的关键性。我们把这个叫做"质量关键性"(quality pivotalness)。另一种不同类型的

图 3-4

收益率曲线和协调一致的行动：清扫工作与宾客关系

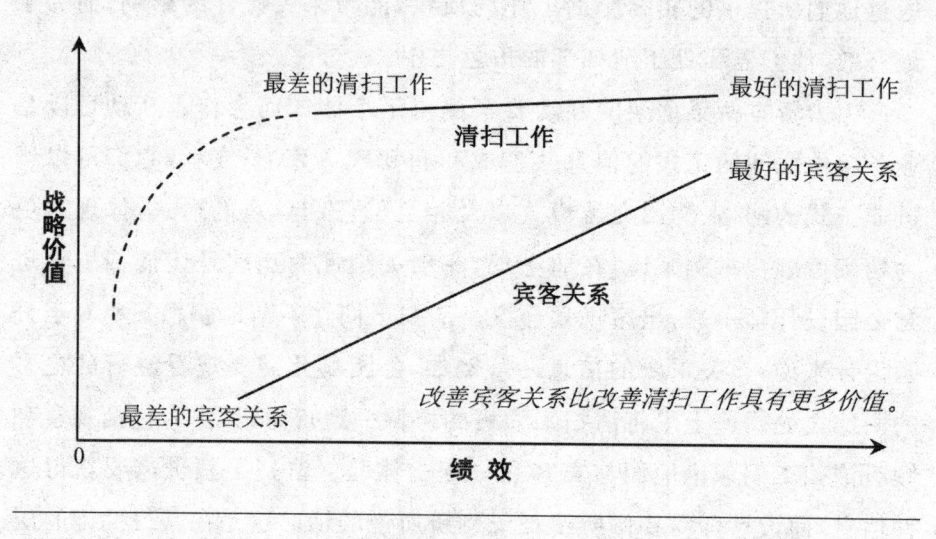

```
战略价值
 │           最差的清扫工作              最好的清扫工作
 │         ┌─────────────────────────────────────────
 │        /            清扫工作
 │       /                        最好的宾客关系
 │      /                      ╱
 │     /                    ╱
 │    /                  ╱
 │   /                ╱
 │  /              ╱     宾客关系
 │ /           ╱
 │/        ╱
 │      ╱           改善宾客关系比改善清扫工作具有更多价值。
 │   ╱
 │最差的宾客关系
 0─────────────────────────────── 绩 效
```

关键性不是着眼于质量，而是着眼于数量。"数量关键性"（quantity pivotalness）有一条关于人才的数量的、倾斜得很陡峭的收益率曲线。数量方面关键的角色存在于战略价值取决于找到足够的人才、人才找到得更快或降低人才流动率之处。

对于杉点乐园来说，人们可以想见的是，其清扫工的工作主要具有数量关键性。因为，它主要反映的是清扫的作用，其倾斜度是平缓的。然而，如果杉点乐园的清扫工人手出现短缺，其战略将受创。杉点乐园的网站积极鼓励孩子们申请暑期工作——其中的许多都可能具有数量关键性。[6] 迪士尼公司也需要足够的清扫工，但正如我们已看到的，它的这份工作在宾客关系方面有着重大的作用。因此，迪士尼的清扫工比杉点乐园的清扫工，具有更多的质量关键性。在迪士尼，清扫工的工作职位兼（both）具数量关键性和质量关键性。虽然通常说来，人才是数量关键性和质量关键性的一种结合,但人才可以具有纯粹的质量关键性(拥有大量可用者,但质量上的差别至关重要)或纯粹的数量关键性(拥有更多可用者甚为要紧,但质量上的差别影响不大)。

文化与能量

文化与能量描述的,是员工所必须具备的、用来实施关键的行动与互动的集体和个人特征。这一要素把行动与互动转化为像技能、知识、员工投入和机遇这类东西。在实际的组织里,有关文化与能量的识见往往出现在像"什么样的共享价值、信仰和规范将支持或阻碍执行",以及"成功将如何依赖于个人的能力、机遇和(或)动机"这样一些问题里。

组织的领导者们往往过于迅速地跳向某一特定的解决方案。有的可能喜欢能力("员工们能做吗?"),并会这样建议:"通过给清扫工提供十个小时公园信息方面的培训,来增加其知识。"有的可能侧重于机遇("员工们得到机会了吗?"),进而建议说:"让我们把清扫工放在骑乘线附近吧。所有的宾客都在那儿。"还有的可能更强调动机("员工们想要做吗?"),因此建议:"让我们针对清扫工帮助宾客的次数,来发给奖金。"这些可能都是不错的想法,但一门决策科学所要求的,是一种能对它们予以鉴定和评估的逻辑方法。仔细考虑一下这些要素——能力、机遇或动机——的哪一种最为关键,是这么做的方法之一。

迪士尼提供了企业文化的一个范例:把所有的顾客(customer),都当作"宾客"(guest)来对待;把所有的员工(employee),都当作"演艺人员"(cast member)来对待。从清扫工到企业主管的每一个人都要经受被称为"传统"(Traditions)的八小时培训和定向程序。每个月,《耳目》杂志都会报道宾客服务方面的独特例子。而迪士尼的领导层也常常会在乐园里观察这样的例子,以便能据以奖励员工。迪士尼的每一位演艺人员都知道迪士尼经验的四个核心支柱:表演(show)、安全(safety)、礼貌（courtesy）和高效（efficiency）。迪士尼的演艺人员们都携带着一个标题为"七条客服指南"[以《白雪公主》（Snow White）中的七个小矮人为图例]的小卡片：

要显得开心（Happy）——与宾客眼神交流并报以微笑！
要像打喷嚏（Sneezy）一样——问候和欢迎每一位宾客。传递殷勤好客之风……它是有感染性的！
不要害羞（Bashful）——设法与宾客接触！
要像医生（Doc）那样——提供即时的服务补救或"康复"！
不要脾气暴躁（Grumpy）——任何时候，都始终如一地展示合宜的身体语言！
要如催眠（Sleepy）一般——创造"梦想"并保留"神奇"的宾客体验！
不要迟钝（Dopey）——要感谢每一位宾客！

这使得文化与最关键的行动与互动直接相关。通常，个体员工的判断将产生较大影响的关键时刻，是当没有人在眼前对员工进行监督或指导，而文化将帮助确保该人员会做出好的选择时。迪士尼公司还通过对其乐园的垃圾的收集方式进行设计，使得清扫工不用步行很长的路去扔垃圾，而为他们提供创新机遇。如果他或她整天花费时间奔走于乐园和垃圾容器之间，即使是最有能力的和最积极的清扫工也不可能做很多事。关键是要在一个集体文化内，对能力、机遇和动机加以平衡。

对能量与文化的这种态度表明了对员工投入的一种不同的方式。每一个迪士尼员工都了解通过令宾客愉悦来营造"地球上最快乐的地方"的使命。事实上，任何改善宾客体验的员工行动都可能被视为与这一目标协调一致。迪士尼的清扫工一天中有无数次，都必须决定是顾自打扫还是停下来帮助宾客。当清扫工正确地做出这些决定时，真正协调

一致的执行就产生了。人才学表明,这种员工投入应侧重于像这样的一些问题:

- 清扫工懂得清扫工作与帮助宾客的相对关键性吗?
- 清扫工说了他们具备能力、机遇或动机,去实际地停止清扫并和宾客交谈吗?
- 顾客服务文化能够使他们主动提供可以带来关键性影响的具体服务吗?

迪士尼乐园完成了营造精确设计的宾客体验的艰巨任务。这一体验很大程度上,是建立在初出茅庐的青少年的工作之上的。要取得成功,文化与能量必须天衣无缝地支持正确的行动与互动;战略实施也有赖于有关如何使协调一致的行动与互动发生的决策。我们接下来将展示的,是如何确定这样的支点:为做到这一点,配套的方针与做法必须在这里一起运作。

方针与做法

如果迪士尼的清扫工因他们的顾客互动而具有关键性,那么,我们应该通过对清扫工进行奖励,通过在他们的培训上投入更多,或通过两者兼顾的方式,来加强这类行动吗?图3-2表明,人力资本桥梁决策框架的方针与做法连接要素所描述的,是将会带来关键性的能量与文化的程序与活动。这类做法需要单独运作,但它们作为一种组合来运作更为重要。有关方针与做法的识见往往通过诸如这样的一些问题被揭示出来:在人才市场上,我们的做法将如何把我们区分开来?我们的做法将如何一起运作?成功的条件是什么?

在佛罗里达州(Florida),迪士尼的清扫工都被纳入了工会组织。

这就限制了迪士尼根据个人的绩效评级来使薪金差异化的能力。而这并没有令迪士尼停止打造提升清扫工的能量与文化的一套程序与做法组合。其绩效方针包括，要求宾客评价或描述一个清扫工所做的令他们愉悦的某件事。迪士尼公司提供了"出色服务迷"（Great Service Fanatic）卡片，供宾客写下一位演艺人员的名字及其所做的特别特殊的事情。"出色服务迷"们有资格参与特别抽奖；此外，在其就业记录上，他们也会得到一个特别标记。

迪士尼的清扫工知道，他们的职业发展道路可以通向将与乐园设计师或幻想工程师[Imagineer（设计骑乘游乐设施的工程师和设计师）]共事的职务位置——一项其他的主题公园未必能够提供的发展奖励。一位迪士尼主管指出，清扫工们常常想花一些时间在商店里或推销商品上。迪士尼可以为他们提供从洋娃娃到CD盘，再到游戏的大范围的商品体验。这不仅仅是给予演艺人员的奖励，也增益了他们的产品知识——这使得他们在回归其清扫工角色时，能将一名顾客大使的作用发挥得更为出色！

在员工发展方面，清扫工接受的是不同于米老鼠的顾客互动训练。清扫工有机会从经验中学习，这种经验会增加他们对乐园以及乐园那些最常被宾客问及的区域的熟悉程度。事实上，在所有的迪士尼演艺人员都会体验著名的定向和培训程序"传统"的同时，也存在着一项针对迪士尼清扫工的正式的在职培训程序。培训师包括以前的清扫工——他们都是因其培训能力以及工作的知识和经验而被选中的。一份详细的培训大纲远远超出了保管方面的基本因素，包括了具体的宾客服务内容。在人员配备和人才搜罗（sourcing）方面，清扫工的挑选不只要看他们在清洁服务方面的经验或能力，还要看他们对于提供一对一服务的倾向性和热情程度，以及他们的情感和口头表达能力。

请注意做法的组合，是如何与关键性的互动与行动直接联系在一起的。迪士尼将不会对每一个人都提供相同的顾客服务培训或奖励。一如执行得良好的市场营销或财务决策一样,迪士尼公司的人才投资所针对的,是它们将具有最大效果之处。在靠清扫工人才竞争并对他们予以争取方面,迪士尼所采取的方式迥异于其竞争对手们——它们或者把清扫工的工作仅仅定位为清扫乐园,或者为每个人提供相同类型的顾客服务培训。

迪士尼将不仅能创造更多的关键性的能量与文化,它也将在人才市场上,为以顾客为导向的清扫工职位候选者提供一种独特的职务位置。对于那些能被提供出色的顾客服务这样的机遇所激发的个人来说,迪士尼成了一个独一无二意义上的非常适宜的工作场所。迪士尼开始吸引职位候选者资源库中最优秀的人才,因为它所提供的,是同样利用了其独特的业务模式的一种综合的就业主张。

协调一致性如何改变竞争的游戏规则

对于迪士尼的竞争来说,游戏规则已有所改变。意识到清扫工是手握扫帚的顾客大使,迪士尼将靠(*with*)清扫工竞争得更好。迪士尼也将更好地对(*for*)清扫工人才进行争取。它通过确认、吸引、奖励、发展和保留它所需要的、恰好是这种以顾客为中心的清扫工,改变了以顾客为导向的清扫工的市场。

在迪士尼改变了游戏规则之前,其他的主题公园可能已经吸引走了它们以顾客为中心的清扫工的份额。现在,当求职者了解了什么是迪士尼想要的,以及迪士尼可以提供十分独特的奖励和发展时,该公司将会吸引更多的想要得到顾客大使角色的清扫工求职者。迪士尼通过开发能显示出哪些职位候选者拥有顾客服务的热情的测试,进一步对供给去芜存菁,帮助它确定其他的公司未能把握住的一些特征。当迪士尼公司提供了能进一步提高其作为顾客大使的清扫工的质量的培训和奖励措施时,它增加了这类人才的内部供给。这就是人才学决策科学如何能强化一种被广泛地予以宣扬但却又难以捉摸的目标——人才与组织投资中的协同作用。我们随后将回到这个主题上来。

如图3-2所示,一旦当我们确切地了解了人才资源库如何产生关键的战略影响,以及哪些程序与做法能为其做到这一点做出最好的准备时,我们就会把注意力,转向使这些程序与做法得以形成的对资源的投资。

效率支点:投资最能影响方针与做法组合之处

效率界定的,是方针与做法组合同投资水平两者之间的关系,确定具体的资源投资在哪里最能强化这一组合。效率鼓励提出类似这样的问题:"你的战略可以提供的什么独特资源,是你可以在人才管理中借助的?""投入比行业规范所要求的更多的资源可以在你的做法组合的哪里,产生独特的价值?"虽然每个组织都必须为其人才做法确定一项预算,人才学中的效率所着眼的,是范围更广的资源,以及依托支点对投资进行优化。尽管效率侧重于投资同方针与做法之间的关系,也还是存在着一些有关投资本身的具体问题,包括:我们将考虑什么资源(资金、人力资源职员的时间、参与者的时间、领导的时间)?什么将是资源的取舍?我们将投资多少,并将其投向何处?

在迪士尼的例子中,典型的效率量度标准可能包括:清扫工的单位招聘成本(cost per hire),交付给清扫工的每小时培训成本,填补空缺的时间,或与其他主题公园的清扫工相比之下的清扫工的平均薪金。人力资源领导者们往往乐此不疲地以这类数字为基准,试图达到或超过他们的竞争对手们的效率水平。缺乏一个包括了效力和影响的框架,组织往往通过使人力资源程序更有效率的方式,使成本或时间的节省最大化。

当效率是唯一的关注点时,它能够激发这样的尝试:增加每消耗一单位资源所获得的程序与流程的产出量。这可能会导致试图"以收缩达致成功"(shrink to success)。

迪士尼为新来的清扫工提供极为详尽而密集的在职培训。这一培训共持续46个小时(在八小时的"传统"程序之外)。尽管迪士尼公司并没有与其他主题公园提供的在职培训的总量相关的统计数字,但看起来很有可能的是,该公司或许比竞争对手们花费了更多的时间和金钱,来吸引、选拔和培训其清扫工。在诸如新员工单位招聘成本这样的基准上,迪士尼看起来效率低下。当然,正如我们所看到的,该投资是很划得来的,因为迪士尼最大限度地利用了这一投资。

事实上,当其他的主题公园仅仅着眼于效率时,实际上反而等于降低了迪士尼的成本!为什么呢?因为这意味着其他的清扫工雇主只吸引那些满足最起码的标准,能将清扫工作最低限度地做好的清扫工。这就为迪士尼吸引和保留能从事出色客服工作的清扫工,留下了一个大敞四开的市场。那些在顾客服务方面比较不够擅长,而愿意在具有较少在职培训的、仅仅由清扫职能来界定的工作职位上工作的清扫工,最终聚在了其他主题公园的旗下;而那些拥有强大的顾客服务潜力的,最终成为迪士尼的员工。迪士尼不必卷入一场员工竞标大战,因为别的公司正过于忙碌地削减成本,以至于无法理解这种价值。

自下而上应用的人力资本桥梁框架

回头再来看看图3-2。我们已描述了自上而下运作的迪士尼的例子,但也不妨考虑一下这一自下而上运作的角度的力量。我们共过事的一些业务领导者们曾指出,有关人才的对话往往始于类似这样的一个问题:"为什么我们要比竞争对手们花费得如此之多,来培训我们的人员?"

这往往被作为一个削减培训费用的信号！更好的方式是自下而上着手，沿着从框架到战略成功的线索，去追踪投资的影响。通过以这样的方式重新设计该问题，对话将变得更合乎逻辑和更具有战略性。有时候，答案确实是对花费在现有的程序与做法上的资源予以削减或重新定位；有时候，答案是保留这种支出，因为它正在添加重要价值。不论答案如何，辩论的质量提高了。

人才学的一个基本概念，是着眼于最能影响可持续的战略成功的人才与组织决策。正如迪士尼的例子所展示的，进行影响一连串支点的人才与组织投资，是获得最大的整体影响的关键。连接的支点（connected pivot-points）的原则对人才学而言，就像对财务金融学和市场营销学等其他学科一样，是根本性的。在序列的任一阶段，如果存在一个非关键性的连接，那么投资的影响将趋向于零。连接的支点的原则证明了在特定的程序或流程之外，以及只是投资是否见效之外进行考察的重要性。许多人力资源投资之所以见效，是因为它们在一个或多个员工群体当中，造成了良好的影响（如学习、动机或减少了的职位空缺）。关键的问题是，投资是否是造成这种影响的最关键的方式，以及对于重要的组织成果来说，对人才与组织的这种影响是否是关键的。自下而上运作往往是获得一种新的视角——赖以确证就效力而言"见效"（work），但就影响而言可能并非最关键的人力资源投资——的最好方式。

人力资本桥梁如何使所有的组织与人才协调一致

迪士尼的清扫工是一个很好的例子，但人力资本桥梁框架不仅仅只对面向顾客的员工有用。不妨回想一下迪士尼乐园和杉点乐园之间的竞争比较。现在考虑一下骑乘设施设计师的工作职位，一个与清扫工非常不同的职务位置。设计师是高度技术性的专业人员，很少会遇到公园宾客。迪士尼乐园和杉点乐园所聘用的设计师们按照他们各自的职位描述，做着非常相似的事情。在这两个公园中，他们为其构思和设计的，都是适当、安全以及有趣的骑乘设施。然而，就其战略意义来说，其差别与其相似之处同等重要。

迪士尼的骑乘设施设计师是作为被称为幻想工程师的工程师团队的一部分，来传达他们与故事叙述的完整联系的。迪士尼要求其骑乘设计师在身临其境的"沉浸式故事叙述"（immersive storytelling）上出类拔萃。这种故事叙述方式将迪士尼卡通人物的个性和故事，转化成了对从非常年轻的孩子到祖父母辈的顾客都具有吸引力的骑乘设施。迪士尼乐园的"小小世界"（It's a Small World）骑乘设施，就是一项重大成就——它留给无数的孩子、父母和祖父母们的，是一整天都在脑际回响的歌声！

《耳目》的某一期描述了迪士尼的"雪人的传说"（"Legend of the Yeti"）骑乘设施，如何具有一个伟大的冒险故事的所有要素。它以喜马拉雅山——传说中名为"喜马拉雅雪人"（Abominable Snowman）的雪人的家乡——山脚下的一个偏远山村为背景。故事的主要组成部分包括："不讲信用的旅游经营商'喜马拉雅逃逸'（Himalayan Escapes）旅游公司；挣扎着向珠穆朗玛峰（Mount Everest）延伸的、可负载34名乘客的老化的专有铁路；挤满了单纯无知的探险者的火车车厢；导致铁路向后笔直坠落的错位变形的火车轨道；当然，还有与狂暴的雪人的一场遭遇。"[7]

然而，该杂志还指出，迪士尼乐园的骑乘设计师必须长于骑乘设施的技术层面："营造高达199英尺、积雪盖顶的高山和表现失控列车（runaway train）的冒险之旅……需要5,000吨钢材、1,870万磅混凝土以及2,000加仑的染色剂和涂料。"迪士尼的骑乘设计师所依靠的，是所有骑乘设计师所使用的工程学技能。但在迪士尼，支点是他们如何能体现使顾客身临其境的沉浸式故事叙述。

相比之下，杉点乐园的骑乘设计师则需要善于考察重力的安全极限，尝试最新的施工材料和技术，探索如何将最大限度的紧张震颤感，塞满过山车之旅的每一秒钟。迪士尼的骑乘设计师很少必须考虑的是，到底是"小小世界"骑乘设施还是"旋转杯"骑乘设施（teacup ride），带来了过度的重力。但至关重要的是，旋转杯骑乘设施的设计师必须明白，失控的茶杯们在"疯狂的茶会"（Mad Tea Party）——迪士尼1951年的动画经典《爱丽丝梦游仙境》(Alice in Wonderland)里的小插曲——中，扮演了一个非常重要的角色。

《耳目》讲述了致力于"雪人的传说"的创意主管、项目专员以及设计师们为调查故事情节所进行的发现之旅（the scouting trip）。[8] 他们前往喜马拉雅山，"学习其文化、风俗、建筑和园艺，调查有关雪人的传说。其他的幻想工程师们随后作为更大规模的探险的参与者前往，其中包括科学家。"为帮助迪士尼骑乘设计师获得沉浸式故事叙述的身临其境感，他们得到了前往喜马拉雅山的有偿旅行机会。对于其他的主题公园来说，经常派遣自己的骑乘设计师去喜马拉雅山的可能性不大！它是只有迪士尼公司可以提供的一项奖励。因此，它不仅增强了沉浸式故事叙述的身临其境感，也为骑乘设计师提供了迪士尼独有的某些东西。

杉点乐园若派遣其骑乘设计师去喜马拉雅山，将是愚蠢的。因为，这样深度身临其境的沉浸式讲故事方式不是其关键的战略优势。另一方面，杉点乐园很可能派遣其骑乘设计师去实地考察赛车、调查高速列车或观摩航天飞机的发射。

这一切意味着，即使在一个技术含量很高的、被恰切地界定为"主题公园骑乘工程师"（theme park ride engineer）的工作职位中，一门合乎逻辑的决策科学也揭示了对人才进行争取并靠人才竞争的许多不同方法——取决于战略的规定性。人才学既适用于迪士尼乐园也适用于杉点乐园,但针对不同的人才与组织情境,人力资本桥梁框架可以给出不同的结论。即使在骑乘设计师这同一种工作职位当中,对迪士尼乐园和杉点乐园要紧的绩效差别也是明显的。如果迪士尼乐园或杉点乐园选择用同样的方式,对骑乘设计师人才进行争取或靠骑乘设计师人才参与竞争,这两个公园将分别错过重大的机遇。

现今的组织拥有通常把工作职位当成等同物(equivalent)的人才与组织决策框架。这反映在它们有关薪金、人才搜罗和技能要求方面的决策之中。组织领导者们往往致力于将同一行业内相似的组织的相同职位的数据,作为其人才程序与做法赖以看齐的基准。正如我们已经看到的,简单地复制程序与做法将导致错误的结论——即使是针对同一类型的组织和行业中的同样的职称。

结论

表3-2提供了人力资本桥梁框架的一个详细摘要。它提供了用以分析每一个连接要素的主要概念的简明定义和描述。我们先前曾经说过,一门成功的决策科学的标志,就是它的原则成为组织领导者和决策制定者的对话的一个自然的部分。表3-2的最后一栏所显示的,是使用人才学的组织曾经用以引导其讨论的一些典型的对话启动话题。

我们这里所建议的方法与典型的人力资源管理方法是那么不同,以至于组织往往不知道,它们是否能够达到目的。在本书其余的章节尤其是第10章里,我们将对这一点加以解释。我们对此充满希望,因为往往在不知不觉中,许多组织已经能以这种方式,来对待一两种工作职位或角色。最典型的是主管人员和销售人员。在这些工作职位上的投资往往基于价值,而非纯粹的成本。绩效差别和业务成果之间的逻辑联系通常在考虑的范围之内。人力资源做法——例如人员配备、培训以及报酬——往往被结合在一起,以协同性地提升质量和绩效。

表3-2 人力资本桥梁框架详细摘要

人力资本桥梁连接要素	定义	诊断问题
可持续的战略成功	我们打算如何竞争和防御	哪些假设将对我们的战略至关重要? 我们希望获取什么样的独特竞争地位? 什么将使我们的优势难以复制?
资源与流程	什么是我们必须建立、执行和保护的	我们必须打造什么价值链? 我们将获取哪些有形和无形资产? 哪些流程或资源约束必须得到解决?
组织与人才	什么角色和结构我们必须予以改善	更多与(或)更好的人员将会在哪里影响最大? 我们将最需要在哪里,使组织边界更有效? 管理系统将如何需要保持协调一致?
互动与行动	个人需要如何行为和合作	将会遇到什么主要的相关成员? 什么将会是主要的角色挑战和协调一致的反应? 什么将能区分有效的和无效的行为?
文化与能量	从集体的和个人的角度出发,员工必须具备什么特征	什么共同的价值观念、信仰和规范将支持或阻碍执行? 成功将如何取决于个人的能力、机遇与(或)动机(COM)?
方针与做法	我们必须实施什么程序和活动	在人才市场上,我们的做法将如何把我们区分开来? 我们的做法将如何一起运作? 成功的条件是什么?
投资	我们必须获取什么资源,并应如何对它们予以分配	我们将考虑什么资源(资金、人力资源职员的时间、参与者的时间、领导的时间)? 什么将是资源的取舍? 我们将投资多少,并将其投向何处?

事实上，这些工作职位往往被视为过于重要，以至于不能留给人力资源管理职能来处理。因此，有关选拔、奖励和发展的方针的制定被分配给了主要的人力资源职能以外的决策者们。我们不同意这种方式。这一合乎逻辑的方法应该被应用在大多数的人才与组织决策当中，且应该与人力资源职能密切地联系在一起，而不是把关键性的角色，作为在人力资源职能以外加以管理的一个例外。主管人员和销售人员之所以被以目前的方式加以对待，部分地是因为存在着显示了其质量和数量的切实的关键性影响的数十年经验。而另一种讽刺在于，正是由于主管人员和销售人员人才资源库已经得到了这么多关注，在较少被认可的区域里有区别地对人才进行争取并靠人才竞争，才存在着更大的潜力。主管和销售人才往往具有很高的影响力，但相对于基于决策的系统性方法能在其间有助于战略的成功的人才集合来说，只代表其中一个很小的子集（subset）。

不妨想象一下你将可能拥有的竞争优势——如果你的组织始终能赶在其他组织之前发现类似清扫工的人才，并如同对你的主管人员和销售人员一样，对这些人才与组织要素投入同样综合而系统的精力。无疑地，组织正在错失它们可以通过对其他不那么明显但同等关键的人才与组织区域，应用同样系统综合的办法加以利用的战略机遇。

这一基本的范式转移的力量的一个范例，包含在迈克尔·刘易斯（Michael Lewis）所著的《魔球——逆境中制胜的智慧》（*Moneyball: The Art of Winning an Unfair Game*）一书之中。[9] 这本书采用编年史的方式，记述了比利·比恩（Billy Beane）的成功——他使用竞争对手们的薪金和其他资源的一小部分，打造了冠军水平的棒球队。关键是要界定能够带来其他球队未曾意识到的识见的一门棒球决策科学。例如，从统计学的意义上来讲，让棒球进入比赛场地在得分上，比打出本垒打更重要。这一点重新界定了好球的逻辑，乃至选拔高产击球手的逻辑。棒球以外的同类识见也是可以获得的。不过，它们需要一个以不间断的逻辑对待人才与组织决策的承诺。

由于这是新的方式，因而数据有限。但我们的经验表明，像这样的人才协调一致的机遇遍及组织各处，并不只是员工面对顾客之处而已：在零售组织内，买家往往作为关键方出现；在美军中，可以与当地民兵和老百姓妥当互动的士兵是关键方；在一个空运公司里，就机场起飞时段（takeoff slot）专有权进行谈判的律师已作为关键方出现；正如我们将会看到的，可以促进全球团队协作的专业技术人员也是关键方。一如其他决策科学，人力资本桥梁框架的逻辑保持了连贯一致性，但视乎情

图 3-5

人力资本桥梁框架：章节

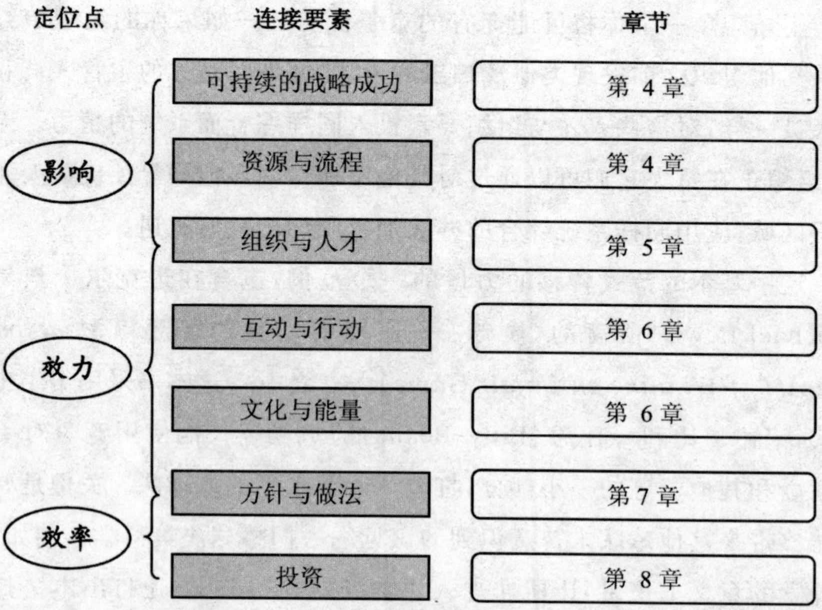

定位点	连接要素	章节
影响	可持续的战略成功	第 4 章
	资源与流程	第 4 章
	组织与人才	第 5 章
效力	互动与行动	第 6 章
	文化与能量	第 6 章
效率	方针与做法	第 7 章
	投资	第 8 章

况揭示了不同的识见。

  我们邀请人力资源职业内外部的领导者们使用人才学决策科学和人力资本桥梁决策框架,来做出具有更大严谨性和逻辑性的人才与组织资源决策。在接下来的章节里,你将有机会开始这样的旅程——在自己的组织里,培养和运用这一逻辑。我们将依次考察人力资本桥梁框架中的每一个要素,更详细地描述每一个定位点,连同其关联意义与影响。在本书第 4 章和第 5 章里,我们将描述影响;在第 6 章和第 7 章里,我们将侧重于效力;在第 8 章里,我们将涵盖效率;在第 9 章里,我们将着眼于人才与组织量度;我们将以第 10 章作为结束,并给出我们使人才学在实际的组织中奏效的经验教训。图 3-5 使用人力资本桥梁框架,提供了本书的脉络图。

第4章 战略分析中的影响
——寻找战略支点

如果你的竞争对手有一份你的人力资源战略的副本,你将会有多担心?对于这一问题,我们所得到的回答往往是:"不会很在意。因为,反正我们的看起来可能非常像它们的。"的确,如果你在没有指明公司名称的情况下,比较两个竞争对手的人力资源战略,通常很难辨别出哪一种战略是和哪一家公司相配的。人才与组织决策往往基于非常广泛的和一般性的战略目标,例如"增进创新"或"提供世界一流的客户服务"等。又或者,它们反映了重要的但却又是通用的劳动力目标,例如"保留婴儿潮一代的更多的技术人才"、"增加多样性"或"培养下一代领导者"。这些目标无疑适合于某一个组织及其设定的战略,但另一方面,它们也将适合于许多其他的组织的战略。人力资源战略很少是具体的或独一无二的。

考虑一下这个问题:"你的战略究竟在何处,有赖于比你的竞争对手们的人才还要好的人才?"很可能,你的整个组织并不到处都需要出众的人才;那将不符合成本竞争力的要求。但在将赋予你打造和保持竞争优势的能力的某些价值链环节里,你确实需要出众的人才。如果你想确立一种具有竞争力的、独特的人才战略,你需要一个对具有战略重要性的要素加以确定的流程。

影响：将战略成功同组织与人才联系在一起

影响（impact）是确定人才战略的起点。它界定的是可持续的战略成功同组织与人才的绩效二者之间的关系。对这些关系抱持深刻的、合乎逻辑的理解的领导者具备创造真正创新的和与众不同的人才战略并确定优先选项的必要基础。本章将侧重于在分析业务战略以确定人才的意义和影响时，所要考虑的一些关键问题。这一层面的分析往往并没有完成。因为，相比于当前通常所做的，它需要一线领导者和人力资源领导者们，对业务战略进行更深入的钻研。然而，我们的经验表明，产生于这一过程的识见，是值得付出努力的——不仅为了改善人才战略，也

图 4-1

人力资本桥梁框架：影响

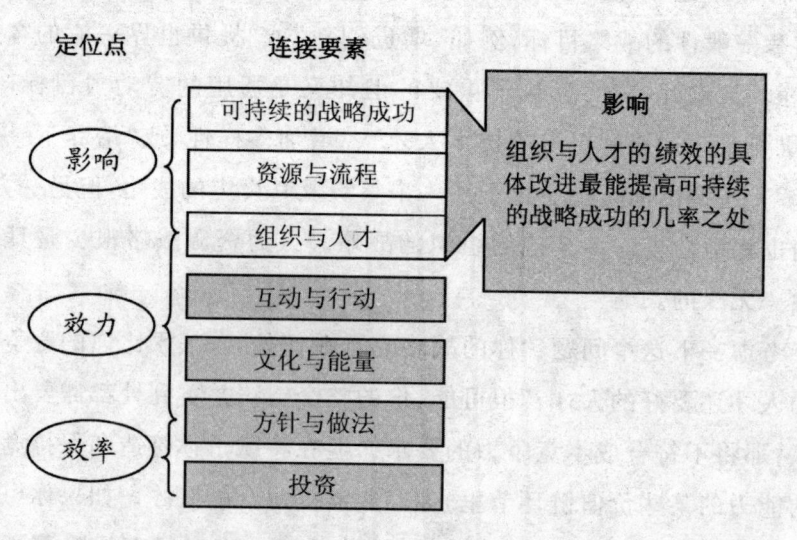

定位点	连接要素	
影响	可持续的战略成功	**影响** 组织与人才的绩效的具体改进最能提高可持续的战略成功的几率之处
	资源与流程	
	组织与人才	
效力	互动与行动	
	文化与能量	
效率	方针与做法	
	投资	

第4章 战略分析中的影响

为了实施组织战略。一旦对战略及其人才的意义和影响有了深刻的认识,人力资源职能部门便能够对与业务战略的具体要素切实联系在一起的程序与做法加以推荐。

图4-1显示,在人力资本桥梁框架内,影响在可持续的战略成功里,然后在界定这一成功的资源与流程(以及我们在本章中将要描述的其他透镜)内,寻找支点;最终,影响揭示了必须与它们协调一致的人才资源库和组织要素。我们把影响分析分为两个步骤:(1)在战略内部寻找支点,以及(2)把组织与人才绩效同这些战略支点联系在一起。在本章里,我们将着眼于战略支点——作为战略的组成部分,它们的执行会显著影响战略的成功。在接下来的第5章里,我们仍将以战略支点为例,并确定组织与人才绩效如何影响它们。这将完成我们的影响分析。

传统上,战略着重于成熟的决策科学

将战略制定与战略分析区分开来是很重要的。大多数领导者和战略著述都侧重于战略制定。战略制定是组织内部一个至关重要的领导力角色。它通常所考虑的,是外部环境、客户动向、竞争定位以及内部的优势和劣势。战略制定形成了战略方向——也即在市场上竞争的规划,它可能是相当正规且持续很长时期的,或具有高度动态性和适应性的。

战略分析界定的则是,那些对于战略的成功来说,至关紧要的(或关键性的)要素。对战略进行分析以揭示人才与组织的意义与影响,是与对战略实施的注重相一致的。通过对于战略支点的一种共同认知,领导者们可以帮助确保包括组织与人才资源在内的所有资源,都按照它们相对于战略成功的重要程度来配置。

现有的战略制定和分析程序通常都会对财务金融和市场营销的决策框架予以强调。这是根深蒂固于领导者们的思维模式里,并且由强大的分析人员的职能提供支持。由于大多数战略充分反映了这些更为

成熟的决策科学的逻辑,把财务金融和市场营销决策与战略联系起来,就成了一个相对简单直接的任务。因此,市场营销和财务金融工具虽是至关重要的,但在不同的公司之间,它们又是大同小异的。恰恰因为它们被如此普遍地通晓,它们也就不大可能营造一种竞争优势。

当组织分析影响时,它们将其战略分析的范围,扩大至把人才学也包括了进来。对于使组织协调一致和实现战略意图而言,人才与组织的意义和影响正越来越重要。即便是中等复杂的组织内的一项基本战略,也需要无数的流程、资源、行动、互动以及活动,才能使组织运作起来——而要在竞争激烈的市场上蓬勃发展,就更不消说了。组织的协调一致的关键,是找到我们前面描述过的支点。

分清何为重要与何为关键

拥有比你的竞争对手们更为精确的支点知识,是获得用以实施战略的竞争优势的一种来源。关键是理解作为重要的和作为关键的二者之间的差别,并将其运用到战略中去。战略支点的一个绝佳例证可以在2004年乔治·W.布什(George W. Bush)和约翰·克里(John Kerry)之间发生的美国总统竞选当中找到。这两人的竞选活动很快便着重于其战略支点——那些被称为"摇摆不定的州"(swing states),并将大量资源向它们倾注。结果,俄亥俄,一个关键的摇摆不定的州,比纽约州(New York)和得克萨斯州获得了更多的关注,尽管后两者拥有更多的选举人票(electoral vote)。

类似的支点的例证常常出现在遍及世界的议会选举中。其中弱小的少数政党可能拥有形成一个多党联盟的关键地位。德国2005年9月的选举之所以无结果,部分地是因为两个最大的政党[支持前总理格哈德·施罗德(Gerhard Schroder)的社会民主党(Social Democrats)和支持安格拉·默克尔(Angela Merkel)的基督教民主联盟(Christian

Democrats)]都没有赢得显著的大多数。两党都试图与较小的绿党（Green Party）和自由民主党（Free Democrats）建立联盟,但是都没有成功。[1] 这些较小的政党,就是关键。

表 4-1 定位点:影响

定义	支点	所要做出的决策	人才与组织战略:新的讨论
• 描述可持续的战略成功同组织与人才的绩效之间的关系	• 人才与组织的绩效的具体改进将最能提高可持续的战略成功的几率之处	• 你应在哪里把人才与组织的绩效的改进作为目标,以便它们对可持续的战略成功具有最大影响？	• 要使你的战略获胜,你的战略究竟在哪里,有赖于比你的竞争对手们的人才还要好的人才？ • 什么是你的竞争对手们还没有意识到的、尚未开发的关键性人才与组织要素？ • 当战略发生变化时,你应如何变革你的人才与组织？ • 改善组织边界将会在哪里,让你更具有竞争力？ • 什么人才应该得到不均衡（disproportionate）的投资？

领导者们通常相信,对于其战略中的支点,他们具有一种直觉。然而,特别是在人才方面,他们的分析往往既不严谨也不系统。虽然他们的预感可能是正确的,但他们的心智模式可能会把一些东西,误认为是关键的——而事实上,这些事情是重要的,但却未必是关键的。缺乏一个系统的流程也会对战略在所有组织层级中的沟通,带来显著的危害。战略直觉在靠近组织上层的地方一般会更好,那里的情形更复杂精微,与战略也有着直接得多的互动。随着部署和配置在整个组织中逐渐向下延伸,框架的缺乏将迫使较低级别的领导者们利用他们的直觉,去确定什么是关键的。这往往恰好是竞争优势得以营造和利用的领导阶层。

利用结构化的流程，通过对于支点的分析逐级向下部署战略，可以帮助确保所有层级上的协调一致，以及战略的成功实施。表4-1对影响（impact）予以了界定，强调了它界定支点的方式以及它所处理的那些至关重要的决策，并提供了我们在开展有关整个组织的战略支点的改进性讨论时，所发现的有价值的新问题。

通过四种透镜所看到的战略

根据几种有助于确定战略支点的透镜或视角来设计战略分析，我们发现很有用。利用这些战略支点，组织可以反过来辨别它们自己的人才与组织支点。有几种战略分析透镜，是在我们的工作中形成的。我们将在这里，对它们之中的四种予以突出强调：战略假设、竞争定位、战略资源和业务流程。图4-2所显示的，是这些透镜如何适配于人力资本桥梁框架的影响定位点。在使用这四种透镜的过程中，领导者们对其战略的钻研必须比他们通常所做的要更加深入，以便确定人才的意义和影响。有时，参与者对战略分析流程会感到不耐烦，而更愿意通过走捷径的方式，得出组织与人才的意义和影响。然而，根据我们已经看到的，这正是先期投入的时间可以在战略实施期间带来巨大回报的一个所在。

前面我们曾使用迪士尼主题公园的一个例子，来说明人才学的一些主要概念。在本章和接下来的章节里，我们将提供来自商用飞机市场的、更为复杂的战略情势——大多数组织所面临的更为典型的一种战略挑战。在运用战略透镜如何引发新的组织与人才识见方面，波音公司和空中客车公司之间长期存在的持续性竞争动态提供了一个意味深长的例证。这个案例的独特，在于战略的深度、可广泛获得的公共信息以及产品的切实可感性。我们将展示每个透镜是如何确定战略支点的，并将对组织与人才、效力以及效率的一系列丰富的意义和影响，逐步予以展开。

图 4-2

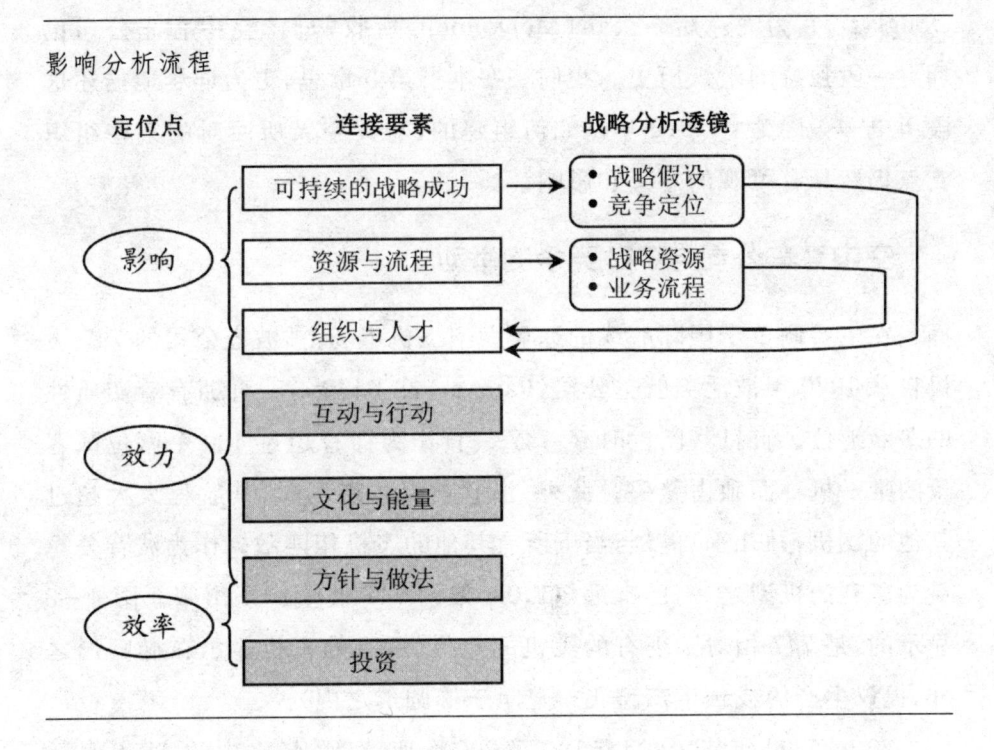

影响分析流程

```
定位点        连接要素          战略分析透镜

         ┌ 可持续的战略成功 → • 战略假设
         │                    • 竞争定位
  影响  ─┤ 资源与流程      → • 战略资源
         │                    • 业务流程
         └ 组织与人才      ←

         ┌ 互动与行动
  效力  ─┤
         └ 文化与能量

         ┌ 方针与做法
  效率  ─┤
         └ 投资
```

波音公司与空中客车公司：一个介绍

  运力超过 100 位乘客的商用飞机市场为波音和空中客车所控制着。在这两家组织之间，在若干个方面，都存在着相当高的竞争强度。通过上升为世界上最大的商用飞机供应商，空中客车公司已经让业界的许多追随者感到惊讶。[2] 在 1970 年空中客车公司出现之前，波音公司的主要商用飞机竞争对手，是洛克希德公司（Lockheed）[它在 20 世纪 80 年代，制造了其最后的 L-1011 型飞机，并在"洛克希德三星"（Lockheed Tristar）推出之后，退出了商用飞机市场]和道格拉斯飞机公司（Douglas

Aircraft)[为了组建后来被波音公司所并购的麦道公司(McDonnell Douglas),它为麦克唐奈公司(McDonnell)所收购]。[3] 空中客车公司也拥有一段独特的组织历史。我们将在本书第5章里,更为详尽地描述这段历史——因为它1970年是如何组建的,对其今天所面对的某些组织支点仍然具有可观的意义和影响。

空中客车公司与747竞争的举动

在主要侧重于国际航线的远程大型飞机市场上,波音公司的747飞机自从1970年被泛美航空公司(PanAm)首飞以来,一直拥有着实质性的垄断地位。自打其问世时起,747一直作为拥有超过400个席位载客量的唯一机种而独占鳌头。此外,当它被引入市场时,其航程大大超过其他的飞机,并几乎可以与当下所有其他的飞机相匹敌。作为波音公司最为赢利的机型之一,已有远超1,000架的747被生产了出来。图4-3显示的,是747相对于现有的飞机的地位(现有的飞机显示在椭圆形之外,提议生产的或预生产型飞机显示于椭圆形之内)。[4]

20世纪90年代,在拥有100至300个座位(图4-3中的A330显示了这一点)的飞机市场上,空中客车公司是波音公司的一个强有力的竞争对手。但是,超巨型的飞机市场仍属于波音公司的747。它通常能容纳416个座位。1991年年初,空中客车公司开始就一种一般情况下可容纳555个座位的超级巨型飞机,与主要的国际航空公司展开讨论。空中客车公司正在探究超巨型飞机的市场潜力(1993年,空中客车公司正式成立了一个团队,负责界定 A3XX 的规格)一事,已是众所周知,但一些专家持怀疑态度。波音公司的许多高层领导者们并未预期空中客车公司会实际上启动该项目。因为,考虑到前期所需的巨额投资,他们看不到空中客车公司能够带来回报的方式。20世纪90年代初,为了探索对于这样一种飞机的潜在需求,波音公司加入了空中客车公司合作伙伴的研究小组,并且认定,没有足够的产品需求能够证明,造如此大的一种飞机是值得的。

图 4-3

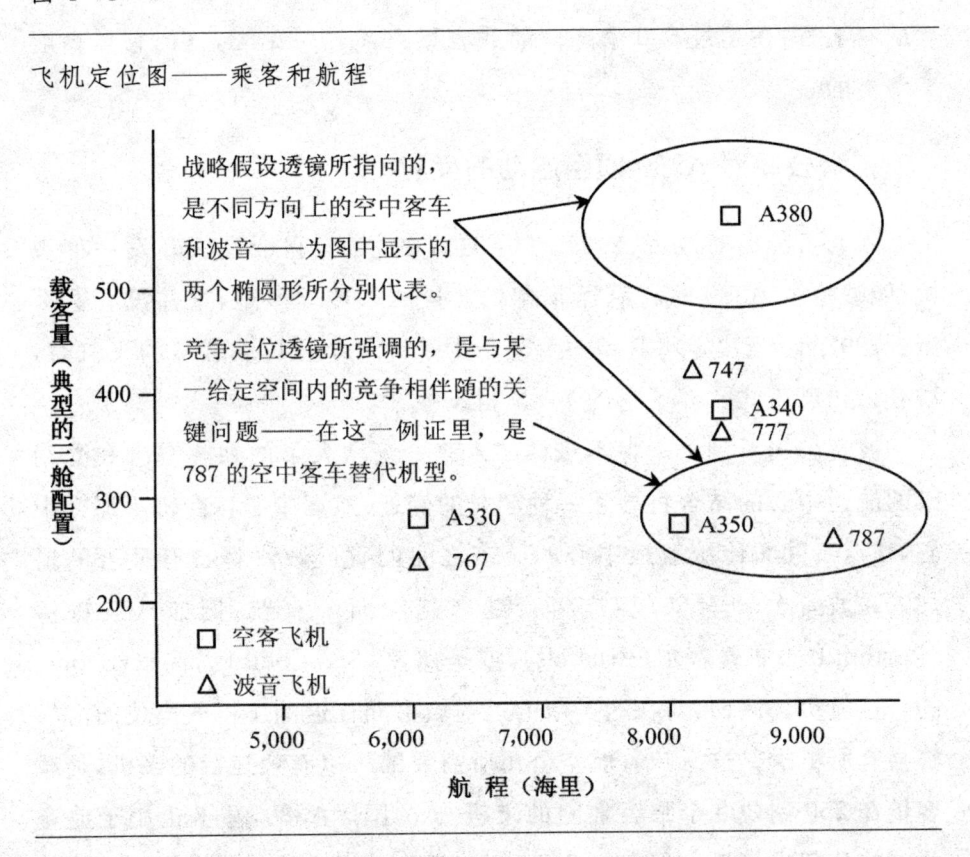

飞机定位图——乘客和航程

战略假设透镜所指向的,是不同方向上的空中客车和波音——为图中显示的两个椭圆形所分别代表。

竞争定位透镜所强调的,是与某一给定空间内的竞争相伴随的关键问题——在这一例证里,是787 的空中客车替代机型。

载客量(典型的三舱配置)

- □ 空客飞机
- △ 波音飞机

航程(海里)

令业界的许多同行,可能也包括波音公司的一些最高级主管们感到惊讶的是,空中客车公司决定启动一项新的超巨型飞机计划,以在 747 最为独特的方面——尺寸大小上——超过它。随着 A380 飞机计划于 2000 年 12 月启动,空中客车公司声称,它打算制造空中最大的商用飞机——一种先前为波音公司所保有的荣誉。伴随着超过 130 亿美元的

101

预计的开发成本,2005年4月,A380大张旗鼓地开始了首次试飞。在等待飞行认证的过程中,首批被指定用为商业服务的产品已预定于2006年年底,交付给新加坡航空公司(Singapore Airlines)。图4-3显示了A380飞机的推出,如何改变了飞机的竞争格局:A380飞机处于图表的右上方,在超过500个座位的载客量方面独一无二,且拥有具高度竞争力的航程。

波音公司对A380项目启动的反应

人们可能已对波音公司产生了这样的预期:它会设法开发一种飞机,能够抢占A380的高航程兼高载客量的领域。但是,它并没有这么做。1997年,当决定将其精力专注于少于555个座位载客量的飞机时,波音公司已正式放弃了它的747X机型探索。

波音公司看到了一种不一样的未来——增大了的乘客需求和受约束的航运中心的结合将导致一种产业的变迁:航运中心将变得不那么中心,往返于并非传统航运中心的城市之间的直航数量将会有显著的增加。在波音公司看来,客户将会越来越倾向于直航,例如从波特兰(Portland)去布鲁塞尔(Brussels),或圣路易(St. Louis)到首尔(Seoul)的直达航班。然而,对在这类新的远程城市间往返的飞机的座位的需求将会有所下滑。这意味着航空公司所需要的可以有效运行的飞机,是载客量在250到300个乘客之间的飞机——小于A380,甚至也小于波音公司的747或777。如图4-3所示,波音公司没有处于这个级别里的飞机。因为,其现有的747和777所拥有的载客量高于预期中新的远程航班的最优载客量。处于该载客量范围内的飞机只有空客A340。然而,尽管A340满足了大小和航程的需要,它却又是一种缺乏足够效率的较旧的四引擎飞机,无法满足波音公司所预测的、即将出现的航空公司需求。

第4章 战略分析中的影响

2004年4月,波音公司正式承诺启动"787梦想飞机"(787 Dreamliner)项目(当时称为7E7)。在那时,他们还把全日空航空公司(All Nippon Airways)签为首家客户,订单是价值60亿美元(译者按:此处原文显示的是＄6 million,实应为＄6 billion)的50架飞机。图4-3所显示的,是将会被提议生产的787占据的竞争空间。787梦想飞机与现有的飞机不同,因为它将会采用先进的材料(如用于飞机外壳的复合材料)建造,也将包括能够提高燃油效率、降低航空公司营运成本,以及用改进的客舱环境和更宽敞的窗口等功能来增加长途客户满意度的其他创新技术。

波音和空中客车两家公司都拥有在任何一个市场上制造飞机的资本、工程人才和其他组织能力。空中客车公司选择将其工程和生产能力,分配到A380飞机的制造上。如果它的预测是正确的,那么它将拥有别人难以战胜的、领先的市场地位。即使波音公司最终发现,超巨型飞机的需求量是大约800架,可能仍然不存在令波音公司成功地成为超巨型飞机市场上位居第二的竞争者的空间。考虑到制造一种新的飞机所必需的时间和资金,再加上这样一种投资的高盈亏平衡点,倘若空中客车的需求预测是正确的,它将几乎不会给波音公司留下任何战略选择余地。

运用战略假设透镜

通过询问以下的问题,战略假设透镜揭示了战略制定当中的人才支点:"我们将在哪里做出与竞争对手们不同的有关行业未来的重要假设?"这些战略区域代表着这样的支点:置身其间的关键性的人才资源库或与支持这些假设的分析有关,或与做出预测有关。

不妨考虑一下波音和空中客车的战略假设。这两家公司都看到了航空客运需求增加的前景。需求日益增加的最重要的驱动因素之一,是亚洲的经济增长。在那里，很多的经济中心彼此相距很远。此外，世界范围内普遍的经济增长正在使需求日益膨胀。并且，波音和空中客车也都认识到，主要的航运中心因其可用以满足需要的递增容量（例如新的机场跑道或登机门）有限，成为重大的约束。然而正是在这一点上，这两家公司存在分歧。

空中客车公司的市场分析表明，要用有限的航运中心容量满足增大了的客运需求，航空公司将需要增加每个航班能够运送的乘客人数。空中客车公司预测，未来20年内，对A380飞机的需求是700架。而且，在某些预测当中，以飞机的使用寿命为限度的潜在需求高达1,100架或更多。而投资的盈亏平衡点，则被估计为约500架。波音公司则接受了不同的市场分析。该分析预测出的，是对较少约束的机场间的点对点航线的更高需求。而这种需求，部分地来自于乘客对航班晚点的越来越不耐烦的情绪的推动。这种不耐烦所针对的，也包括为管理流经一个容量固定的航运中心城市的、日益增长的乘客群体所必需的繁琐登机手续。图4-3显示，这些战略的假设导致波音公司选择设计787飞机，以在图中较低位置的椭圆形内竞争，而不是直接与A380飞机在图中的右上方竞争。

支点：战略假设存在差别之处

从这个透镜所看到的这两个组织的战略支点，是它们对于超巨型飞机长期市场需求的预测。而人才与组织支点所在的那些地方，是绩效最能影响到这些市场预测的准确性和及时性之处。所涉及的人才资源库包括市场经济学家、精算师、统计人员和数据分析师等工作职位。这是一个极端的例子，但它说明了少量员工——往往处于组织的传统的核心竞争力之外——可以是何等的重要。在这个案例里，远超过200亿美元的投资资本——以及比该金额多很多倍的市场影响、声誉和市值——将

第4章 战略分析中的影响

会基于部分员工所做出的需求分析的质量被予以利用。而在每个组织中,这些员工所占的百分比都相对很小。

这一透镜的第二种应用是要询问:"为帮助确保我们的战略假设是正确的,可以做些什么?"为帮助说服航空公司和乘客一类的对象相信,波音和空中客车两家公司各自对飞机产业的未来的设想是正确的,它们在公共关系和其他活动上均投资巨大。当面对潜在的客户和媒体时,它们就像为它们各自的产品和服务展开激烈的竞争那样,为它们有关未来的观点展开激烈的竞争。这些战略有赖于对完美地实施它们所必需的人才意义和影响,审慎地予以关注。

能揭示战略假设中的识见的问题

几个关键问题可以从战略假设透镜里带来识见。它们包括:

- 你的战略依赖于有关未来的什么战略假设?
- 这些假设当中的哪一些是最不确定的?如果它们改变了,它们对你的战略将产生什么影响?
- 你正在哪里做出的有关未来的假设,是不同于你的竞争对手们的?

运用竞争定位透镜

与竞争定位相关的战略支点有助于将组织的资源集中于对成功地获得和维持一个选定的市场地位来说,至关重要的一些要素。正如迈克尔·波特(Michael Porter)所强调指出的:"一家公司可以超越竞争对手们的唯一条件是,它能够确立一种它自己能够维持的差别。"[5] 竞争定位透镜聚焦战略定位内部独一无二的要素,并把它们转化为应该在战略实施期间获得逐渐上升的关注度的支点。

为什么通用的战略范畴不能单独奏效

如果你使用一般的战略定位概念，例如"差异化"或"低成本"，那么你将很难发现竞争的动态或战略的意义和影响。甚至像"客户亲密度"、"产品领导地位"或"经营效率"等尺度，也都不能揭示出支点。它们都是有用的概念，但它们并没有具体到能够对揭示了人才与组织的意义和影响的战略支点加以确定。然而，组织的领导者们往往试图把精确的人才与组织决策，与这些宽泛的概念联系在一起。不妨考虑一下想要着眼于客户亲密度的服务组织的情况，它会为每个人——甚至包括人才资源库中那些特意安排的不与客户互动者——提供客户服务培训。

这些概念不够充分的其中一个原因，是几个竞争对手通常被划入同一种战略范畴之内。例如，默克公司（Merck）、百时美施贵宝公司（Bristol Myers-Squibb）和辉瑞公司（Pfizer）都拥有产品领导地位战略且在同一行业内运作。它们应该拥有相同的人才战略吗？有鉴于战略的本质是经营运作得与其他组织不同，额外的识见是需要的——通过竞争定位透镜，去发现战略中可以揭示出相对竞争地位的组织意义与人才影响的支点。

当我们提及"竞争定位"，我们讲的是传达给市场的独特的价值主张。我们对此加以考虑时所依据的，是什么把一个公司的供给品（offering）从其他可用的替代品中区分开来。如果一种供给品是非差异化的，那么你可以预期得到的，就是一种低利润业务。因为，客户可以简单地对不同供应商的类似供给品加以比较，并专门基于价格来购物。"是什么令你与众不同？"（"What makes you special?"）——一如 2006 年 IBM 公司的电视商业广告这样问及的，对这一问题的回答，直指竞争定位的本质。

第4章 战略分析中的影响

能揭示竞争定位中的识见的问题

当对战略的支点进行考虑时,对预期的竞争优势加以了解非常重要。我们发现在运用竞争定位透镜时,以下问题将会有所帮助:

- 战略在哪里需要与竞争对手们有持续的差异化?
- 它在哪里需要一个竞争对手的差异化因子被抵消?
- 它在哪里承认一个竞争对手的差异化因子的存在,但又寻找其他战略,以使该差异化因子对目标细分市场的影响最小化?

差异化因子要想创造价值,它们就必须被客户重视、按一定规模生产并令竞争对手们难以复制。

竞争定位透镜可以用波音-空中客车的例子来加以说明。我们前面看到,波音公司的第一项决策,是并不试图用能挑战A380坐席定员的飞机来竞争,而是转向更小型的787。按照图4-3的展示,竞争定位透镜所要处理的,是波音公司将如何从作为有竞争力的替代产品的飞机中间,将其787区分开来。这些替代性飞机的坐席定员等级在250到300名乘客之间。

波音公司的787与空中客车公司的替代产品

当波音公司最初启动787飞机项目时,它被称为7E7。这个字母E表明,其明确的价值主张是效率。其想法是,即使以点到点航线的较低的载客量,787也可充分有效地运作,给航空公司提供颇具吸引力的利润总额。作为空中客车公司已在市场上立足的产品A330的一个直接竞争对手,787能提供更长的航程(相对于A330的6,000海里,787的是9,000海里)和提高了的燃油效率。空中客车公司承认7E7的航程更

107

远,但对它存在着大量的市场需求表示怀疑。空中客车公司公开断言,被提议生产的波音 7E7 太小(A330 可多容纳约 10% 的乘客),而这将抵消已得到提高的燃油效率。因为,即使假定每名旅客消耗更低的燃油成本,但考虑到总的经营成本,7E7 将由于载客量太小,而无法提供足够的营业收入。基于这些理由,空中客车公司最初声称,它并没有把这一供给品,看成是对其在更大载客量市场处于领先地位的 A330 的一种威胁。后者不仅也可以运载 250 至 300 名乘客,而且可以在航程较短的条件下,提供更多的每航班次收入。不过,波音公司在阐明 7E7 相对于 A330 的增量价值方面,还是迅速地获得了成功。而随着客户着眼于经营成本,并发现更名后的 787 的价值主张极具吸引力,787 开始以飞快的速度,将订单吸引过来。

空中客车公司通过 A350 做出的回应

2004 年年底,当空中客车公司宣布它打算制造一种新的飞机 A350,以与 787 直接竞争时,它实际上等于承认,对于 A330 来说,波音 787 已是一个切实可行的竞争对手。

被提议生产的 A350,至少在如下三个重大方面不同于 A330:

- 采用了新引擎(与 787 同样的燃油效率类型)
- 扩展了能有效地与 787 相匹敌的航程
- 增加了能减少整机重量的先进材料的使用

结果,在首架 787 预定投入服务状态前的两年,A350 方案抵消了波音 787 超过 A330 的最重要的两个差异化因子:新的引擎和延长了的航程。波音公司仍然有力地维护着其 787 产品的其他竞争优势,包括:

第 4 章 战略分析中的影响

- 更低的总运营成本
- 更好的乘客体验
- 更早的投产和基于波音公司历史的、可靠的交货计划表

对具体的飞机产品的这一分析,提供了作为更深入的人才战略基础的、更深层次的战略识见的一个佳例。787 和与其相竞争的飞机之间的对比不仅揭示了差异化因子,也揭示了它们如何必须被客户重视、按一定规模交付以及免于被竞争对手打击。我们使用一个被称为"差异化因子图"的图形化工具,对这样的一些差异化因子进行总结。这个例子的差异化因子图显示于图 4-4,将 787 同 A330 及提议生产的 A350 做了具体比较。

图 4-4

差异化因子图:波音 787 与空客 A330 及提议生产的 A350

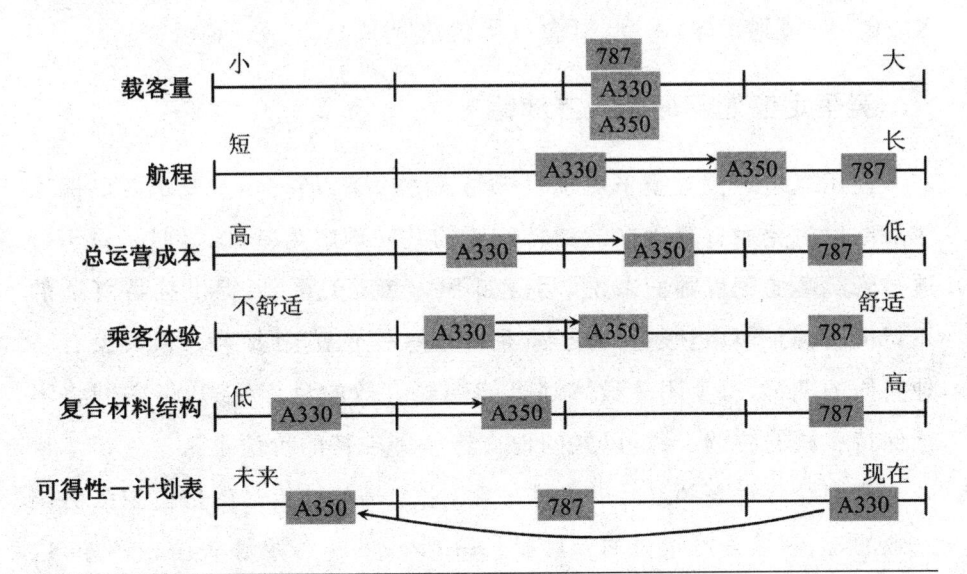

差异化因子	低端					高端
载客量	小			787 A330 A350		大
航程	短			A330 → A350	787	长
总运营成本	高		A330 → A350		787	低
乘客体验	不舒适		A330 → A350		787	舒适
复合材料结构	低	A330 → A350			787	高
可得性-计划表	未来	A350 ←		787		A330 现在

差异化因子图

图4-4中的每一行,都是被刻度化了的差异化的一个方面。刻度的右端,是战略上更为正面的属性或特征。举例来说,最上面一行显示的是:小的载客量在左边,大的载客量在右边。从图4-4上看,很明显,在许多关键的方面——特别是几个A330具有不利条件的方面,提议生产的A350把空中客车公司,带到了与波音787同等的地位。不过,图的最底下一行揭示了A350相对于波音787和既有的A330的一个重大缺陷——A350的提供使用将不如787快(A330是早已在市场上确立了地位的飞机,可立即使用)。图4-4中的差异化因子图也显示出,虽然A350在787相对于A330具有优势的很多差异化因子上,将空中客车公司带到了同等地位,A350将不会在任何方面,带来超过787的显著优势。换言之,A350并没有把任何重大的新差异化因子引入市场。正如我们稍后将在本章中予以讨论的,因一种全新的飞机设计——A350 XWB——得到青睐,A350概念最终被放弃。

竞争定位如何形成人才战略

使用竞争定位透镜来赋予组织与人才决策以特质,涉及了要确保人才战略以对企业打算确立的独特价值的共同理解为基础。例如,对于打造波音787的工程师们来说,明白如下一点至关重要:提供独特舒适的飞行体验,而不只是较低的成本,是一项关键的战略要素。如果没有一种共同的理解,每个团队虽然都可能朝着有效的目标努力,但它们将不会保持步调的协调一致,以共同地支持一种独特的价值主张。

我们经常观察到这样的人才战略:它们是与供给品的价值主张协调一致的,但却缺乏对定位的独特性(*unique*)的一种足够关注。例如,这会发生于这样一种情形之下:假如波音公司以飞机的安全性,作为其人才战略的基础。虽然安全显而易见地是一个重要目标,但却不足以构成一项与众不同的人才战略的基础。尽管它是成功的必要条件,但与空中客车的供给品相比,在这方面并没有什么差异化。我们认为,这正是这么多竞争对手们的人才战略如此相似的原因之一。领导班子当中缺乏对独特的战略要素的一种共同理解,将很难——如果不是完全不可能——开发和延续一种独特的人才战略。相反,一如本书后面的章节将会显示的那样,当深层次的、与众不同的战略要素得以发现,非常独特的和协调一致的人才战略便会随之出现。

资源与流程透镜

影响中的第二个连接要素是资源与流程。如图 4-2 所示,有两种战略透镜产生于这一连接要素。要创造可持续的价值,战略地位不仅必须是独一无二的,还得是为竞争对手们所难以复制的。关键是要找出在长到足以获取所需回报的一段时期内,可以免受竞争者攻击的差异化因子。

研究表明,有两种主要的方式可以令独特的竞争地位难以复制。一种方式是,打造基于贵重、稀缺以及难以模仿或替代的资源的战略。[6] 例如,制药公司拥有专利;百事可乐公司拥有的品牌数超过 16 个,年销售额逾十亿美元。[7] 药品专利和品牌是战略资源,因为它们极具价值,也令竞争对手们难以复制。

你的业务战略能支持一种真正的人才战略吗?

人才学把组织与人才决策,同该组织的战略联系在了一起。虽然战略制定和战略分析截然不同,但问题往往在战略分析的过程中出现。这些问题所揭示的领域,正是战略自身界定得不够好之处。

我们经常发现,组织不仅有一个目标清单(提高收入、降低成本、改进质量),还会就这些具体目标,拿它们自己和别的组织相比较(例如通过基准测试)。然而,它们不能确定许多至关重要的和必要的战略要素。我们发现,往往存在着有关组织的行动计划的、非常详尽的信息,但是,与战略地位以及战略将会带来的可能具有竞争力的反应相关的信息却相对较少。当人力资源领导者们开始运用我们这里提供的人才学战略分析工具时,对更深入的战略问题的追问把它们放在了一个不自在的情势里。他们那些作为一线经理人员或战略规划者们的同事往往不能回答诸如这样的一类问题:什么是关键的差异化因子?我们打算如何捍卫我们的战略优势,使其免受竞争性攻击?我们正在积聚为未来的战略提供平台的什么资源?如果人力资源领导者们过于积极地施加压力,那些同事往往会因防卫心理而变得戒备起来。

迈克尔·波特充分地表达了这一点。他说过,运营效力不是一种战略;他还强调指出,一家公司除非能够确立一种可以保持的差别,否则不可能超越竞争对手;他甚至说,日本公司很少拥有战略。我们发现,在帮助组织评估其战略并找出可能存在的漏洞方面,唐纳德·汉布里克(Donald Hambrick)和詹姆斯·弗雷德里克森(James Fredrickson)所界定的如下五个问题派得上用场:

- 竞争场所:我们将活跃于何处?
- 媒介工具:我们将如何抵达那里?
- 差异化因子:我们将如何在市场上取胜?
- 分期进行:我们行动的速度将有多快,顺序将会怎样?

第4章 战略分析中的影响

- *经济逻辑：我们将如何获得我们的回报？*

然而，即使缺乏波特、汉布里克、弗雷德里克森以及其他人所推荐的一种或多种战略要素，有很多组织仍是非常成功的。因此，一项充分开发的战略并非成功的必要条件；[a] 而对于发现有用的组织与人才识见来说，一项充分界定的战略也不是必需的。通过运用我们下面将要描述的、用以分析组织的目标、举措和流程的其他透镜，这类识见能被揭示出来——即使这些目标、举措和流程未必根植于一项充分开发的战略之中。

尽管如此，当战略变得更为完备和发达时，人才学无疑也会更为有效。事实上，它可以是战略改进的一种催化剂。当领导者们审慎使用人才学战略透镜并避免防卫戒备心理的产生时，该流程鼓励与如下内容相关的讨论：组织应在哪里对战略予以改善，它能如何改进其战略制定和分析流程，以及它可能会在哪里投资，以提高其领导者的战略胜任力。

---

a. 参见迈克尔·波特：《何谓战略？》，《哈佛商业评论》(*Harvard Business Review*) 1996年11~12月期，第61~78页；以及唐纳德·汉布里克和詹姆斯·弗雷德里克森：《你确定你拥有一项战略吗？》，《管理学会高层管理》(*Academy of Management Executive*) 2005年第19期，第4号，第51~62页。

可以令战略难以复制的第二种方式，是当它们建立在总体而言难以复制的业务流程网络之上时。这可以是某个特定的业务流程（例如一种专有的生产制造方法），但通常是一个作用在一起的流程网络。[8] 作为一个例子，迈克尔·波特曾指出，虽然美国西南航空公司（Southwest Airlines）的业务运营的任何一个部分都可以复制，但其侧重于具体的低成

本市场地位的整个业务流程系列已是很难复制了——即使是由富有经营航空公司的资源和专长的、已站稳脚跟的运营商来进行。

战略资源和业务流程通常结合在一起发生作用,以支持一项战略的可持续性。我们这里所描述的透镜可以独立地运用,但它们之间也存在着许多重要的互动关系。这也正是为什么在图4-2所显示的人力资本桥梁决策框架中,它们会被合并成一种单一的要素——影响。

运用战略资源透镜

资源是一个组织为支持可持续的战略优势,能够创造、获取、培植和保护的事物。资源可以是有形的(如一份油田租约中的法律权益)或无形的(如品牌)。当资源构成了竞争对手很难复制的、一种有价值的差异化因子的基础时,就被认为是战略性的。要确定与资源相关的战略支点,需要对组织如何在市场上争取至关重要的产品和服务因素进行考虑。[9]一如你将会看到的那样,对于波音公司来说,关键的战略资源之一,是与复合材料技术相关的组织能力(包括专利)——对787来说的一种关键的差异化因子。

可以考虑一下波音公司在787项目上的优势——那些随着时间的推移,它要加以保护的;以及理所当然地,那些与竞争对手A350的启动相抗衡。波音公司的两种差异化因子——新一代引擎和较长的航程——已经随着A350计划的宣布而被剔除。如果空中客车的项目被证明是成功的,波音的先期启动优势也将是暂时的。波音公司需要仔细地考虑将如何运用资源与流程,去确立和保护一种持久到足以收回投资的竞争优势。

请记住,这时的空中客车拥有相当大的灵活性,因为它的飞机"尚属纸上谈兵"("still on paper")——它可以重新设计其飞机,以适应它从

114

第4章 战略分析中的影响

市场中所学到的,或在波音公司开发787的过程中所观察到的东西。波音公司致力于保护的两个关键的差异化因子包括:航空公司运营商的总效率[飞机生命周期之内的、更低的每乘客英里(per passenger mile)总运营成本]和更高的乘客舒适度。究竟是什么使这些优势得到保护?隐藏在每一个优势后面的关键性驱动因素之一,是复合材料在飞机机身上的更大程度的使用。

与复合材料能力相关的战略资源

787将比以往制造的其他任何飞机都更多地利用碳复合材料。虽然空中客车的A350和波音的787都将拥有碳复合材料机翼,但787还将拥有一个复合材料机身。复合材料的使用减少了一架飞机的重量,既提高了效率,也提供了额外的乘客舒适度。波音公司的信息是明确的:一架由复合材料制成的飞机可以拥有更大的窗户(因为复合材料比金属更结实)、更高标准的湿度(因为复合材料不腐蚀),以及能使飞机保持一个更低的有效飞行高度的、增强了的耐压性(因为复合材料可以在质量没有下降的情况下,在更多的周期性循环里,应付更大的压力变化)。其中的一个切实的好处是,乘客将在该飞机的设计所专门针对的长途飞行中,体验到更少的疲劳感和耳压。

我们发现,以下问题可以帮助应用战略资源透镜:

- 考虑一下你的资源,是什么让你的竞争优势难以复制?
- 你拥有的什么资源(有形的和无形的),是你的竞争对手们最想拥有的?

复合材料结构在飞机上的更大程度使用是波音和空中客车之间的一个显著差别。这是与787独特的价值主张直接联系在一起的。基于空中客车已经拿出来的设计，这一优势并非该组织打算用提议生产的A350去直接予以复制的。是什么使波音公司的优势难以复制？对波音公司来说，其战略资源之一，无疑是其与复合材料技术相关的知识产权。

波音公司所拥有的，是有关适用于飞机尤其是飞机机身的复合材料技术的重要知识产权（IP）。有关美国的专利和应用的最近一次查检以"波音＋复合材料＋结构"为搜索项，得出了150多项专利结果。在建模和修复机身裂缝（复合材料和铝之间的一个至关重要的差别）等不同的领域中，以及在能支持复合材料结构的无损检验的设备上，波音公司已经积聚了独特而重要的知识产权。

对波音公司的战略资源支点的分析

战略支点的基础是与战略资源相关的关键问题。将能帮助你确定与战略资源相关的支点的关键性后续问题（follow-up question）包括：

- 要效仿你的战略资源，你的竞争对手可以做些什么？
- 要减少你的战略资源的价值，你的竞争对手可以做些什么？
- 有什么可以抵消你的优势的替代选项可供某一个竞争对手利用（或正在被其寻求）吗？

至于战略资源的可能被效仿，波音公司将会确保它所拥有的专利和其他保护方式到位，以避免让空中客车公司或其他潜在的竞争对手们使用复合材料知识产权中的关键要素。这项安全保障措施对于复合材料，比对其他的知识产权更为重要。因为，复合材料是与波音公司太多的关键性差异化因子联系在一起的。考虑到波音公司拥有数以千计的专利，那些对于保护战略资源来说最为重要的，就是支点。

第4章 战略分析中的影响

空中客车公司的反应：以高级铝材替代复合材料

在这段时间里，空中客车公司利用提出了与该技术安全性相关的问题的公关信息，试图减少复合材料作为一种战略资源的价值。对波音公司在飞机制造上如此大量地使用该技术的决策的稳健性，该公司曾公开质疑。波音公司在新技术实施的初期，也的确遇到了一些安全方面的挑战。

然而，空中客车公司的主要战略，是提升传统的铝技术的发展水平。它已在新的合金和其他流程方面进行投资，以期进一步减少飞机的重量并改善高级铝材的结构性能。空中客车公司有关复合材料"无非是黑色的铝"（nothing more than black aluminum）的表白表明，它认为，与它在更为传统的方式上的进展相比较，新技术并不会导致多大的差异化。空中客车公司的战略是要把先进的铝技术，作为波音公司提出的复合材料优势的一种替代。

要把资源转化为差异化的来源的话，必须做些什么？要保护它们免受竞争对手们的攻击，必须做些什么？像这样的一些问题所确定的，是对战略实施和随后将会跟进的组织与人才决策二者来说，都关系重大的重要战略支点。

运用业务流程透镜

我们将用来考察战略支点的最后一种透镜，是业务流程。流程是能够创造新的价值的转型；流程的结果拥有比投入更有价值的产出。例如，就宏观层面而言，原材料、劳动力和资本进入一家汽车工厂后，产出的是一辆汽车。

前两个透镜（竞争定位和战略资源）需要将组织与其竞争对手们加

以比较——无论是在最终的供给品市场上,还是在生产供给品所需的资源市场上。与之正相反,业务流程透镜通常更多地采用一个内部视角。与应用业务流程透镜相关的问题包括:

- 业务流程的绩效在哪里限制了组织的成功?
- 要对战略进行实施,业务流程在哪里需要最显著的变化?
- 无论是就内部而言,还是把供应商或客户方等外部组织考虑在一起,什么是最重要的业务流程界面?

使战略分析和质量举措挂钩

流程分析的一个重要的激发因素,一直是对质量和持续改进的更加注重。另外一个主要的推动因素,则是企业信息系统。所有这一切形成了常常被用来削减成本或增加速度的、非常详细的流程图。这样的流程图也可以用来寻找往往能揭示出关键的战略支点的约束因素。约束因素存在于一些流程的能量与(或)质量限制了整个系统的绩效(性能)之处,是工程和运营管理方面的一个常见概念。作为一条著名的法则,当一种流程被某一特定元素或瓶颈所限制,消除该瓶颈即可提高整体的绩效。运营工程学(operations engineering)不仅计算"影子价格"(shadow prices)(再获得一单位某种被约束的流程的绩效的价值,或再获得一单位某种被约束的资源的价值),甚至还提出了作为改善生产绩效的关键的"约束理论"(theory of constraints)。[10]

波音公司制造流程中的约束后遗症

让我们把业务流程透镜的约束原则,应用到波音-空客的例子中去。截至2005年年底,波音公司已拥有来自23个不同客户的291份787订单,创下了新飞机的订购纪录。因此,新飞机所有可供选取的交付时段(delivery slot)已经排满至 2012 年,远远在空中客车公司的 A350 预计投产之后。除非波音公司可以在 A350 投入使用之前生产出更多的飞机,否则,它将耗尽其凭借已经售出的飞机所获得的率先打入市场方面的优势。由于有更多的客户想要这种飞机,如果波音公司能够在空中客车飞机投入使用之前,生产出更多的这种飞机,它就不必与空中客车公司的新飞机竞争。然而,增加生产的速度或生产率,可能会有风险。当波音公司试图在 20 世纪 90 年代末迅速增加飞机产量时,其运营结果和声誉都曾经严重受损:最终导致了其生产线的实际停产,造成了严重的客户交付承诺违约,并注销了超过十亿美元的收入。

作为支点的业务流程的变革

在以约束视角来应用业务流程透镜之外,从变革视角来应用它也很重要。当考察业务流程时,关键的支点也包括那些需要最大程度变革的。波音公司最显著的变革之一,是与其供应商之间的关系。新的 787 不同于以往的飞机之处,正在于发生于波音组织外部的系统集成的数量。虽然,零部件的大部分通常由供应商制造好了向波音公司提供,787 设计要求大量的零部件集成包括大部分系统集成都由外部供应商来完成。它们然后将提供飞机的主要组合部件。最后,由于全球采购对许多政府——它们在商用飞机的选择上,扮演着一个决定性的角色——而言,都是一个关键问题,这些供应商被分布在了世界各地。

与此同时,经济学要求波音公司在整个供应链中,达到前所未有的生产力水平,以在飞机制造上带来极具吸引力的回报。在位于华盛顿州埃弗里特市(Everett,Washington)的波音公司厂址内,该公司计划用不到一个星期的时间,来完成飞机的最后组装。鉴于生产供应链的紧迫性和必须被组装的集成部件的超大尺寸,该公司选择使用航空货运,将主要部件从供应商那里运至埃弗里特。这就需要建造能应付新 787 超大部件的、一种特殊型号的747货机。747 LCF[large cargo freighter(大型货机)]作为经过专门改装的747-400，可在紧靠机翼的后面张开90度，从而使787的超大部件可以装入机身，运往华盛顿州。这种改装的747需要得到型号认证，并预期可在2007年年初投入使用，刚好可以满足787的增产需求。

最后，产品的需求是如此之大，以至于波音公司甚至在被政府主管部门完全批准为适合飞行之前，已计划开始较大规模的飞机生产。这将在首架飞行的飞机进行一套任何新的飞机设计都需要经受的严格测试的同时，导致停机坪上出现飞机存货。而这里的一个支点是，在认证阶段是否会有重大的问题被发现。鉴于达到787性能标准所需的高度集成的设计，哪怕是认证测试所要求的微小的重新设计，也有可能不仅代价高昂，而且成为供应链中至关重要的约束因素。如果需要对已经生产出来的飞机进行改造，成本可能的确会非常可观。

很显然，波音公司拥有潜在的竞争优势。但要实现它们，该组织需要有系统地处理必需的变革以及新的业务流程内部的潜在约束因素。因为，波音公司的优势很大一部分，将基于其787的先行优势——其战略的实施速度可以对最后的结果，产生直接的影响。当波音公司试图在20世纪90年代提高产量时，它失败了。要想以787来体验成功，它需要在业务流程透镜已经确定的支点上顺利地实施。

整合战略支点

四种透镜结合在一起，提供了有关787战略的支点的一幅图景，如表4-2所示。比起像"启动和推销新飞机"这类典型的高级别战略陈述来，这些支点要清晰得多，也具体得多。我们的经验已经表明，如果组织希望找出人才与组织支点，它们就需要这样彻底地对战略进行分析。这种深入分析的一个优势,就是战略本身将得到改善。当那些人力资源领导者们用这种方式对战略进行分析时,一线领导者们会评价说:他们的人力资源管理伙伴们提出了非常好的问题。这并非不同寻常。事实上,我们越来越觉得,这些战略分析技术和战略透镜已经成为战略流程的一个受到重视的成分。在本书第 10 章讨论如何落实人才学时,我们将重启这一话题。

表 4-2 波音 787 的关键性战略支点

战略分析透镜	支点
行业分析	在如下这几类人心目中,增加点到点航线的感知价值: • 飞行公众 • 行业从业者 • 投资者 • 至关重要的政府和监管当局利害相关者
竞争定位	波音 787 的关键性差异化因子: • 按每乘客英里计算的更低的总成本 • 更大的乘客舒适度 • 更早的投产
战略资源	• 与复合材料相关的知识产权保护 • 确保所有的知识产权可用于商用飞机设计
业务流程	• 产量的快速增加,以获取尽可能高的初始需求 • 以整合的方式,使用更多的全球供应商 • 全球物流

战略支点与战略动态

领导者们经常问到的问题之一是:"当战略发生变化时,我们应该做什么?"对于敏捷性的这种需求,实际上使人才学更具有价值。在我们与组织共事的过程中，我们发觉，迅速剖析和理解支点的能力实际上不仅能使组织对变化做出更迅速的反应，而且也能使资源和不断变化的竞争动态协调一致。

即使作为作者，我们也恰好经历了如此迅速的战略性转变。当我们最初草拟本章时，主要的竞争发生在 7E7 和 A330 之间。而当空中客车公司认识到 A330 不具备竞争力时，它宣布了新的 A350 计划。所以，我们基于这项宣布以及随后的行动，修订了原来的分析。这就是本章中所反映出来的版本。到了 2006 年 7 月，波音公司预约的 787 订单已经超过 400 架。空中客车公司认识到它将 A330 升级为 A350 的战略未能奏效，于是宣布了新的 A350－XWB。A350 是 A330 的一种衍生产品，而 A350－XWB 则是预估开发成本在 100 亿美元范围内的一种全新的飞机。这一决策意味着，将与 787 展开竞争的 A350－XWB 至少要等到 2012 年才能投入使用。在空中客车公司宣布其向 A350－XWB 设计转换的决策的大约同一时间里，它也宣布，A380 客机将无法按原来的交货计划表交付。这导致一些人质疑，2012 年是否是一个现实的交付期。波音公司也可能提供一个 2012 年交货期，但鉴于空中客车公司兑现 A380 计划表的失败，以及考虑到空中客车公司已将其资源过于稀薄地分散在过多的新项目之上，波音公司令人能感觉到的、兑现其承诺日期的更大的可能性，是目前一个更为关键的潜在竞争优势。

这一切将会如何改变支点？一个全面的分析虽然尚不可能，但差别之一是，在其使用复合材料打造更宽的机身这一点上，A350－XWB 将与 787 更为相似。因此，在复合材料相比于高级铝材的优势方面，波音公司将不再占有得天独厚的地位。因为，空客公司现在也打算在这些因素上，与 787 相匹敌——正如它此前效仿引擎和航程一样。而按时交付，将仍然是最大的支点之一。即使空中客车公司实现了其 A350－XWB 的 2012 年交付目标，波音公司也将在 2008 年至 2012 年间，因需

第 4 章 战略分析中的影响

求远远超过计划的交付产量而在这一细分市场上,拥有一种近乎垄断的地位。因此,日益增加的生产力将成为未来几年内,波音战略的一个更为重要的支点。随着空中客车公司转向使用更多的复合材料,这些战略发展也使得保护波音公司的复合材料技术更加关键。所以,对于这种保护来说非常关键的人才资源库(如国际专利律师和复合材料工艺设计工程师)将会以更具战略性的姿态出现。

请注意透镜所提供的战略问题的详细解决方案,是如何地让我们对波音和空中客车在何处需要进行变革看得更为准确。敏捷性(agility)变得将不再只是一句口号,而是转化为具有更为清晰的人才意义与组织影响的具体支点。

结论

在组织如何处理其人才与组织决策方面,人力资本桥梁框架中的影响定位点提供了最具有挑战性的和最具有潜在的重大意义的变革之一。我们在十年前,就已引入了这些观念。自那时起,我们已经与许多组织一道,对它们予以了实施。[11]认识到影响的重要性并用它来对战略进行更深入的探究,以获得有关组织与人才资源的识见,这对领导力和人力资源管理的若干方面,都具有深远的意义和影响。在我们与组织共事的过程中,我们鼓励那些对业务单位或至关重要的业务职能提供支持的人力资源领导者们(通常称为业务伙伴或通才),重视影响并运用透镜去寻找战略中的支点。其结果是,这些人力资源领导者们推动了有关战略及其如何得以确立和保持的极其不同的对话。

但是,战略支点所具有的意义和影响超出了人力资源管理的范围。它们对于信息技术之类的其他职能,往往也是有用的——这些职能也需要了解战略支点,以确定决策在哪里能产生重大的影响。通过提出我们在本章中描述的问题,人力资源职能内外部的领导者们开发出了一种深刻的共同语言,用来打造更为独特而具体的职能战略。结果之一是,就像我们将会在第 5 章里看到的那样,有关组织与人才决策的战略变得更为具体、独特和富于竞争力。

第5章 组织与人才中的影响

——使战略支点同结构与角色挂钩

不妨考虑一下这个世界上两个最成功的组织——伯克希尔-哈撒韦公司(Berkshire Hathaway)和通用电气公司——之间的区别。两家公司所追求的战略都要求它们,通过自己在迥异的竞争性市场上横跨不同的一组业务创造价值的能力,来提供股东价值。然而,在其有关如何组织起来的选择上,它们却又全然不同。伯克希尔-哈撒韦公司是作为一家控股公司被加以组织的,旗下企业大都单独运作。[1] 通用电气公司则是通过利用其横跨不同业务组合的管理系统,来创造与众不同的价值。[2] 尽管伯克希尔-哈撒韦公司很少跨部门共享其领导人才,通用电气公司却因造就能迅速而有效地横跨其业务组合流动的领导者而闻名于世。他们能提供协同作用和连贯一致性优势,并能利用共同的管理系统。这两家公司不仅都在培养宝贵的、具有战略价值的顶级管理层和领导者,也都已构建了能对这种人才战略性地予以配置的组织。这些人才资源库的战略意义及其如何被加以组织存在着很大差别。的确,通用电气公司和伯克希尔-哈撒韦公司之所以成功,正是因为它们对于领导层和顶级管理人才的组织和质量如何有助于其独特的战略价值,比大多数公司明白得更为彻底。通用电气公司不需要和伯克希尔-哈撒韦公司采用同样的人才驾驭方式,反之亦然。在本章里,我们将描述渗透于有关人才被如何组织起来的决策中的人才学要素,以及组织内人才资源库的差异化贡献。本章还将涉及组织如何能够断定它们的人才支点何时不同于其他组织,正如通用电气公司和伯克希尔-哈撒韦公司的领导者们的情况一样。

本书第 4 章介绍了影响分析的第一个阶段,也即通过使用包括流程与资源在内的战略透镜,寻找战略内部的支点,以实现可持续的战略成功。在本章中,我们将通过把战略支点同组织与人才的意义和影响联系起来,完成影响分析。图 5-1 在人力资本桥梁框架之内,对此予以了生动展示。组织与人才连接要素将战略分析,转化成它对于组织边界、管理系统,以及人的素质的意义和影响。这一要素也充当与通过效力和效率来界定战略执行的那些连接要素的联系。

图 5-1

人力资本桥梁框架:组织与人才

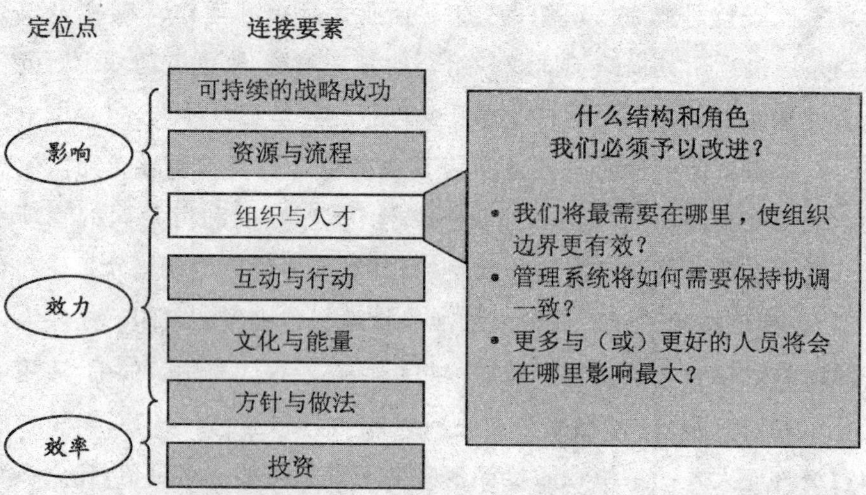

定位点	连接要素	
影响	可持续的战略成功	什么结构和角色我们必须予以改进?
	资源与流程	
	组织与人才	• 我们将最需要在哪里,使组织边界更有效?
效力	互动与行动	• 管理系统将如何需要保持协调一致?
	文化与能量	• 更多与(或)更好的人员将会在哪里影响最大?
效率	方针与做法	
	投资	

第5章 组织与人才中的影响

我们将使用绩效收益率曲线的概念。同时,对通过理解可持续的战略成功同组织与人才绩效间的联系揭示出来的战略选择加以强调。组织与人才支点出现于如下三个层面之上:

- 组织的支点
- 人才资源库之间的关键性(人才资源库细分)
- 人才资源库内部的关键性

本章描述该列表的前两个层面,以及对这些识见加以利用的一些组织与人才资源库决策。它也介绍了人才关键性的第三种类型(资源库和角色内部的要素)。而讨论效力的第6章和第7章则会对这一类型的关键性,以及程序与做法如何对其予以支持进行更为彻底的考察。

组织的支点

组织层面的支点涉及组织内外部的正式和非正式关系,例如正式的组织结构、汇报关系、等级制度和管理系统,以及非正式的社会网络和交往。组织设计方面的每一种理论和框架都把与战略的协调一致包括了进来,但是很少有哪一种会说明如何对战略足够彻底地加以分析,从而揭示其组织意义和影响。本书第4章曾对战略透镜如何揭示深层次的识见进行过展示。我们现在则要将其与组织要素联系起来。

使组织设计与企业组合战略挂钩

为什么你的组织拥有它所拥有的业务单位?这些单位是如何在一起创造比它们分开运作更大的价值的?对这些问题的回答如何反映了你的企业是怎样组织的?

这些问题表面上是基本的问题，但我们发现，许多组织结构并不是与背后推动组合的组织的基本理论直接相关联的。伯克希尔-哈撒韦公司明显地是被一种基于价值的投资哲学，而不是被其业务单位的整合所附加的独特价值推动的。其意义和影响是什么呢？一个很小的家庭办公室几乎不会把着眼点放在普通的管理系统或跨组织单位的人才整合上。例如，冰雪皇后公司（Dairy Queen）的领导者们通常并不会通过奈特捷公司（NetJets）或盖可保险公司（Geico），来体验作为替伯克希尔-哈撒韦公司造就未来企业领导者的职业路径的一部分的轮流委派。然而，通用电气公司的情形则又颇为不同。

通用电气企业战略的一个主要部分，是去开发和实施横跨不同业务单位的、代表最新发展水平的管理系统。因此，领导者们常规性地在不同的部门间调动不仅是为了要给新的部门带来有关管理系统的新思想，而且也是为了培养一支雄厚的后备领导者队伍（a deep bench of leaders），以支持包括兼并和收购在内的新的商业机遇。

波音和空中客车的组合战略也相当不一样。[3] 对波音公司来说，主要的组合战略包括在军事和商业项目上的重大投资。目标之一，是跨部门共享创新和技术秘诀（know-how）。当波音公司就空中客车公司所收到的欧洲政府补贴表示抱怨时，空中客车很快就反击说，波音从美国政府的投资——主要是通过军事合约——中，得到了可观的好处。在圣路易近郊，波音公司拥有一个超过50英亩规模的、代表最新发展水平的领导力中心。跨组织共享技术秘诀的愿望，是这项投资最重要的原因之一。该中心最主要的目标之一，是开辟一处能让来自于不同的波音公司下属企业的领导者们可以体会共同学习的经验的场所。

与此同时，欧洲的政府对欧洲宇航防务集团（EADS，空中客车的母公司）所曾做出的投资也具有组织意义和影响。最具挑战性的动态之一，是需要将生产连同相对高薪的航空航天职位，在对欧洲宇航防务集团提供支持的国家间分配。空中客车公司的生产流程的组织建设必须能够部分地反映 EADS 组合的原理。而后者在很大程度上,是被在欧洲建设可持续的航空航天工业的愿望所推动的。

使组织设计与价值链挂钩

当考虑战略分析的组织支点时,首先要考虑的方面之一是,为提供独特的战略地位,价值链(即供应链)是如何被予以组织的。对独特的价值主张的传递,组织设计是如何予以支持的?让我们来继续讨论波音公司的例子。对于 787 这一供给品而言,这显然是一个关键性问题。组织层面最根深蒂固的支点之一,是生产 787 所需的供应商合作伙伴网络。这种飞机的不同之处在于,波音公司的供应商们将预装大的部件。主要的组织支点之一是,供应链的一个更大环节向波音公司以外延伸,包括在组件设计的关键要素上的来自于供应商的更多投入。要取得横跨这一供应链的成本效率和快速扩张,波音公司必须在一个比其一贯做法高得多的层次上,与供应商进行协调。波音公司的传统是把更多的集成工作留在企业内部完成,而让供应商提供更为初级的装配。现在,波音公司必须打造一条更少边界限制的、横跨更为多元化的供应商圈子的生产供应链。

与保护战略优势相关的问题,也对该组织具有意义和影响。任何供应链设计都必须虑及市场力量从波音公司向其供应商们的潜在转移。IBM 公司就是在吃了一番苦头之后,才得到这个教训的。当它 1981 年决定制造个人电脑时,它将信誉赋予了一种新颖的新产品。对 IBM 公司来说,很不幸的是,这一举措给它的两个供应商英特尔(Intel)和微软(Microsoft)所带来的价值创造,比起给它本身所带来的,要长远得多。

波音公司将需要仔细界定的,不仅是它打算如何与其供应商网络合作,而且是它在以后的合同中,该如何计划保护自己免受这同一批供应商的竞争性攻击。波音公司追求的,是具备更高价值的系统集成战略。这意味着更大宗的工作会由外部供应商来完成——涵盖波音历来都在自己内部完成的流程的更大领域。波音公司所面临的组织挑战在于,在从事大规模系统集成的同时,不导致未来的竞争对手们出现。

这并不容易。飞机的重要组件将由中国和日本的企业组装。这些国家显然都打算培养它们自己在商业飞机制造业上的能力。它们也都是空中客车公司未来的潜在供应商,因此,也便都是波音公司未来的潜在竞争对手。与此同时,向亚洲出售飞机至关重要。而若在这些国家之内没有大量的生产,政治障碍将很可能会出现。波音公司打算成功地利用这一国际供应商团体——部分地通过一个高度集成的信息网络,去管理工程、制造以及跨所有供应商的供应链。这只是波音公司相信将能提供独特竞争优势的多种类型的系统集成的一个例子。

很显然,与任何组织一样,波音公司和空中客车公司都需要管理它们的供应商。不过,人才学战略透镜看得更为深入,使得波音公司的人才意义与组织影响要具体和明确得多。如果波音公司想要实现成功的生产,想要在空中客车公司准备好之前,增加其早期的产量以抓住需求,它就必须在用不同于空中客车公司的、很具体的方式管理供应商方面,是世界一流的、独一无二的。它还需要在管理能使基于复合材料的生产制造奏效的协调界面方面,以及在保护供应商将会创造的智力资本方面,具有世界一流水平。

空中客车公司面临的战略性组织挑战

由于其独特的组织结构和历史,空中客车公司在组织其价值链和生产流程方面,有着其特有的挑战。空中客车公司最初成立于1970年,由法国和德国共同拥有;此后不久,英国和西班牙也介入其中。2000年,所有的利害相关者(除了英国)都被合并进了新组建的欧洲宇航防务集团；2006年10月，欧洲宇航防务集团在购买了BAE系统公司（BAE Systems）所拥有的20%股份之后，成为空中客车公司的唯一拥有者。

从运营的视角来看，这一所有制结构连同其独特的政治动态已证明颇具挑战性。几家国际报纸和其他媒体指出，经济逻辑往往与政治逻辑相冲突——而在塑造空中客车内部的及其高层管理者之间的行为方面，后者极其重要。[4]《华尔街日报》(Wall Street Journal)的如下表述传达了类似的观点："空中客车公司的结构——由法国、德国、英国和西班牙的技术官僚们打造于1970年——起源于最初的一家联营企业，早已证明了在分摊工作和获取补贴方面，比创造利润更为有效。"一些人认为，存在于空中客车公司内部的挑战，也是着眼于将国家利益作为其资本结构一个重大部分来加以平衡的其他欧洲公司——包括壳牌集团（Royal Dutch/Shell）、ABB集团（ABB）和联合利华公司（Unilever）——所共同面对的。[5]

在整个2006年，与A380项目相关的交期延误和成本超支现象都在加剧。这一切使空客付出了极大代价——无论是从纯经济的还是公共关系的视角来看。该组织的首席执行官克里斯琴·斯特雷夫（Christian Streiff）赴任工作仅仅三个月就辞职了。人们普遍认为，他辞职的一个主要因素，是无法实现在他看来对空中客车公司取得竞争力而言，十分必要的结构重组。在很大程度上，这似乎是结构重组计划的经济逻辑，与作为欧洲宇航防务集团根基的企业和政治结构不能协调一致的结果。

围绕着战略资源进行组织

组织方面的另一个支点，是战略资源的协调。不应忘记的是，战略资源由于既可以创造独特的价值，又为竞争对手们所不易仿效，是那些为竞争优势提供基础的资源。当战略资源的积聚、利用和配置跨越了组织边界（内部的或外部的）时，资源便成为一个组织支点。这是有多个业务单位共享战略资源的复杂组织内的一个共同挑战。

当谈到跨越内外部边界对战略资源进行协调时，迪士尼被认为是世界一流的。[6] 其正式的组织结构和流程可以确保的是，当一个富有创意的概念得以开发和发布时，它所产生的战略资源能被多个部门加以利用：如果一个新的角色[如《美女与野兽》(Beauty and the Beast)中的美女贝儿(Belle)]经由一部电影被创造出来，它也将成为主题公园里的一个角色；有关该电影的开发的故事将会在"不插播广告"的迪士尼频道中播出；这个角色的全套着装将可以在迪士尼零售商店里买到；一场巡回百老汇秀、花样滑冰表演，以及在"迪士尼世界"(Disney World)进行的永久性演出将会进一步对这一概念加以利用。迪士尼的组织支点侧重于横跨多个平台地利用其新的创意内容的主要战略资源。

对波音公司来说，必须跨业务单位加以协调的关键性资源之一，是复合材料技术方面的组织竞争力。关键是要收集复合材料设计、制造方面的相关的专门技术和能力并使之现成可用。这一切却又被波音公司接受了大量美国政府资金且大部分是通过国防部拨款的事实复杂化。波音公司必须确保所涉及的技术没有任何一项受制于出口管制。不能在美国以外出售的飞机将是极大的失败，因为海外是增长最快的市场。接受美国国防部资助的组织单位必须对体现在它们的发现里的资源加以管理，并认识到这些发现可能在波音公司其他的部门里，被非军事应用所需要。人才学所强调的，是诸如战略资源这样的战略支点，同它们所暗示的独特的组织支点之间的这些深层次的逻辑联系。

业务流程约束因素的组织意义与影响

识见的第三个区域出现于通过将组织支点与使用业务流程透镜的约束分析联系在一起。我们已经注意到，约束因素通常跨内部的或外部的组织边界而存在。约束因素的来源并非相对的能力本身,而是发生在边界上的挑战。例如,我们与之共过事的一家服务公司的关键性挑战,是在跨那些想要赢得同样客户的业务单位共享客户信息的同时,仍然在各自的生产线"孤岛"(silo)上管理客户。其他挑战可包括信任的缺乏、不协调一致的目标,以及对边界每一侧的想法的欠缺了解。

约束因素所施加的局限性伤害的,是整个组织,但由于约束因素并非完全充斥于任何一个单位的内部,它往往并不绝对是任何一个特定的管理者或领导者的责任。跨这类边界有效地工作就是支点。我们发现,着眼于正存在着影响组织的约束因素的组织边界,能够在战略执行方面做出相当大的改善并能改善结果。

人才资源库之间的相对关键性

下一个层面的分析侧重于对不同的人才资源库的比较。这一想法是根据各类工作职位、角色和行动得在数量和质量上产生多大变化才能给至关重要的战略要素带来变化,来对它们予以细分。我们先前强调过,关键性不同于平均价值。基于关键性对人才资源库进行比较,往往能揭示出迥异于更为典型的重要性比较或整体价值比较的识见。举例而言,利用来自于我们与那时任职于威廉斯-索诺玛公司(Williams-Sonoma)的约翰·布朗森合作的报告中的一个例子,卡普兰(Kaplan)和诺顿(Norton)将"战略性职系"(strategic job families)描述为"学习与成长"(learning and growth)的胜任力能在其间"对提升组织的决定性的流程具有最大影响"者。[7] 然而,学习与成长的重要性与最关键性相比是有差别的。组织往往误认为,当它们根据平均战略价值对这些资源库进行区分时,已充分地确定了它们至关重要的人才资源库。而人才学则显示,基于关键性来对人才资源库予以比较,将往往会产生不同的识见。

在实施787战略的过程中,有许多潜在的关键性人才资源库可为波音公司所用,但我们在本章中,将只侧重于两个方面:公共关系与供应商关系管理。而在接下来的章节里,对关系到波音公司战略中不断变化的工程角色的一些意义和影响,我们将予以探讨。

波音公司的公共关系

鉴于波音公司与787相关的战略,其公共关系和沟通交流的人才资源库变得更为关键。虽然沟通交流一向是重要的,但波音公司现在正面临着与空中客车公司的几乎天天都要进行的对垒:要使利害相关者们相信,波音公司对于航空业的未来的看法是正确的,它关于787的主张比提议生产的A350要更为精确。

为帮助解决这一问题,波音公司已经委任了一位有才干的主管兰迪·巴斯勒(Randy Bassler),作为其对外沟通交流的一名主要主管。巴斯勒是一名高素质的领导者。波音公司本可以选择将他的才干,配置在任何一些别的重要项目或流程上。然而,它最终还是选择将他的才干,主要分配在沟通交流上。这是因为,有效地为组织内外部的范围广泛的相关成员获取信息,要比波音公司其他程序中的相同角色更为不可或缺。该公司甚至在自己的官方网站上,给他开通了一个博客,使他成为拥有来自公司官方网站的直接链接的唯一一名波音公司员工。而被列在其上的,是他自己的名字![8] 尽管关注点是放在了兰迪·巴斯勒身上,但他只是对波音公司的战略明显极为关键的、一种高度协调的公共关系努力的化身而已。

波音公司的供应商关系管理

另外一个人才资源库支点,是供应商关系管理。正如前面所指出的,与战略相关的很多支点处于波音公司和其供应商之间的边界上。虽然这一点具有组织意义与影响,它也提升了与供应商管理相关联的角色的重要性。新的战略将使这些角色比以前更加关键——因为,对于程序的最终成功,绩效的结果将很可能具有一种不均衡的影响。这类角色是这一战略内部潜在的"清扫工"之一。

这些人才资源库之所以关键,不仅仅是因为绩效差异将极大地影响787程序的长期成功,而且也是因为它们不得不以迥异于以前的供应商关系管理角色的方式运作。这将在波音公司内部带来实质性的变化,同时也将要求供应商关系管理部门的领导者们,建设和配置一支可以在供应商自身内部产生变化的团队。本书第6章将以关键的行动与互动为切入点,来描述这些意义与影响。

人才资源库内部的相对关键性

我们已经描述了如何识别组织设计中的关键性,以及如何利用关键性来对不同的人才资源库进行细分和比较。人才资源库分析的第三个层面所考虑的,是某个特定的工作职位或角色内部(inside)的哪些要素关键。这与比较整个角色、工作职位以及人才资源库不同。角色内部的关键性是基于把"A球员"(A player)放在"A位置"(A position)上的建议,揭示了更深层次的识见。休斯利德(Huselid)、贝蒂(Beatty)和贝克尔(Becker)指出,A位置是那些对战略有重要影响,并具有"在处于该职务位置的员工之间显示出来的、工作质量上的极大可变性"的职务位置。[9]这类似于我们如下的结论:组织应确定人才质量上的变化,如何影响决定性的约束因素;有关人才的决策应侧重于具有最大的员工可变性之处;并且,人才的细分应该同财务金融或市场营销上的细分一样严谨。[10]因此,对A位置加以考虑,是一个好主意。这在我们的架构中,近乎对整个人才资源库加以比较的细分。

然而，人才学还可以通过考察职务位置内部的关键性，来提供识见。从传统的描述或 A 位置与其他职务位置之间的典型区别来看，职务位置的关键方面往往并不那么明显。例如，休斯利德与他的合著者们提到，诺德斯特龙（Nordstrom）时装连锁店将个性化服务（personalized service）作为一个差异化因子予以强调，因此相较于强调低价格和产品可获得性，以及更多地依赖于采购经理获取成功的好市多（Costco）折扣量贩店，拥有提供顾客服务的更多的一线销售人员。[11]这就是两种不同的工作职位的相对的关键性。然而，还要考虑一下这些职务位置内部的差别：对诺德斯特龙来说，采购经理不可或缺，就像他们对好市多一样，但他们必须实施的关键行动则非常不同；同样地，好市多的一线销售人员可能与诺德斯特龙的那些同行们一样具有战略意义，但他们的贡献取决于迥然不同的职务位置要素。

在角色内部分析关键要素并把它们与人的能量、组织文化以及程序与做法等具体要素联系在一起，是我们将在第 6 章和第 7 章讨论的人才学的下一个主要元素（人力资本桥梁框架中的效力定位点）。在这些章节中，我们将利用波音公司的飞机设计工程师人才资源库（无论采用何种方法分析，都理所当然地是 A 位置）来展示，当你在角色内部考察关键性时，战略影响将怎样能够清晰得多。没有任何一个层面的分析更有用或更没用，使用了全部三种分析的组织将会看到任何一个层面的分析都可能错过的协同作用。

将数量和质量关键性应用于人才资源库

回想一下先前得出的数量和质量关键性之间的区别：当改变某种东西的绩效（性能）能对期望的结果产生影响时，这种东西就具有质量关键性；当改变数量能对期望的结果有影响时，这种东西就具有数量关键性。

第5章 组织与人才中的影响

领导人才资源库提供了一个很好的例子。许多组织都发现,领导角色具备数量和质量两方面的关键性:之所以在质量上是关键的,是因为领导者之间的绩效差异对组织的战略成功具有显著影响;与此同时,如果组织没有足够数量的个体来填充它们所需要的执行其未来战略的领导角色,那么,领导角色便在数量上是关键的。

例如,一家上市公司已经确定了领导人才资源库的质量关键性,并要求我们确定在何处着眼于其领导力发展。该公司认为,它在目前的工作职位中以及供应这些职位的渠道里,已拥有解决预期的退休和潜在的人员流动问题的足够数量的领导者。它希望培养这一批当前的和未来的领导者们的技能。

影响分析揭示了该组织的战略的一种未予察觉的人才意义与影响。这家公司是处于一个不再继续增长的成熟产业里的市场领导者。其战略是,用来自其强势地位的现金流来领导该行业的整合,以及通过多样化运作及兼并和收购[M&A(并购)]活动,来发现新的增长机遇。因此,它已经就其潜在的并购目标和完成并购所需的财务资本,做出了重大的战略和财务规划。其财务战略的一个关键要素,是收购被低估了的和可能受益于收购企业更先进的生产管理能力的组织。该公司确定了产业内外部符合这一标准的潜在目标。

对这些目标公司的整合将有赖于来自执行收购的母公司的领导调动,以迅速地配置更先进的生产制造能力。来自收购公司的领导者也可能会被要求弥合目标公司内预期的领导力差距。这是因为,绩效欠佳的组织通常都不会具备足够的领导力。它们许多是家族产业,其出售将很可能导致家庭成员清算其投资并离开企业。这也就意味着,收购公司将需要从其自身的领导班子里派人取代他们。最终,该母公司认识到,领导者在数量和质量上都具有关键性,代表了相当大的风险和机遇。对未来必须向被收购公司进行的领导力输入,该公司过去并没有充分地规划好。它过去只认识到有必要提高其领导力的质量,但如果在领导者的数量上没有可观的增加,它根本无法实行其增长战略。

靠组织与人才识见更好地竞争

影响分析揭示了组织层面上的相对关键性——既在人才资源库之间,也在人才资源库内部。当组织将这一分析应用于它们自己内部的战略支点时,多重的意义与影响便被揭示了出来。然而,当这些工具被应用于分析组织自身如何在人才市场上取得一种与众不同的独特地位时,一些最强有力的识见便出现了。很少有组织把人才战略用为竞争优势的一种来源,但有关人才与组织支点的识见揭示了几种方法,可以帮助营造同采用更传统的人才市场决策模型的竞争对手们相比的一种优势。接下来,我们将对这些机遇中的其中几个予以强调。

"人力资源通才"这一用语即将过时了吗?

影响分析是用来指导有关人才与组织决策在哪里对战略成功至为关键的更深层次的对话的。对于组织中最普通的人力资源管理角色之一——人力资源通才来说,影响分析的力量具有深远的意义和影响。事实上,随着人才学的演化形成,"人力资源通才"(HR generalist)这一用语可能会变得过时。

在你的组织内尝试这一练习:要求你的一组人力资源领导者写下一个人力资源通才的职位描述。当我们做这个练习时,我们所得到的是五花八门的陈述:从一个值得信赖的、必要的人才战略促动者,到一个在会议桌上讨论战略对于人力资源决策的意义与影响的业务伙伴,到一个为业务单位监督所有不同的人力资源程序的总承包者,到一个总经理的教练和知己,到一个应对企业层面人力资源程序的防御者。最后一个真的被提及了。事实上,作为一个极端的例子,我们的参与者之一——一个人力资源管理领域以外的总经理——指出,他的人力资源通才可以通过为总经理的部下实际地完成年度绩效评估,腾出经理"经营业务"的时间,而做出最具有战略性的贡献。

人力资源通才这一用语似乎起源于业务单位需要一个专责的人力资源主管这样一种想法:对储藏于集中的人力资源职能内的专长,他可以提供一个缓冲区和连接点;他还可以构建一套反映业务单位具体需要的、连贯一致的人力资源做法组合。可与之相类比的,往往是一个建设项目当中,能对众多建筑专家的工作予以选择和协调的总承包商。

虽然这是一个重要的角色,但我们相信,当它成为业务单位人力资源领导者的唯一目的时,不仅一些重大的机遇将会错过,有关权力和责任的许多不必要的混乱也将出现。一个业务单位的人力资源领导者往往对业务单位比对人力资源职能认同得更为强烈。事实上,一些业务单位的人力资源领导者向他们的业务单位经理,而不是向组织的人力资源职能部门首脑负呈报之责。因此,业务单位内部的人力资源领导者同那些在诸如报酬、人员配备、劳资关系和培训等专长中心(COE)的人力资源领导者之间的边界往往是紧张的。这两种角色都是战略性的,但它们是以不同的方式体现战略性的。人才学范式提供了看待这个存在已久的挑战的新鲜方法。在本书第7章里,我们将讨论人才学如何建议整合人力资源做法的问题,应该由业务单位的人力资源领导者们和专长中心内重新界定过的人力资源领导班子来共同分担。后者是程序成功和协同作用的原则的主题或领域专家（subject matter expert 或 SME）。

我们相信,业务单位内的人力资源领导者角色将会日益强调对我们所描述的关于战略和人才间的联系的这种深入而合乎逻辑的分析的促进。这是将范式向决策扩展的必要演变的一个自然结果。这意味着对业务单位人力资源领导者的判定,将既不纯粹根据他们对业务单位领导者的影响力,也不仅仅基于他们为业务单位制定一套人力资源做法的作用。

相反,那些通才们将会更为经常地被要求对企业用以发现其人才支点的逻辑的质量负责。他们将与侧重于程序的人力资源职能部门同行密切合作,但其角色将不会是一个防御者或经纪人。他们将把那些程序及其关键参数,集中于它们能带来最大影响的人才与组织支点上。业务单位的人力资源领导者将日益地成为人才战略的推动者——当业务领导者们能就何处以及为什么人才与组织会带来影响这样的问题进行更深入、更合乎逻辑的讨论时,他就成功了。

业务单位人力资源领导者的这一新的角色也将有赖于专长中心设计出能更容易地适应业务内部发现的各种情况的程序与做法。专长中心将不再被允许纯粹以一致性为理由,要求大家遵守公司的某一标准。有关是否允许业务单位偏离标准的决策将会越来越基于根植在被专长中心和业务单位的人力资源领导者所共享和理解的同一个框架内的逻辑性和战略性考虑来做出。大家都知道,正确的答案既不是对一个组织的标准的盲从性遵守,也不是各组织单位间的完全的自主权。所缺少的是用以寻找合适的中间立场的一个框架。

有趣的是,在种类繁多的人力资源职能领域里获得经验的传统的人力资源管理职业路径虽然对于作为一个总承包者的人力资源

第 5 章　组织与人才中的影响

通才具有意义,但可能并不是培养可以熟练地使用影响分析工具的这些新的人才战略促进者的最好方法。如今的组织都在通过经常聘用工商管理硕士(MBA),以及把拥有财务或经营经验的业务领导者配置于顶级的人力资源管理职务等方式,竭尽全力于如何为人力资源管理注入更多的商业思想。这些都是好主意,但它们往往都不能反映出对高效务实的人力资源管理看起来究竟会是什么样子的明确认识。我们相信,受过人力资源管理和非人力资源管理培训的领导者们都可以作为人才战略的促动者。然而,他们所需要的发展经验将迥异于当今普通的专业人力资源管理职业路径。

对于人力资源职业来说,这样可以解决有关究竟谁来负责业务单位的人力资源程序这一莫衷一是的困境。由于服务提供是如今占主导地位的范式,当谈到由谁来决定业务单位将采用什么人力资源程序时,在业务单位的人力资源领导者和作为职能专家的人力资源领导者之间,往往存在着一种紧张关系。这其实是错误的讨论。当组织认清影响和效力之间的差别时,将能更容易地看到业务单位里通过人才视角来推动战略分析的人力资源领导者同来自于专长中心的人力资源领导者之间的互补作用——后者所设计的,正是那些达到这类战略分析所揭示的要求的程序。

在几个我们曾共过事的组织中,人力资源规划流程被予以了变革。其流程不是始于有关实施什么人力资源程序与做法的讨论,而是始于由每个业务单位的人力资源领导者们来描述他们利用结合了战略透镜原理的影响分析工具,所获得的有关人才与组织的协调一致的识见。由此产生的支点模式和跨不同业务单位的协调一致机遇,往往揭示了对集中的或标准化的人力资源程序做法的正当性从逻辑上予以证明的跨组织机遇。与此同时,它们也揭示了这样一些合乎逻辑之处——业务单位的需要在这些地方是如此独特和重要，以至于就成本而言，定制或下放一些程序要素的努力是值得的。

在我们所设想的被打造来反映人才学的人力资源组织内，有着令人振奋的成果。企业中心、业务单位、专长中心以及人力资源运营单位内的人力资源领导者们将会做出战略性的贡献。所一直缺乏的，是能对他们的独特贡献加以区分的一门决策科学。

使用关键性来指导和解释差异化的人才资源库投资

对倾斜度陡峭和潜在回报高的人才资源库的绩效（质量、数量或二者兼有），组织应予以改善。如果对一种人才资源库的投资比对另一种人才资源库的投资具有更高的潜在价值，那么，随之而相应地分配资源（时间、注意力、资金等）就是有意义的。然而，大多数组织未能尽可能可靠地或准确地做到这一点。存在着向拥有较高平均价值的人才资源库倾斜的强烈的天然偏见，因为它们不仅如此重要，而且按照某些人的想当然，也至为关键。然而，拥有较高平均价值的角色也可能是倾斜度平缓的（如米老鼠）——而大量地投资于倾斜度平缓但价值较高的职务位置，往往不是最优的抉择。

反对细分的这种偏见的理由之一是，作为积习，很难对员工们解释清楚，为什么处于一些角色中的人会得到与处于其他角色中的人不同的待遇。人力资源管理的根基部分地来自于诸如就业法、民政服务和劳资关系等领域——其中的许多内容都是为了保护工人免于被导致歧视的不恰当细分所伤害。人力资源领域保持其针对不恰当的歧视的坚固防御自然十分重要，但是，这并不需要对不同的人才资源库予以平等对待。我们已经解释过，竞争力将越来越有赖于员工和角色两方面的更有效的细分。在这样一种框架阙如的情况下，平等对待是一条有用的经验法则,但未来将需要在没有不当歧视的前提下达致差异化的、一种更细致入微的办法。这种正当的细分和不适当的歧视之间的差别在某种程度上,正是用以细分的决策框架。

人才资源库的增强了的细分,是一种组织的变革。认识到这一点很重要。这是一个能够带来显著益处的变革,但需要变革的管理。一个关键是使得关键分析变得更加透明,以便细分背后的逻辑(或"为什么")明晰起来。组织与管理团队使用一个共同的框架来分享关于收入和成本的信息。作为结果,便有了对于财务概念的一个广泛的认知基础。这种共同的理解为以一种协调一致的方式做出重要决策,提供了一个平台。当他们的单位与另一个单位相比,得到的资本较少时,管理者可能不会高兴,但是他们明白,资金必须流向财政上最关键的单位。相比之下,大多数组织通常并不是以一种令价值联系变得明确的方式,来提出人才与组织决策的。

从历史上看,这类变革在其他学科里,也曾是难以实施的。不妨再次考虑一下我们前面讨论过的、对来自于市场营销学的收入管理的应用。过去 30 年里,在飞机座位的定价上,曾经有过一个根本性的转变。最初,基本上有两种价格:经济舱和头等舱。现在,通过先进的收入管理流程,航空公司使用先进的算法和流程,不仅对每一个飞机座位而且也对飞机票价进行优化管理。[12] 实施这一级别的定价差异化并不容易。虽然定价的经济学广为人知,许多人还是担心顾客的强烈反对:当顾客发现同一航班比邻而坐的两名乘客支付的是显著不同的票价,他们将会说些什么?你怎么可以通过让度假旅客花费商务旅客票价的一小部分来乘坐同一航班的方式,而令(十分有价值的)商务旅客不舒服呢?

当然,随着时间的推移,收益管理系统的经济效率还是占了上风。现在不可能在不了解各种因素的情况下,就随便报飞机票价。而所导致的票价幅度是如此的详细和动态化,以至于仅仅是对流程进行管理,就确实需要使用海量的网上数据库。那些成为新技术的早期采用者的航空公司［如美国航空公司（American Airlines）］取得了比市场上的其他对手显著得多的竞争优势。今天，任何试图以旧的定价模式参与竞争者都将会失败；而大家也普遍地明白，这样一种战略不可能奏效。

如今，有关组织与人才资源的关键性的情形是相类似的。正如我们所曾看到的，人才资源库在关键性上可能千差万别，然而，大多数公司所使用的，还是无法捕捉这些变化的传统的人才投资决策框架。当组织能够更好地了解人才资源库收益率曲线，并对有关它们的意义和影响的公开讨论加以鼓励时，更优化的组织与人才决策将会产生——正如以往那些时代里，在财务、客户以及产品资产方面所发生的一样。今天的人才与组织决策同收入管理被完全接受之前，当公平和平等还是突出的决策框架时的定价决策相类似。懂得人才细分的组织将拥有一种优势，不仅仅因为它们可以做出更好的决策，而且也因为它们将能够更好地向它们的员工解释清楚，为什么将投资导向它们最为有利之处的决策实际上是公平的——即使它们未必是平等的。[13]

减少关键性以规避风险

到目前为止，我们的分析已经对寻找高倾斜度的组织要素和人才资源库并对它们进行投资予以了强调。在差异最为要紧之处，提高人才资源库的质量或数量自有其意义。然而，寻找绩效的变化能引起重大风险的区域，并改变人才和战略之间的关系以便使其对绩效差别较不敏感，往往一样有效。由于糟糕的个体绩效而存在着显著下行风险的地方尤其是这种分析的沃土。组织往往花费大量的时间和精力，来提升个体的绩效——尤其是当绩效欠佳含有重大的下行风险时。一种更为有效的战略是，将倾斜度从（人才）资源库中清除，使之变得较不（less）关键。

做到这一点的方法之一,是尽量减轻绩效欠佳的消极后果。另一种方法则是尽量降低绩效欠佳的可能性。无论任何一种方法,都往往比试图提高绩效欠佳的个体的绩效来得更为有效。减少下行倾斜度,往往也意味着将上行的拉平。因此,关键在于懂得这其中的平衡。让我们来看看几个例子。

基于团队的工作。 倾斜度往往可被降低的一种途径,是让关键性角色以团队的方式工作:米老鼠从未在没有培训员陪同的情形下,进入过公园;飞行员们在客机驾驶舱内以团队的形式工作,是以一种不同的方式来降低倾斜度。一个单独的飞行员可能会忘记核对一览表上的一项内容,听错来自于指挥塔的指令,或是在导航系统中输错一个号码。这样的错误在两名飞行员同时在驾驶舱的状况下,就不太可能发生。因为,第二个驾驶员将通常在其可能造成任何伤害之前,就把错误纠正了过来。如图5-2所示,这两个都是降低质量关键的收益率曲线中的倾斜度的例子。

与数量关键性相关联的倾斜度也可以用一种基于团队的方法来予以降低。中西部地区的一家大型银行便对其商业贷款活动采取了一种团队的做法。[14] 通过减轻这一角色上的员工流动率所带来的后果,银行大大降低了数量关键性。如果客户只由单一的银行职员来提供服务,而那个人离职后又去了一家新的银行,那么客户就必须在这段艰难的时间里,被介绍给一名新的银行职员。在最坏的情况下,他们可能就会决定改换银行,与自己熟悉的银行职员共进退。而当由整整一个团队的银行职员为某个客户提供服务时,即使其中一个银行职员离职了,客户也已经拥有其他为他们所熟知也了解他们的人了——这就会大大降低失去该账户的可能性。

图 5-2

降低质量关键的收益率曲线中的倾斜度

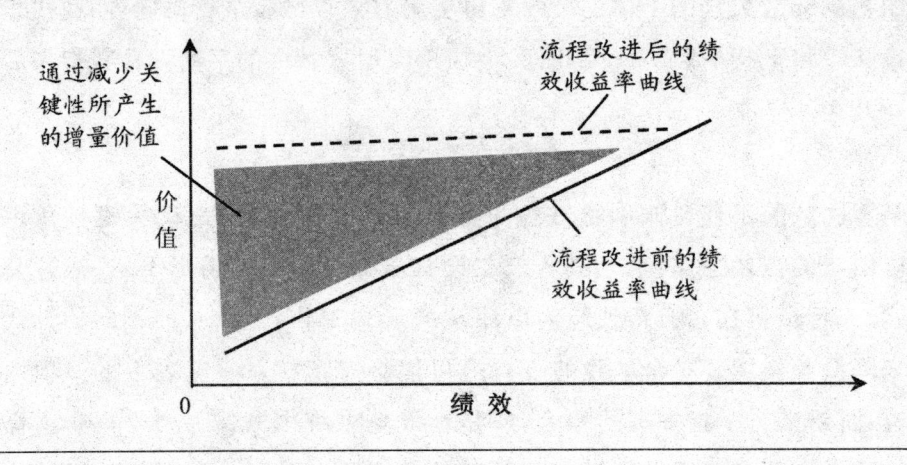

```
通过减少关
键性所产生
的增量价值

                        流程改进后的绩
                        效收益率曲线

价
值
                        流程改进前的绩
                        效收益率曲线

0                       绩 效
```

质量改进程序。 质量和精简活动（lean movement）一直是通过降低角色的关键性来系统地提升价值方面的主要因素。这类方法使用基于数据的对于系统的分析，来寻找持续改进的机遇。当组织发现一个人才支点——绩效变化对业务具有重大影响之处——时，我们通常所给出的建议之一是，采用质量改进或精简分析框架。

商业飞机的驾驶舱再次说明了如何靠消除绩效倾斜度来降低风险。在过去的几年里，一直存在着对提高飞行员训练水平的着力强调，外加对驾驶舱内部的系统和飞行员使用的团队流程这二者予以改善的显著侧重。通过系统地降低飞行员角色的关键性，这一结合打造了一个明显更为安全的航空系统。飞行员仍然极为重要，他们的角色也证明了对其进行重大投资的合理性。然而，这种投资往往是以确保飞行员达到一个非常高的标准且不偏离该标准为目标的。

请再次注意一下这种方法是如何提供比典型的工作职位分析、战略地位匹配(strategic position mapping)乃至把 A 球员放在 A 位置(那些具有高绩效可变性的职务位置)的劝诫更深入的识见的。在这里,人才学揭示了从这类职务位置上将绩效可变性予以消除的未知战略机遇——在本质上,通过使 A 位置成为 B 位置而更好地竞争。

考虑发展关键性,而不仅是绩效关键性

在绩效方面具有平缓倾斜度的角色的一个有趣特征是,它们可能提供风险较低的发展机遇。许多研究表明,技能的发展是通过经验产生的。通常,最强有力的发展经验发生于也拥有非常陡峭的绩效倾斜度的高层职务位置上。被安排在这些职务位置上的个体通常都要面对在最大化他们的绩效的同时,最大化他们的发展的艰巨任务。因为绩效是被如此密切地监控着,通常的反应是强调绩效,而往往以损害学习和发展为代价。在这一两难境况及其所呈现的机遇方面,首席财务官的角色提供了一个很好的例子。

要是一个组织故意地降低一个角色的绩效关键性,以增强关键的发展,那将会怎样?波音公司和诺斯罗普-格鲁曼公司(Northrop Grumman)分别将首席财务官的任务,指派给了两名资深主管——波音公司的,是以前没有会计学方面经验的迈克·西尔斯(Mike Sears);诺斯罗普-格鲁曼公司的,是以前也没有财务金融学方面经验的韦斯·布什(Wes Bush)。[15] 两人不仅都拥有工程学学位,也把他们职业生涯的绝大多数时间,都花在了一线工作的角色上。

这一切不会带来令这些领导者犯下严重错误的风险吗?为什么财务分析师们(或董事会)会接受这一切,而没有发出要求更多的财务金融学和会计学经验的呼声?我们认为,投资者和分析师们把这一情势,视为一个发展机遇和一个良好的继任规划步骤:(这两家组织)均拥有已经到位运转的稳定的财务系统以及绰绰有余的现金;财务结构决策将绝不

会由首席财务官单独做出,而创新的财务结构化(financial structuring)也并非战略成功的关键;任何此类决策都将会得到财务团队包括外部顾问的大力支持。

所有这些条件都削弱了首席财务官角色里,对财务金融学和会计学专长有所要求的传统领域内的绩效关键性。然而,正是由于这些要素里的绩效相对而言倾斜得较为平缓,让这些主管人员充当首席财务官就给了他们一个在有效性上绝无仅有的机会,去学习财务系统的复杂性,去获得业务组合如何一起运作的一个宽广视角,以及去把他们独特的领导技能和经验,应用到组织内部范围更广泛的业务单位中去。对于大多数具有这样的大小和规模的公司来说,主管人员极少有机会通过直接经验,去了解管理组合业务所需的复杂互动。因此,对于波音公司和诺斯罗普-格鲁曼公司来说,与其传统的绩效要素相比,在其针对未来的首席执行官的发展而设置的首席财务官角色里,存在着更大的倾斜度。而在枢纽辐射结构(hub-and-spoke)的航空业里,这样的举动则是不恰当的——在那里,组织的真正未来取决于复杂的财务重组,使得首席财务官的角色要关键得多。

有人曾建议,倾斜度平缓的职务位置是"C 位置"(C position)[不是"C 级位置"(C-level position),而是就 A、B 和 C 评分系统(grading system)而言的"C"]。除了也许对于避免重大的失误而言之外,奖励和发展在此较不具有战略上的决定性。人才学视角再次提供了超越对现有绩效可变性的简单侧重来进行考察的框架。它建议了对人才与组织要素的隐性与显性能量加以解释的、更细致入微的和更为综合的一种观点。通过了解具有倾斜度平缓的绩效收益率曲线的角色的隐性发展潜力,组织可以大大提高它们发现有竞争力的战略成功的独特来源的能力。

提高与人才要求相关的弹性

人才资源库往往面临优质职位候选者短缺的问题。这是因为角色的绩效收益率曲线的倾斜度很陡,要减轻绩效欠佳风险,就有赖于求职者质量的极高水准。要是我们对角色做出改变,以便我们能从范围更广的可用人才中获取较高价值,那将会怎么样?

这类战略常常已被用于其他至关重要的资源。其中一个例子,是用于软饮料的甜味剂的来源。多年来,糖是唯一的来源。在食糖短缺的第一次世界大战期间,糖价飙升;在没有糖的替代品的情况下,百事可乐公司被迫破产。[16] 不过,玉米后来作为甜味剂出现了,软饮料公司也随之调整了它们的生产流程。现在,生产厂家可以在任何时间里,基于市场上可获得的相对价格,在糖和玉米糖浆之间轻松地转换。

同样的战略也可以应用到人才的来源上。要问的关键问题是:"为了从一个较现成的人才资源库中获取更大的价值,我们可以改变我们的生产职能(业务流程)吗?"这方面的一个值得注意的例子,是对处于拥有较低技能工人人口的、成本较低廉劳动力市场的呼叫中心的大规模使用。通过再造呼叫中心流程使之更加规范化,以及用技术来降低出差错的风险,组织可以聘用在控制程度较低的系统下,绩效本来可能欠佳的个体。使绩效收益率曲线趋于平缓,再一次带来了战略优势。

即使在美国的劳动力市场上,像捷蓝航空(JetBlue)这样的一些公司也已经改变了它们的预订系统,从而使得人们——大多数是有家室的妇女——可以在家里而不是在一个集中的呼叫中心,作为票务预订代理参与工作。再一次,通过利用技术和其他工具,角色被重新加以设计,从而使得偏远的劳动力资源库可以发挥出足够高的绩效水平。当传统的客户服务呼叫中心模式的采用本来已经阻止了很多人去考虑选择这一角色时,这一变革允许一个庞大的潜在员工群体去考虑这么做。

全新的业务模式一直是立足于利用得不够充分的人才资源库的。其中的一个例子,是特百惠公司(Tupperware)。这家企业业务的一个真正有创意的部分,是"家庭派对"(home party)概念的推出。它使得传统劳动力以外的大批人成了特百惠创业者(entrepreneur)。[17][安利(Amway)和玫琳凯(Mary Kay)一类的组织采用的是相类似的多层营销模式。][18]特百惠的企业设计理念是,从人才市场中未得到充分配置的资源中捕获价值。通过开创家庭主妇可以被放心地预期能举办一场大派对的系统,特百惠公司开辟了迥异于以有经验的传统销售人员为对象的人才市场的劳动力供给渠道。

基于关键性在劳动力市场上竞争

要想让你的战略奏效,它在哪里有赖于比竞争对手的人才更好的人才?关键性不仅可以帮助你了解特定人才资源库内部的人才的相对影响,处于机遇之间的人才资源库的相对关键性也揭示了在人才市场上用来竞争的往往被忽略了的方式。

例如,与拥有人所共知的声誉、品牌和产品线的更为成形的公司里的销售角色相比,一家新公司的销售角色通常拥有一条倾斜度陡峭得多的绩效收益率曲线。更为成形的组织较少依赖销售来承载其产品信息、赢得客户,等等。作为一般规则,相对的市场供给品越强,销售专业人员的突出性就会越低,绩效的倾斜度也就会更为平缓。这并不是说,他们在更为成形的组织中较不重要,但在组织的成效方面,其绩效的可变性能带来的变化较少。

当组织对相同的人才资源库进行争取时,规则改变了。但是,该人才资源库在不同的组织里,具有差异化的关键性。其人才资源库具有陡峭的倾斜度的组织应更大量地投资,以吸引和保留高质量的职位候选者;而拥有一个更为平缓的倾斜度的组织不应该被诱哄得陷入到对其高

第 5 章　组织与人才中的影响

倾斜度的竞争对手们的薪金水平、人员配备流程或员工保留奖励（retention reward）的比拼中去。然而，由于人才市场往往在很大程度上是基于简单的职称或通用的职位描述的，这类错误很常见。今天，传统的劳动力市场分析就是基于职称而非关键性的。然而，关键性往往是恰当地竞争的关键。当我们在本书第 6 章和第 7 章中对效力加以讨论——旨在探究如何发现工作职位或角色内部的关键性——时，我们将回到这一点上来。

　　这一逻辑可以在更为成熟的市场里，得到更好的理解。例如，零售商通常根据细分客户群对于战略的关键性，来对它们加以区分。沃尔玛百货超市并不指望对更喜欢诺德斯特龙时装店的顾客进行争取。即使基于通用的基准来判断，它们是非常有利可图的零售顾客，它也并不投入大量资源去吸引这些顾客。沃尔玛认识到，基于其价值模型，来自于在一个沃尔玛店里试图吸引这类顾客的回报并不是很高。另一方面，对那些认为塔吉特百货公司（Target）或西尔斯百货公司提供的东西更价廉物美的中上和中等收入顾客，沃尔玛却毫不松懈地加以争取。[19]

　　人才决策科学将这一逻辑应用到了人才市场。对于以调查竞争对手们付给具有相似职称和要求的工作职位多少报酬的方式来建立薪金水平的惯例，这一应用具有一些有趣的意义和影响。在这类调查中，基于整个一组竞争对手来对薪金及奖励的水平进行基准测试，是很常见的。然而，这就将把这样的一批竞争对手们组合在了一起：某一工作职位对它们而言，具有不同意义的关键性。这样一来，薪水调查将会反映出的，是把一些高倾斜度的竞争对手同较低倾斜度的竞争对手结合起来的薪金水平。

　　还是回到我们的例子中来。对拥有被普遍认可的品牌和形象的组织的销售薪金水平和拥有新产品的组织的销售薪金水平，薪水调查一般并不予以区分。以调查的第 50 百分位为基准支付薪金，忽略了这些差别。然而实际上,发展得更为成形的组织可以有条件付得更少,而让一些更好的销售人员投向竞争对手。这是因为,它们已被认可了的产品并不需要销售角色里的如此高的绩效。

组织通常都对因人浮于事而浪费资金感到反感。因为,它在没有获得多少生产力的情况下,增加了劳动力成本。但组织会惯常地在市场上储存或锁定具有较高价值的其他资源,以给竞争对手们制造某种障碍。在石油开采权和主要的枢纽机场的降落权方面,这很常见。同样的原则也适用于人才。不论看起来是多么违反直觉,作为吸引人才和令人才远离竞争对手的一种方式,为处于非常关键的角色中的人才提供更高的薪金和更大的员工保留奖励,可能是相当明智的。不妨回想一下本书第1章中有关康宁公司的讨论,其中对人才的锁定可能使竞争对手的发展拖延好多年。

结论

影响对战略支点加以挖掘,并利用它们来揭示组织要素和人才资源库的绩效收益率曲线。而通过合乎逻辑的、系统化的人才市场竞争决策,这一切为尚未开发的战略优势提供了重大机遇。我们把本章所考察的例子,称为"人才资源库战略"。正如组织拥有它们用于财务资源或生产线管理的具体战略一样,人才资源库战略也正在作为一个新的竞争领域兴起。然而,许多公司都是在没有做系统分析的情况下来开发这些战略的——或是通过以其竞争对手为标杆做基准测试的方式(这很少带来战略的独特性),或是运用它们自己有关关键性的直觉。这两种方式没有一种能可靠地带来一贯地优于竞争对手的决策。

人才与组织是至关重要的资源。因此,那些不仅占有最好的信息,而且占有能系统地利用这些信息来打造创新战略的流程的组织将拥有一种至关重要的竞争优势。关键性在对人才资源库加以组织方面显现出来的以及其蕴含在人才资源库之间的力量所预示的,是关键性如何能提供有关工作职位、角色和人才资源库内部的要素的同等重要的识见,以及如何把这些同方针与做法上的投资联系起来,以强化组织与人才。这是效力的主题,我们下一步将要加以讨论。

第6章 绩效与潜力中的效力
——通过文化与能量使关键的互动与行动协调一致

还记得来自于本书第1章的观察,2001年至2003年间,涵盖不同规模、产业和成熟度的一大批组织同时采用了一种要求领导者对其员工予以评估的绩效管理系统:员工中的20%被评为表现最佳者,70%被评为表现中等者,10%被评为表现最差者。这么做的原因何在?杰克·韦尔奇的著作——《杰克·韦尔奇自传》出现于2001年的畅销书名单上。韦尔奇把通用电气公司的成功,归因于其"20-70-10"系统。于是,首席执行官们、董事会成员们或部门负责人们纷纷对他们的人力资源领导者们说:"这一绩效管理系统既然对通用电气有效,为什么我们没有一个?"很少有人意识到,同样的绩效管理系统也用在了安然公司!你的组织愿意成为这样的时尚追随者之一吗?或者,你拥有一个能对为你独一无二的竞争战略提供最佳支持的独特的文化、能量以及程序与做法系统地予以鉴别的决策框架吗?

本章将开启我们对人力资本桥梁框架中的效力定位点的探索。你的战略在何处需要能在人才市场上营造独一无二地位的独特的文化、人才能量以及方针与做法?很多时候,有关人才与组织做法的决策只是简单地按照领导者的意图做出——采取的是与在财务上成功的竞争对手们相同的做法,或者为每一位员工做着同样的事情。正如我们将会看到的,人才学所建议的,是一种更加独特而具体的方式。

效力所描述的,是人才与组织的绩效同营造并支撑这一绩效的方针与做法组合之间的关系。效力引导组织超越的,是仅仅去为每个人做着同样的事情,或是仅仅做着业界领导者们正在做的同样的事情。效力对于战略执行来说,是不可或缺的。因为,它揭示了在哪些地方组织可以通过制定能独特地反映出战略支点的程序与做法,来改变游戏规则。

图6-1显示,在人力资本桥梁框架内,效力在互动与行动之中然后在使互动与行动成为可能的集体文化(价值、规范等)和个体的人的能量(能力、机遇和动机)之中寻找支点。最后,效力揭示了营造必需的文化与能量的程序与做法。本章着眼于行动与互动以及文化与能量定位点,而第7章则将论及方针与做法定位点。

图6-1

人力资本桥梁框架:效力

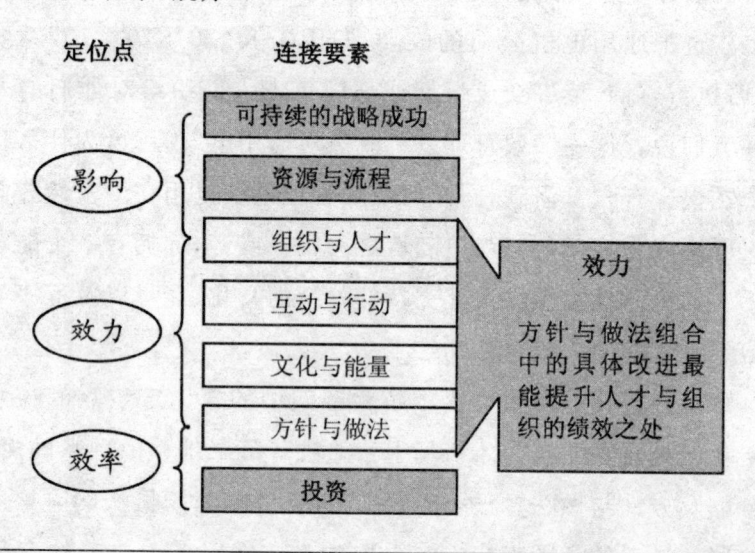

定位点	连接要素	
	可持续的战略成功	
影响	资源与流程	
	组织与人才	效力
效力	互动与行动	方针与做法组合中的具体改进最能提升人才与组织的绩效之处
	文化与能量	
效率	方针与做法	
	投资	

第 6 章 绩效与潜力中的效力

在我们深入研究这些具体的连接要素之前,不妨考察一下效力在决策框架中的角色。一如影响和效率,效力描述了一个揭示了重大决策的支点,为新的、更深入的人才与组织战略的讨论提供了一个脚本。表6-1介绍了效力是如何做到这一点的。

表6-1 定位点:效力

定义	支点	所要做出的决策	人才与组织战略:新的讨论
• 描述组织与人才的绩效同方针与做法组合之间的关系	• 方针与做法组合的具体改进最能提高人才与组织的绩效之处	• 你应在哪里把方针与做法组合的改进作为目标,从而使它们对人才与组织的绩效具有最大影响?	• 你的战略在哪里,可以使在人才市场上给予你以独特地位的、与众不同的方针与做法成为可能? • 你的员工和企业文化的哪些明显的和被忽视的特征能够支持或阻碍执行? • 你的方针与做法在哪里,是同战略以及互相之间保持协调一致(或不协调一致)的? • 在你的战略背景里,是什么能将有效的和无效的程序与做法区分开来?

现在,让我们看看将决策科学的原则应用于行动与互动,如何揭示了更深刻的战略识见。

行动与互动揭示的是如何扮演角色

本书第4章和第5章阐明了影响分析如何揭示不同的人才资源库与结构(例如迪士尼公司的清扫工之于米老鼠,或波音公司的内部团队和外部供应商之间的协调)的关键性。第5章指出,存在着分析的第三个层面——一种人才资源库内部(within)的不同行为的关键性。在这里,我们将着眼于这第三个层面。我们将展示,组织如何在角色和组织结构内部进行考察,以寻找使这些角色变得关键以及使之与战略成功协调一致的行动与互动。

如图6-2所示,人力资本桥梁框架中的互动与行动要素着眼于这一问题:"个人需要如何行为和合作?"

图6-2

人力资本桥梁框架:互动与行动

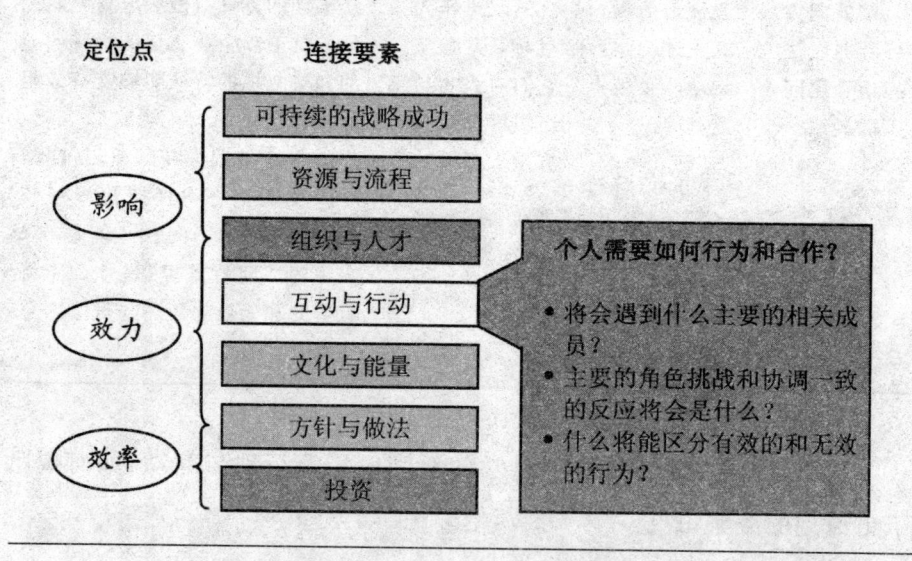

定位点	连接要素	
影响	可持续的战略成功	
	资源与流程	
	组织与人才	个人需要如何行为和合作?
效力	互动与行动	• 将会遇到什么主要的相关成员?
	文化与能量	• 主要的角色挑战和协调一致的反应将会是什么?
效率	方针与做法	• 什么能区分有效的和无效的行为?
	投资	

行动,是涉及了独立地行事的个人的支点;而互动作为支点,是有两个或更多的个人以合作的方式行动。关键性的互动发生于组织内部的员工之间,也发生于员工和组织外部的相关成员(constituent)之间。让我们继续以波音-空客公司为例,看看这一切是如何运作的。

第6章 绩效与潜力中的效力

波音公司的关键性行动与互动

关键性的行动与互动是通过确定至关重要的角色挑战——其间一个反应的质量可以产生最大的影响——发现的。描述"服务-价值-利润链"的撰述者们常常把这类挑战称为"紧要关头",因为它们概括了好的服务和出色的服务之间的差别。例如,在一家服装零售店里,能使顾客进入试衣间会对他们买多少衣服带来很大影响。所以,所谓紧要关头,就是零售店店员有机会将顾客引入试衣间之时。

波音公司工程师所面对的关键的角色挑战随787发生了显著改变。从历史上看,波音公司一直遵循着一种根据蓝图制造的模式(build-to-print model),也即工程师先一部分一部分地将每一个部件设计出来,外部的合作伙伴只在最后阶段才加入进来,按照波音公司非常详细的内部规格来制造部件。而由于787,合作伙伴被提早四年半引入,参与早期的设计工作,并提供其制造专长。记得本书前面几章提到过,波音公司的战略挑战是,降低不按预定日期交货的风险,以及削减开发和制造成本。波音公司通过促使其合作伙伴及早参与,减少了风险;它还通过要求合作伙伴支付一部分开发成本以换取最终利润的更大份额的方式,来削减成本。[1] 波音公司之所以与诸如法国、意大利、日本、韩国和中国等不同国家的合作伙伴一起工作,部分地是因为,波音在其国内布置了相当大生产量的这些国家也会购买更多的波音飞机(截至2006年1月,中国的航空公司已订购了60架新型喷气机)。工程师的工作过去一直是做设计。现在,这一工作职位则把促进和协调全球合作伙伴的关系也包括了进去。

在这里,关键性的协调一致的行动与互动是什么?波音公司飞机工程的历史有可能使传统的工程的行动与互动的倾斜度趋于平缓,尽管在一个非常高的水准之上(如同迪士尼的清扫工作)。而空中客车公司也非常擅长于传统的工程。因此,在这里,很可能很难产生有竞争力的差异化因子。相反,在工程工作职位的内部,在跨不同文化和疆界的协调、整合以及促进的角色挑战之中,关键性的协调一致的行动与互动会被逐渐发现。

波音公司工程师的收益率曲线

图6-3根据我们的收益率曲线的比喻,展示了这一例子。请注意顶端的"工程设计"线。它之所以居高,是因为它极其重要和有价值。然而,它同时也平缓,因为波音和其他飞机制造公司已对设计师的工作磨砺了数十年;一旦一个工程师被聘用,而他又拥有丰富的经验,那么,在有经验的工程师之中,体现在一个顶级设计师和一个中等质量的设计师

图6-3

协调一致的行动/互动收益率曲线:工程设计与工程协调

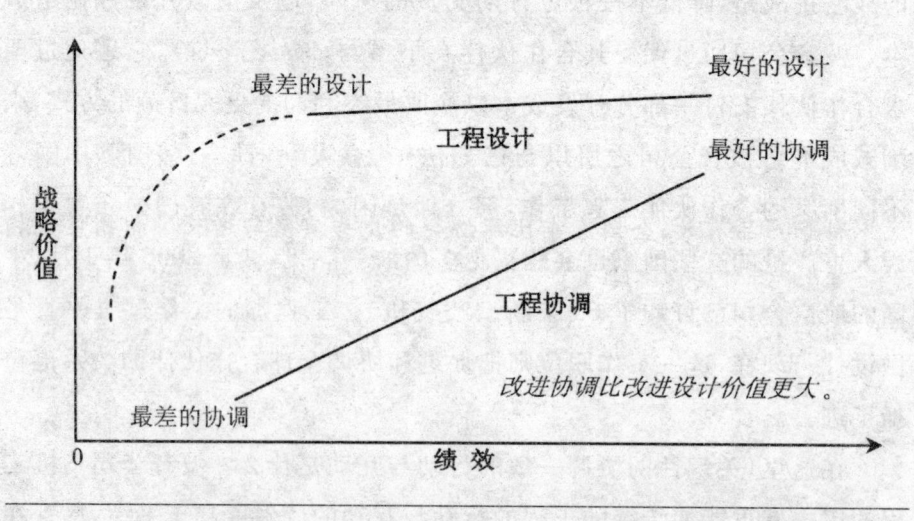

改进协调比改进设计价值更大。

之间的价值差别并不是很大。对于像波音公司这样拥有悠久的工程实力历史的企业组织来说,拥有大量描述产品或生产流程设计的手册和从不需要使用这些手册的工程师的这种情况并非鲜见。顶端线条的左侧所表示的,是低于公认的质量标准的绩效水平的后果。如果设计有缺陷,对于波音公司来说,将会是非常非常糟糕的。这也就是为什么在大部分的范围内,这条线都是平缓的——通过精心的设计,波音公司已将这一风险化解掉了。

采用与财务绩效相关联的方针与做法的陷阱

许多组织会说:"我们能在一个步骤之中,同时达致效力和影响!我们认购了一项咨询服务,它对我们的同行企业进行调查,确定每家公司采用什么人力资源做法,同时把这些做法与财务绩效联系在一起。我们只会采用与财务绩效最为相关的做法。"采纳财务上成功的组织的做法,可能会提升组织绩效,但是,针对独特的人才需要和人才市场机遇对决策予以最优化处理,相比起来会更难。

不妨考虑一下若是你的广告部门采纳了这一方式的情形。我们较早前注意到,全国汽车竞赛协会的广告对诸如汽车零部件和饮料等产品有效;全国汽车比赛协会的广告实践与增长了的销售额相关(非常可能正是其原因)。然而,并非每一个组织都应该与全国汽车比赛协会合作广告业务,仅仅因为它对其他公司起作用。市场营销学决策科学指导组织基于一个具体背景,在全国汽车比赛协会的活动上刊登广告。所以,这样做的组织也是最有可能受益的。在人才学方面,效力与影响相结合也提供了这样一种框架,来为有关人才的方针与做法的决策确定至关重要的背景。

当人力资源组织采纳广泛的战略陈述目标——如"速度"、"质量"或"服务"——并试图把它们过于直接地转化为做法时,我们看到了同样的逻辑的不一致性。几年前,我们其中的一员曾与一家全球性多产品公司的一位顶级的人力资源经理人员共过事。在听完战略分析的人才学视角后,这位经理说:"你将会从我们最近的人力资源战略文件中,获得极大乐趣。"[a]他把指明了数字化在组织的战略目标当中的突出地位的文件抽了出来。该公司致力于使自己的信息和服务,更数字化地可为其客户所使用。然后,这位经理展示了其人力资源战略。它表明了使尽可能多的人力资源信息数字化的计划——将其从纸上移动到电子格式上,然后放到门户网站里。使有关薪金、福利和员工流动率的信息数字化可能是有用的,但它不一定能连接到将在竞争激烈的市场上,最大程度地改善该公司数字化了的信息和服务的人才与组织支点。

我们与组织的共事表明,人力资源职能内外部的领导者们似乎一致地想要寻找到可以让他们从广泛的战略目标,直接跳到人才与组织的方针与做法上去的答案。领导者们需要以足够的耐心,对效力进行更深入的分析。而这始于对协调一致的行动与互动,以及使它们得以发生所需要的文化与能量的一种审慎考虑。

a. 2001年6月,约翰·W.布德罗对经理的访谈。

图表中较低的"工程协调"线位于设计线之下。这是因为协调虽然重要,但也许不像设计那样,是从根本上必要的。底下这条线的倾斜度也陡峭得多,因为工程师在影响协调的行动与互动上的绩效的变化程度要远高于在设计上的变化程度;也因为这一绩效上的差别与波音公司的

第6章 绩效与潜力中的效力

战略成功越来越紧密地联系在一起了。这并不是说,工程师不在乎协调。但是,由于工程师向来是按照大部分反映了他们的设计绩效的标准被聘用、培训、奖励和管理的,协调方面改进的机遇要更大一些。随着协调变得更为重要,这些差别意味着价值方面更大的改变,如图6-3的垂直坐标轴所示。

波音公司的一种新型的关键工程师

当787的成功要求波音公司关键部件的供应商们现在必须在设计和质量控制方面比以前做得更多时,如果波音公司的工程师继续以传统的方式工作,想象一下可能会发生什么。如果波音对787的工程设计单方面加以改变,供应商将很可能采用其他的方式抵制或报复。恶感和延期将很可能发生。事实上,一些新闻故事已描述了这样的问题。

简而言之,如果其工程师在行动与互动上有更好的表现,在与来自其他国家的工程师的协调上避免出现失误,那么波音公司将获胜。改善波音公司工程师在这一舞台上的绩效,也会提升为波音的合作伙伴工作的工程师的协调一致行动。如果供应商的工程师能被其波音同行以尊重和鼓励善待,他们将更有可能就降低成本、尺寸等方面提供想法——这将转化为更轻的重量、更少的零部件和更低的成本。

波音工程师所面临的关键性角色挑战将经常会是拿出既不是他们也不是他们的供应商可以独自开发的解决方案来。例如,波音公司必须与日本工程师紧密合作。在其他行业里,有许多这类到头来并不稳定牢靠的关系的案例——不是因为工程师不具备工程技术,而是因为美国工程师所接受的工作文化与日本工程师的非常不一样。如果美国式的不拘礼节和公开辩论倾向冒犯了日本人的感情——因为他们视之为失礼的或具有攻击性的,必要的协作解决方案就不太可能得出。关键的互动是,由来自西雅图和日本的工程专家们进行合作。

本书第2章指出过，对于任何决策科学来说，最优化都是一个重要的支柱。更多并不总是更好。无限的合作对波音公司来说并不是最优的，而其人才战略必须反映出合作和协作的局限性。波音公司仍必须致力于保留把它与竞争对手们区别开来的核心知识。应该还记得波音公司所拥有的对复合材料机翼结构起作用方面的许多专利。在始终与合作伙伴保持开放的和协作的关系的同时，波音公司的工程师和设计师们很可能需要与知识产权专家更有效地合作，以确保他们确切地明白什么知识产权是关键的，以及怎样培养和保护它。对于协调一致的行动与互动的深刻理解，是发现这些机遇的关键。

在传统的职位描述之外的未知机遇

要想在协调一致的行动与互动中发现独一无二的宝贵机遇，往往需要超越传统的职位描述和结构来考察。组织创造了能将共同的职责或任务，以及履行它们所需要的知识、技能、能力和其他特性结合在一起的工作职位。工作职位分析揭示了所必需的工具和技术、典型的工作条件，等等。奖励、发展、人员配备以及一系列其他的人力资源做法都是基于这些职位描述的。提倡更具战略性的人力资源活动的最近的一些作者还在提及"A位置"(A *positions*)和"战略性职系"(strategic *job families*)。这是有益的，但它仍然依赖于一份工作的传统观念。职位描述通常反映的是现状，侧重于典型的个体如何花费他或她的时间；或侧重于就平均水平来说，什么工作要素是最重要的。例如，"职位分析问卷"(Position Analysis Questionnaire)是用以分析工作的最广泛使用和研究的方法之一。它使用的是如下尺度：使用范围、对这项工作的重要性、时间总量、发生的可能性，以及适用性。

第6章 绩效与潜力中的效力

超出了典型的任务或关系的关键性

对今天适用于集体的从业人员的东西的这种传统性侧重,意味着工作定义往往会错过关键的和新兴的角色挑战,以及协调一致的行动与互动。它们往往会反映出作为个体所做之事的相当合乎逻辑的描述的成套任务,但它们可能会错失能集体地形成关键的人才资源库的、必要的跨工作职位的行动组合。例如,在迪士尼,处于清扫工和商店店员工作职位上的人们的工作中各有一部分内容,会涉及以意想不到的方式帮助公园的宾客。并没有一项包含所有这些行动的单一的工作或职位。相反,这两份工作的部分内容形成了界定顾客互动的人才资源库,虽然清扫工和店员也拥有构成他们的工作的其他重要组成部分。职位描述并非设计来揭示关键性,但关键性往往是改进了的决策的关键。

有关波音公司工程师不只是由于设计,也是由于全球协调而关键的识见之所以独特,部分地是因为它需要在传统的工程师职位描述以外来思考。传统的工程师职位描述很可能是以工程师在许多企业和产业中所担负的任务为根据的。它可能揭示出工程师与公司内外部的其他工程师是互动的,但是因为其有效性往往基于反映了工程师在许多产业中以及平均而言做了什么,它通常不会揭示出全球性的协调行动是极其关键地协调一致的,也不会揭示出使它们对于波音公司来说变得关键起来的这些互动的独特性质。

稳定的职位描述之所以重要,是因为它们对必须长期运作的系统提供支持,如设置平均薪金水平和设计基本训练、员工选拔和人员配备系统等。当然,这样的职位描述对于必须做出的有关如何将任务分类,以及如何构建随着时间的推移,维护和支持这些任务的系统的广泛决策来说是有用的。在缺乏一门决策科学的情形下,这通常意味着职位描述不会被改变——即使当它们同战略的关系发生变化时。传统的工程职位描述着重于解决技术难题和应用技术知识。在波音公司,像这样的职位描述可能会忽视这样的事实:该公司从事787研制的决策增加了影响团队的全球协调的那些行动的关键性。一个设计工程师工作职位中的旧DNA不会反映出这些新的支点。

我们经常在最初设计的销售工作职位上看到这种情况。那时的销售任务只涉及一种产品的深入而具体的知识。当任务从推销一种产品或服务转向推销基于一系列综合的产品和服务的解决方案时,旧的职位描述就不再能反映新的支点了。然而,许多组织仍然继续对旨在销售单个产品(电脑、财务服务、保单)的传统行为进行奖励和跟踪,即使当新的支点已转向了解客户的完整需要并为它们设计解决方案时。

在另一个来自制药业的例子中,销售的角色按惯例,曾包含一项关键的协调一致行动——基于的是推销员在处于能从事大宗药品采购职位上的医师身上,花费多少时间。如今,描述了一系列症状的电视广告通常以"有关……,向你的医生请教"结束——该产品实际能够治疗什么往往很难辨别!这样的广告之所以让病人向他们的医生咨询有关特效药品的问题,部分地是因为医生越来越没有时间与药品推销员交流。与此同时,互联网使医生完全绕开推销员成为可能。对于推销员来说,新的战略上关键的协调一致行动现在可能是,要在病人询问某种药物时,确保医师们备有大量的药物样品;或者,是要确信该医药公司的网站除了医生以外,也能被医生办公室或医院里的工作人员轻松进入。

《美国的新工作场所》(*The New American Workplace*)这本书指出,日益增大的弹性和敏捷性有赖于超出传统的职位描述的某些东西:

> 传统的"一份工作"(a job)的观念正在发生变化,如果不是正在消失的话。直到最近,组织还依赖正式的职位描述作为一种管理和控制工人的行为的方式……美国的企业用工作(职位)和职位描

第6章 绩效与潜力中的效力

述作为它们组织和管理任务的方式的基本组成分子的情形,正变得越来越少;相反,它们开始使用弹性的工作任务描述(work assignment description),如个人正在从事的项目的名称、这些项目的可交付成果,以及个人对这些内容的贡献将如何被量度等。随着项目被完成以及员工被分派新的职责和任务,这些动态描述在不规则的基础上发生着变化。[3]

例如,《财富》(Fortune)2006年的一篇文章指出,拥有日益"破碎的业务模式"的组织会选择激进的弹性:"以乱治乱(meeting chaos with chaos)的最极端的例子,很可能是几乎没有任何职务称谓的著名的巴西团队——塞氏公司(Semco):少数几个主管每六个月轮流担当首席执行官的角色,工人自行设定他们自己的工作时间并通过投票的方式选择他们的经理。"[4] 在易改变的和弹性的角色描述时期,影响和效力的逻辑对于避免混乱必不可少。

对未来的工作分析的意义和影响

效力的一种意义和影响是,对于这些将不断变化且不易在传统的职位描述中捕捉的新角色,组织必须变得更善于确定,要如何地予以构想和管理。这需要的不仅仅是一个弹性的工作分析系统。它有赖于一个运用一门决策科学,基于与战略合乎逻辑的清晰联系来建构新的角色的系统。令人才与组织同战略支点保持协调一致,以及确定至关重要的协调一致的行动与互动的原则,提供了对弹性的工作定义予以指导,以便它们在战略上具有意义的一种经济逻辑。因此,对于传统的职位描述中的弹性来说,一门趋于成熟的人才决策科学无疑将意味着更大的压力。对于改变自身有关关键角色的观念的需要,组织必须不断地保持警觉,以反映与新出现的战略与组织流程、资源以及差异化因子的新的协调一致。

　　人才学需要组织完全放弃它们建立在工作职位基础之上的结构和系统，转而支持着重于行动、互动、角色和人才资源库的全新系统吗？不！组织可以在不废除基于工作职位的、对大多数任务能胜任的系统的情况下，改善它们的决策。虽然尚没有人做过科学的研究，但我们怀疑，这一问题将遵循熟悉的 80-20 规则，即 20% 的决策驱动 80% 的重要价值。例如，80% 的销售额往往是 20% 的产品库存带动的。尽管如此，组织仍对其全部（all）存货进行管理。它们对于至关重要的 20% 给予更多的关注，但它们并没有忽视其他。我们怀疑，这条规则可能会揭示出，少数一些工作职位（也许是 20%）将有赖于传统的工作职位系统中发生的重大变化，以捕捉和利用其关键性。但是，一贯首先认可这 20%，并应用一种更基于决策的和更弹性的做法的组织将竞争得更好。

　　正如同库存的情形一样，组织仍必须管理所有的工作职位，而不只是其关键性需要深刻变革的那 20%。你不能只对关键的协调一致行动进行支付、培训和人员配备。对于在传统的职位描述的空白处运作的机遇，人才学要求组织要更有系统地保持警觉。它也揭示了什么时候传统的职位描述是胜任的。不同的是，没有一门发达的决策科学，那些其变革具有关键性的工作职位依然是未经考察的和没有发生变化的；或者，在没有战略性的理由支撑时，工作职位经历了代价昂贵的变革。

　　在实践中，处于使用人力资本桥梁框架的早期阶段的组织往往会发现很多"挂在较低枝头上的果实"(low hanging fruit)——即使在现有的工作职位结构中，那里的重大人才决策的改善也可以得到实现。第一步往往涉及在现有的工作职位结构中，寻找协调一致的行动与互动；将那些包含协调一致的行动-互动者，界定为"关键的工作职位"；将现有工作职位的组合，界定为"关键的人才资源库"。

　　然而，随着组织变得更为复杂，人才学将最终揭示出行动与互动在工作职位结构中被分类的方式,同利用战略机遇所需要的东西之间的深刻差别。正确的反应将是挣脱职位描述的惯性。不论有多么困难,组织有时将不得不把"清扫工"职位,重新界定为"干清扫工作的顾客大使";或者把"工程设计"职位,重新界定为"从事设计工作的全球协调员"。这将意味着在所有影响这些工作职位的系统内的艰难变革;这也将意味着教会组织以迥异的方式,思考以前只被视为是清扫工或设计师的员工们的贡献。其实,这类变革来之不易这一事实,往往正是它们如此独特和值得保护的原因!

文化与能量

人力资本桥梁框架的下一个部分,是文化与能量连接要素。它把关键的行动与互动,转化为使它们成为可能所需要的个人的和集体的文化与能量。这里的关键仍然是,要抓住一个层面上的支点,并把它们转化为下一个层面上的支点。如图6-4所示,这一连接要素描述的是,哪些集体的和个体的特征员工必须具备。

发展了几十年的行为科学表明,行动的能量(capacity)取决于三个基本要素。它们有各种称谓,但我们将使用COM来代表能力(capability)、机遇(opportunity)和动机(motivation)。能力问的是:"有人有能力(ability)吗?"机遇问的是:"有人得到机会(chance)了吗?"动机问的是:"有人有期望(desire)吗?"COM要素的任何一个或全部都可以带来协调一致的行动的高产出。但是,高产的COM要素并不总是相同的;对于全部三个要素的改善也并不总是重要的。同样地,如果要素中的任何一个成为零,那么,其他两个要素的程度并不影响整体的能量。因此,所面临的挑战是,创造一种使这些COM要素处于平衡的和高水平的状态之中的环境。

图 6-4

人力资本桥梁框架：文化与能量

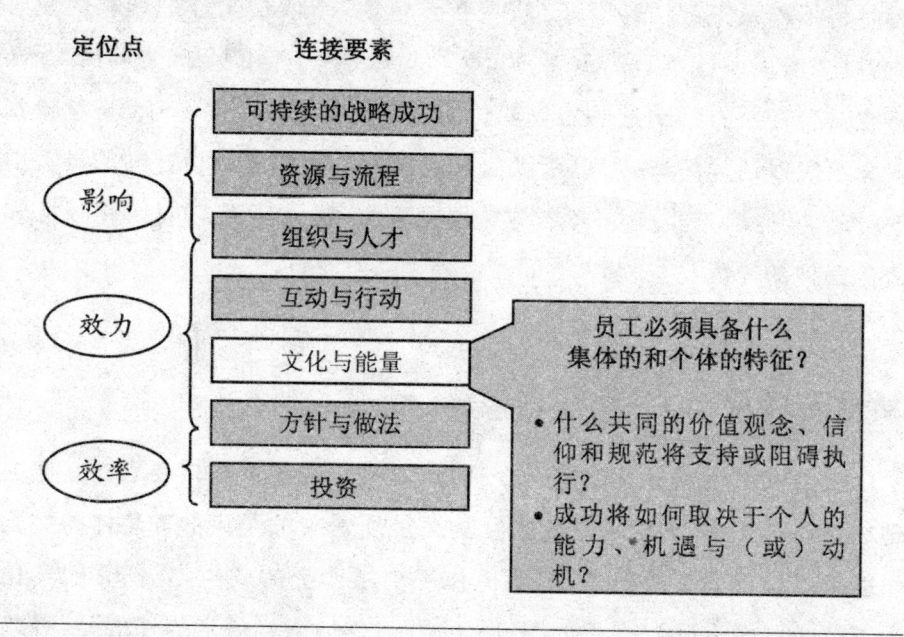

定位点	连接要素
影响	可持续的战略成功 / 资源与流程 / 组织与人才
效力	互动与行动 / 文化与能量
效率	方针与做法 / 投资

文化与能量：
- 员工必须具备什么集体的和个体的特征？
- 什么共同的价值观念、信仰和规范将支持或阻碍执行？
- 成功将如何取决于个人的能力、机遇与（或）动机？

能力、机遇和动机是个人因素。在组织或团体的层面，与之平行的概念就是文化。文化（culture）有很多含义，而且往往与团体、团队、组织乃至民族国家相关联。沙因（Schein）在指出文化是"运行在组织中的最为强大而稳定的力量之一"的同时，把文化描述为："被认为是理所当然的、共享的、默契的感知、思维和反应方式。"⁵ 在这里，我们使用文化（culture）这个词，来指代为一个团体所共享的价值、信仰和规范模式——新成员会将其作为该团体认同和适应的公认方式来学习。文化会随着时间的推移而演进，并显露于当不止一个人彼此互动时。因此，在人力资本桥梁框架中，文化是个人的能量的组织对应物。

应用于波音公司的文化与能量

就我们前面所描述过的、在工程师和设计师支点上发生的重大变化来说,波音公司所面临的COM和文化挑战是什么?波音公司面临的挑战,是培养世界一流的专业技术人员——作为工程师或设计师,他们达到了极高水准;他们能建立和培育攸关波音公司的生产力和创新之成败的新兴全球关系。

在波音公司,飞机设计很重要,但对于波音公司的工程师来说,更关键的能力是不一样的。如果波音公司能够成功地培养出与阵容扩大了的一群外部合作伙伴合作的独特能力,这将是一种强大的竞争优势。对波音公司来说,在打造为管理一个阵容扩大了的合作伙伴群体所必需的COM方面的成功同样重要,也许比搞飞机工程的COM更为关键。

就文化而论,在与合作伙伴保持一定距离的前提下,通过几十年在企业内部自行建造飞机的经历,波音公司的价值、规范和假设都得到了磨炼。新的文化支点则不同。波音公司必须对广泛的文化概念考虑得更为深入和精确。简单地创造一种全球化文化或无边界(boundaryless)文化是不够的。重要的是,波音公司要制订包括如下内容在内的非常具体的规范和价值观,并督促其领导者们对之负起责任:倾听并鼓励合作伙伴提供他们最好的想法,然后以一种尊重的态度,有效而迅速地对这些想法加以利用。

对波音公司的工程师和设计师,必须在如下几个方面加以量度:能力——如特定国际合作伙伴的准则或规范的知识;机遇——如作为合作伙伴公司的员工工作的机会;以及动机——如对个人工程成就的激情,以及成为把来自公司边界内外部的不同团队团结在一起的"隐形黏合剂"(invisible glue)的激情。

超越了波音公司组织边界的文化与能量

前面我们强调过,人才资源往往存在于组织以外的人们的潜在价值之中。波音公司最关键的人才资源库之一完全存在于其组织边界之外。一个很好的例子,是三菱公司(Mitsubishi)在日本聘用的一名工程师。从《洛杉矶时报》(*Los Angeles Times*)中,我们了解到:

> 永濑丰广(Toyohiro Nagase)(译者按:永濑的汉译也可能是"长濑",丰广也可能是"丰宽"、"丰弘"之类。与该工程师本人多方联系未果,暂无法确证)已经悄悄地率领着一支由100多个三菱工程师组成的优势-弱势分析技术团队,在波音公司位于华盛顿州埃弗里特市的著名设计中心,为787的机翼设计蓝图。他最早与波音公司开展合作,是在20世纪70年代末的767项目上。当时,三菱公司获得了一份制造一小部分机身的合同。十年之后,他被任命为在美国花了一年时间向波音工程师学习如何制造部分777机身的一个小组的领导者。"对我来说,与波音公司合作并不陌生。"在西雅图的波音公司里已度过了约1/4职业生涯的52岁的永濑说,"我们担负的责任一直在加大。这是他们第一次要求我们做机翼盒。"[6]

当然,永濑一定是一个好工程师。但他更关键的作用,将是用他对波音公司的了解,来营造波音公司和三菱分析团队之间富有成果和效率的工作关系。已在波音度过了1/4职业生涯的他拥有恰好能提供这种"社会黏合剂"(social glue)的独特能力和动机。由于787项目,他被赋予了机遇。

不妨思考一下波音公司的领导者们能以多大的更为精确的程度,以"软"的人力资本要素为基础——通过以这种程度的精确性对它们进行分析——来规划公司的未来。虽然永濑的故事鼓舞人心,但在许多的组织中,这样的故事只不过是孤立的例子,并没有诠释它们或对它们进行可靠的复制的共同语言或框架。这就像有着关于伟大的投资或伟大的市场营销运动的故事,却没有投资组合理论或客户细分理论把它们联系在一起,并将要考虑的重要因素予以隔离。通过了解 COM 和文化如何支持对于战略资源与流程极为关键的协调一致的行动与互动,这样的故事已经成为帮助领导者们把人才决策框架纳入其心智模式的教学工具。

整合和平衡COM与文化

能力、机遇、动机和文化必须携手合作并处于平衡状态。如果它们其中一个成为零的话,则人力能量将降为零。由于缺乏一个系统性的决策框架,许多业务领导者养成了只把这些要素的其中之一,作为修正他们在行动与互动中看到的问题的方式的思维习惯。通常情况下,他们会利用能力培养(如培训)或动机激发(如更多的金钱奖励),而排除文化和机遇。然而,当领导者们拥有一个能够了解机遇和文化在哪里关键的框架时,它们可以是很强大的。

可以从人力资本桥梁框架中学到的其他经验教训是,使文化与能量同支持战略支点的行动与互动保持协调一致。很多时候,组织都坚称对诸如"终身学习"、"倾力投入的协调一致(engaged alignment)"、"基于绩效的动机"等 COM 要素或诸如"创新"、"速度"或"以客户为中心"等文化要素的普遍信仰。正如我们所看到的,这些都是有价值的,但是并非在所有的角色里,都以同样的方式体现。例如,像有限品牌服装公司(Limited Brands)、诺德斯特龙时装连锁店和沃尔玛百货超市等零售组织,都重视与顾客相关的信息。然而,店面里的店员应该搜集的识见同销售组织里的市场研究人员搜集的识见大不一样。商店店员并不需要具备能判断出明年哪种时装样式将流行或什么颜色将时髦的能量,但他们确实需要具有能促使他们对顾客的购物方式小心留意的能量与文化:什么店铺流程似乎能导致他们购买得更多,以及什么看起来导致他们在商店里逗留更长的时间。

了解协调一致的行动与互动的支点会令人对究竟什么样的文化与能量至关重要以及它们在何处能带来最大的影响,得出更为深入的分析。能有效竞争的组织将会发现在能量、文化以及它们的战略支点之间营造独特关系的更多机遇,避免当下更一般性地对待它们的倾向。

人力资本桥梁框架中的胜任力

现今,组织经常围绕着胜任力来安排它们的人才系统。胜任力(competencies)这个词没有公认的单一定义。它被用来指称如下的一切——从广泛的个人特质到具体的技能和一套包括行为以及与它们相关的行为标准在内的明确界定的能力。有时,胜任力是作为非常独特于组织的业务模式或针对某一特定角色的具体要求的因素来发展的;有时,它们又只是宽泛地适用于各种角色的一般性特质或行为。因此,胜任力往往体现或包含了人力资本桥梁框架中的能力、动机和协调一致的行动等要素。

即使当胜任力来源于对人们所从事的任务以及所期望扮演的角色的仔细分析,胜任力系统(competency system)也往往或是反映一般的特性,或是着重于技能和知识,而忽略了机遇、动机和行为。这类系统往往能给组织添加重要的价值,但随着人才决策科学走向成熟,它要求在文化、能量、行动以及互动等连接要素之间进行仔细区分;它也要求在模式之内,上上下下地搜索支点及其逻辑关系。像这样的胜任力模式,往往是有用的组织框架,但不是决策框架。

为使胜任力成为职位要求的更精确的定义,一些组织通过吸纳有关具体的角色责任和挑战的信息,包括一般的和角色特有的技术胜任力,已将胜任力模式扩展为绩效模式。另一项创新,是围绕着应用于整个组织的共同的胜任力定义、平台或架构进行的整合。这些胜任力定义、平台或架构具有使用一个共同的框架并通过角色之间的转换造就未来人才的更大能力。

因此,胜任力模式的范围很广——从一般性的组织框架,到更具职位或角色特定性的绩效模式,不一而足。不论其复杂性如何,如果它们的信息是嵌在像人力资本桥梁这样的一个决策框架——它能把胜任力与具体的战略支点合乎逻辑地连接起来,并能在方针与做法间产生协同作用——之内的,那么,它们就可以更为有用。任何一个框架的应用,最低限度都应基于支点,考虑胜任力的适当权重(weighting)。在一个更为成熟的环境里,考虑到战略的背景,绩效模式本身将反映角色内部的具体支点。

人力资本桥梁框架中的员工投入和协调一致

对于员工是否对战略性的组织目标全身心投入并与其保持协调一致,组织应适度地予以关注。虽然界定协调一致(alignment)与员工投入(engagement)有很多不同的方式,但在大多数情况下,协调一致的定义,是员工对于如下情形的了解程度:他们个人的行为如何有助于更广泛的组织目标的实现;对于这些目标的实现,他们的哪些行动至关重要。在人力资本桥梁框架中,行动与互动描述了协调一致的要素。能量与文化当中的能力要素则包含了个人是否知道和了解他们的哪些行动与互动是关键的、哪些是重要的,以及关键者和重要者之间的区别。

员工投入通常指的是,员工在他们的工作中的满意度有多大或积极性有多高,或者在多大程度上,他们把组织的目标视为他们自己重要的个人目标。这个概念,是人力资本桥梁框架中的动机的一个组成成分。很多时候,对协调一致和员工投入的定义,是基于宽泛的和一般性的战略陈述,如"提供最佳的客户服务"或"引领业界的创新"等。这类陈述是有益的,对于了解员工是否明白组织的一般性使命并积极予以完成十分有用。然而,对于员工了解哪些具体的行动与互动贡献最大,协调一致的这一定义几乎提供不了任何的指导。

对于波音公司的工程师来说,要实现使787成功投放市场的广泛的战略目标,无论是传统的设计还是全球协作都是重要的。对两方面的投入也都有其价值。但是,正如我们已经看到的,为了让工程师们能够恰当地投入到合适的协调一致的行动与互动中去,对这些行动的相对价值的更深入了解是必要的。

威廉斯-索诺玛公司:将互动与行动同能量与文化整合起来

早在1999年,当我们与约翰·布朗森——那时的威廉斯-索诺玛公司人力资源管理高级副总裁——一起致力于该公司新的互联网战略的人才意义与影响时,由对行动-互动以及能量-文化的深入分析所揭示出来的机遇就已被阐明了。[7] 那时的互联网正在蓬勃发展,几乎每一家公司都试图找到一种把自己置于网络之中的方式。已经以其富于见地的推销,以及对于家居及厨房用品零售顾客的深刻了解而著称的、总部位于旧金山的威廉斯-索诺玛公司除了它的实体店和目录店之外,也正在考虑一种互联网渠道。

像许多其他的公司一样,威廉斯-索诺玛也是在劳动力市场上,对最好的程序员和网页设计师进行争取。这是一个并不容易在其中竞争

第 6 章 绩效与潜力中的效力

的热点市场。此外,威廉斯-索诺玛无法提供作为诸如思科(Cisco)和太阳微系统(Sun Microsystems)等其他硅谷(Silicon Valley)公司的标志的那种开创性项目;它也无法提供初创公司(start-up companies)的那种具有巨大潜力的股票价格的增长;它还无法提供其他公司可以提供的薪水、企业园区(campus)以及额外补贴。这是因为多地点零售业的利润率无法达到软件和技术公司——它们在其专业技术人员身上,从礼宾服务到现场汽车美容(automobile detailing),事事慷慨大方——的利润率水平。

不消说,强调在招聘和人才搜罗方面更努力工作的人力资源投资的传统做法不是问题的答案。伴随着其市场地位方面的一些确定的不利条件,和大家一样,该公司将只是在追逐同一组网络专业技术人员而已。人才学流程鼓励布朗森和他的同事们考虑威廉斯-索诺玛的战略支点,围绕着这些支点使他们的人才与组织协调一致,超越简单的职位描述去思考,并确定对于投资的意义与影响。

威廉斯-索诺玛在零售市场的地位是令人羡慕的。当时的目录店分部(catalog group)的执行副总裁、现在的首席营销官帕特里克·康诺利(Patrick Connolly)告诉《信息周刊》(*Information Week*)说:"在我们的顾客购买历史数据库里,我们有1,900万个名字;而我们75%的顾客都说,他们使用互联网。我们不须花费我们收入的40%或60%,去创建一个品牌并给我们的网站带来流量。"[8] 是什么创造了这样一个强大而忠诚的潜在互联网顾客群呢?是威廉斯-索诺玛对细节的传统关注,是其在产品设计和推销(merchandising)上的创新(例如,满世界搜寻最好的厨用刀具),是其通过把顾客们的注意力引向新的创新和发现的方式对他们加以引导的承诺,是其围绕着贯穿其实体店和目录店的某一个形象、外观以及感觉所建立的基本核心价值。

就威廉斯-索诺玛网络设计师和程序员工作职位内部的协调一致

的行动与互动而言,很显然,该公司实际上所需要的,是能与过去曾使得实体店和目录店的面貌如此成功的熟练设计师和广告文案撰稿人有效合作的专业技术人员。精通打造把该公司的独特形象在其目录上予以突出的印刷样式、图片和文字的艺术的设计师和广告文案撰稿人们现在将要确保其网页突出同样的品牌形象。至于内部的组织,许多在目录店和实体店区域工作的具有创意的人员告诉我们,他们有兴趣向网上移动。他们把它视为扩展其能力的一种迷人的方式。

就组织外部的专业技术人员市场而言,我们对威廉斯-索诺玛技术工人的访谈透露了一些决定性的信息。按照通常的假定,这些个体的积极性主要靠金钱以及改善其技术性技能的机遇来调动。然而,在威廉斯-索诺玛的专业技术人员当中,他们加入并留在该组织的原因远远超出了金钱和技术性技能。他们说出了像这样的想法:"我可以在任何地方制作网页,但这是学习有关推销或零售逻辑的最好的地方之一。"威廉斯-索诺玛赖以得到公认的素质——形象、产品和先进的零售技巧——对于技术人员群体(technical population)中的某一小团体(subgroup)而言,有着显著而独特的吸引力。一位技术人员说:"要是我为思科公司干,我做的会是我真正感兴趣的技术工作,但它会全部被嵌入到运行路由器的程序中去。在这里,我的工作可以显现在我父母使用的网页上。而当我看到一个人在商场里提着那种绿色的袋子时,我感到很美妙——我知道我与他们的购买有点儿关系。"9

通过确定其基于产品权威(product authority)、推销、设计以及一个引人注目的"观感"(look and feel)的独特的战略支点,威廉斯-索诺玛认识到,对于其网络专业技术人员来说,人才支点是在他们同高级图像(high-level imagery)及与零售、推销和设计的核心流程的协调相关的行动与互动之中。这不但有助于该公司更好地以符合要求的专业技术人员群体为目标,而且也在劳动力市场上赋予了该组织一个独特的地

第6章 绩效与潜力中的效力

位——作为网络技术人员可以在零售、推销和设计方面发展技能的为数不多的地方之一。威廉斯-索诺玛诚然需要有技术性技能的网络专业人员，但标准的技术性技能之外的主要支点，是创建一个在文化和战略上与公司的品牌结合在一起的网络渠道的能力、机遇和动机。

当组织与主要的战略支点保持协调一致时，许多角色的行动与互动就聚集到了一起。不仅网络专业技术人员能更好地与组织的价值主张相匹配，而且其他的角色也与他们相辅相成。威廉斯-索诺玛的商业家和设计师们现在拥有了可以和他们一道工作以扩大和完善其品牌视野的网络专业人员。目录店和实体店渠道的领导者们也可以与那些对威廉斯-索诺玛一贯的观感的重要性也有激情和认识的网络专业技术人员合作。一个1999年的切实例子，是这样的一桩事实：网站上的文本被设置为图形，而不是像大多数网站的典型做法那样，设置为基于字体的文字。为什么该设计将文本按图形元素来对待呢？因为，这是保证该文本在几乎每一个电脑屏幕上出现时，都恰好是相同的样子的唯一办法。从而保证每一个网络顾客，都将拥有同样的视觉体验。

结论

在本章中，我们一直着眼于效力的两个组成成分：行动-互动和文化-能量。我们已经看到了人才学和人力资本桥梁框架如何揭示了深藏于传统的职位描述背后的识见，以更精确地确定那些能产生影响的员工行为，以及使这些行为成为可能的必要的个人和集体特征。这类深入的分析，是避免被传统的职位描述所束缚，避免将倾斜度平缓的工作行为同倾斜度陡峭的工作行为相混淆，或避免对过去曾经成功过的人的能量或文化的仅仅一种要素过度依赖的关键。

这种深刻的认识显然改善了将使这一切发生的程序与方针决策。

在瞬息万变、大批量定制（mass-customized）的就业环境里，这尤为重要。这一两难困境已经被曾经强调过使就业协议（employment deal）适应于越来越具体的工作行为和小就业群体（subpopulation）的必要性的研究人员们意识到了。丹尼丝·鲁索（Denise Rousseau）新造了一个术语 i-协议（*i-deals*）[译者按：此术语作为英文 idiosyncratic deals 的缩写形式，既与英文词 ideals（理想）构成双关，又以字母 i（我）暗示了协议中员工的主动和自愿参与成分]，来描述针对那些对公司最具战略价值的员工的个性化或特异性（idiosyncratic）就业安排。[10]本章已经展示了如何确定描述这一战略价值的协调一致的具体行动与互动。在本书第7章里，我们将开始讨论这样一个问题：如何构建既具体又兼具战略相关性的能达成这些协议的做法。

第7章 方针与做法中的效力

——构建人才程序的战略组合

仔细观察一下，你的人力资源组织将时间用在哪里，如何报告它的成果及其战略、贡献和计划方面的指导框架。很可能你会发现，它们都是围绕着程序与做法加以组织的。在一个又一个组织里，我们注意到，人力资源职能内外部的领导者们都倾向于程序与做法。这几乎已是一种变态的偏爱（fixation）。关于人力资源战略的讨论往往始于诸如此类的问题：既然劳动力人口正在趋于老化，那么，我们将使用什么程序来保留我们的工作人员，或在他们退休之前获取其知识？既然我们需要在技术上不断更新，那么，要利用那些大学里来的聪明的年轻人来改进我们的品牌，我们将实施什么程序？既然我们没有足够的后备实力，那么，你能建立什么样的继任规划程序？

很耳熟吧？我们发现，当组织开始采纳人才学时，最大的障碍之一是，它们的领导者们会迫不及待地希望人力资源管理部门来解释，将应该做些什么。由于缺乏一门决策科学，在客户服务提供的范式上，对于避免有关影响和效力的艰难讨论而直接投入到程序的设计上来，人力资源领导者们往往都表现得太过热切（甚至有如释重负之感）。正如我们已经看到了的，对人才进行争取并利用人才来竞争将越来越有赖于组织在转向设计人力资源程序与做法这一更为熟悉的任务之前,接受这些艰难的讨论。必要的演变(essential evolution)意味着承认方针、做法和服务的重要性,但要求对着重点进行扩展,从而把决策的质量包括进来。

然而,就像会计、广告和销售等方针范围的突出所证明的,方针与做法是一门成熟的决策科学的必不可少的重要要素。在本章中,我们将讨论人力资本桥梁框架的这一要素,并把方针与流程同人才学决策科学联系在一起。人力资本桥梁框架的方针与做法要素反映了旨在创造和支持文化与能量的程序。这包括人力资源职能内外部的方针与做法。如图 7-1 所示。

对于组织及其人力资源职能来说,方针与做法是熟悉的领域。所

图 7-1

人力资本桥梁框架:方针与做法

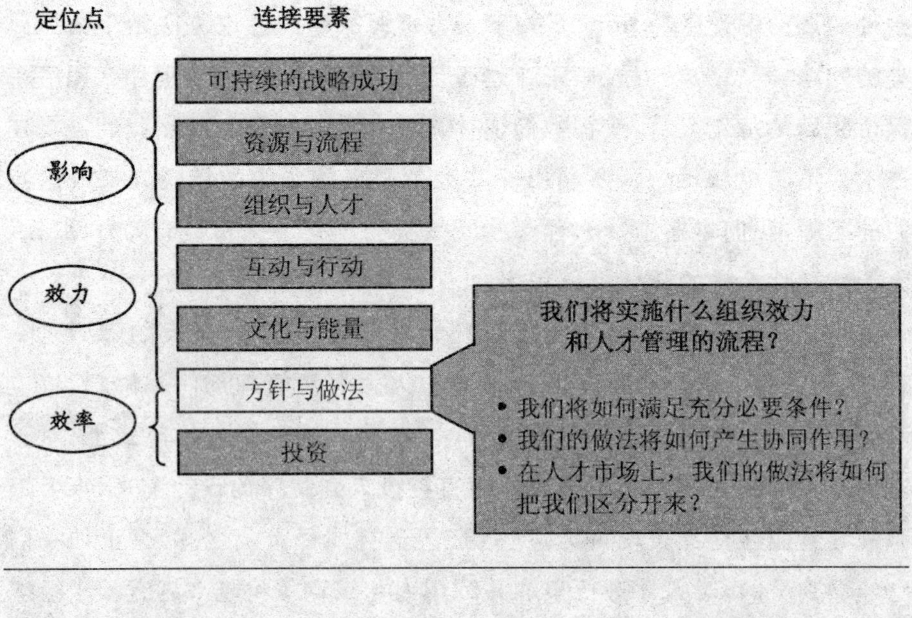

定位点	连接要素
影响	可持续的战略成功
	资源与流程
	组织与人才
效力	互动与行动
	文化与能量
效率	方针与做法
	投资

我们将实施什么组织效力和人才管理的流程?
- 我们将如何满足充分必要条件?
- 我们的做法将如何产生协同作用?
- 在人才市场上,我们的做法将如何把我们区分开来?

第7章 方针与做法中的效力

以,我们不会试图详细地涉及人力资源方针与做法的技术性交付。有很多专业的教科书和协会致力于这样的重要工作:改进同人才与组织相关的做法与方针的质量和交付。相反,我们将用本章来描述那些往往被忽视了的方针与做法的决策因素——人才学表明,这正是组织能从其他决策科学学到很多东西的所在。对于帮助组织朝着一条更基于决策的途径改变其人力资源职能的专业活动方向,我们这里所处理的问题业已证明是有用的。我们将着眼于图7-1所示的三个问题。

充分必要条件

我们从业务领导者们那里所遭遇的最常见的挫折之一,是人才决策往往都被呈现为这样的相关选择:是否和如何实施一种或多种人力资源做法或技术。举例而言,人力资源战略有时就是一系列技术,诸如招聘广告、互联网技术培训,或与如下活动相关的一种新的方法:对绩效进行评估或设置绩优薪金水平(merit-pay level)。这些可能都是好的程序,且往往各具其独特价值。但即使在人力资源管理和战略之间的联系已得到认可和重视的组织之内,让人仍然意想不到的是,有关程序的讨论还是大多侧重于程序预算(通常是,如何以较低的成本来做程序)以及它将用于哪些程序。而对成功所需的条件,或是对支撑程序或做法将如何取得其成果的原则的专注,则往往又太少。

更为成熟的决策科学对待这一点却有所不同。例如,财务金融职能可能会对搜集会计科目表信息的流程进行自动化处理,但与业务领导者们的讨论通常较少侧重于是否应自动化,而是会更多地侧重于这么做将如何有助于经理人员做出更好的决策。要想达成这一点,可以通过利用自动化来组织财务信息,以便业务领导者们能精确地获得他们所需要的信息,以了解哪些会计要素会影响资产利用率一类的重要结果。

当市场营销职能实施客户关系管理程序时,它通常会将客户关系的原则吸纳进来,以确保新的程序不仅能为领导者们提供数据,同时也能提供一个改善至关重要的客户关系决策的框架。市场营销所侧重的,是为使新的程序运行起来,必须存在的必要条件,以及该程序要想成功,必须获得的充分条件。举例来说,一个新的客户关系数据库的成功不仅有赖于用户理解有效的客户关系的原则,而且有赖于他们负起达成具体的客户成果的责任。

程序和使其成功的要求两者之间的区别恰好被一个适用于人力资源管理的、叫做"充分必要条件"(necessary and sufficient conditions)的数学概念所记录。[1] 一套充分必要(充要)条件包含了一种结果的必要的要求,以及所有满足这一结果的充分条件。一个简单的例子来自于平面几何,是得到正方形的充要条件:你需要知道它有四条边,每一条都是等长的直线;它们在端点之处相连,且连接的其中一个角是直角。没有一个正方形以外的几何图形满足所有这些条件;而要确定你拥有一个正方形,你必须知道所有这些条件。请注意,你并不需要知道其他三个角都是90度,因为这一条件已被其他的条件所满足。

这种概念在工程学中也相当普遍。让一个物体飞起来的必要条件只有一个——净升力(无论出自于任何来源)必须超过重量。有许多不同的方式可以令这一充要条件被创造出来:就飞艇来说,升力来自于比空气轻且利用重力作为提升力的气体;鸟类使用扑打着的翅膀;飞机使用由机翼翼面上方和下方气流之间的速度差所产生的气压差。这里的关键是,你可以不依赖于用以创造条件的技术来界定充要条件。

我们发现,当组织开始根据成功的充要条件来构想它们有关人才的程序与做法的对话时,相比于当对话主要与技术相关时的情形,它们能发现更合乎逻辑、更富于生产力和更系统化的方法。例如,当考虑对员工配备的投资时,经常发生的是,组织会根据一种或另一种技术是否值得投资来对讨论进行表达。例子包括是否购买一种能更有效地预测工作绩效的选拔测试,或开辟一种可能提供更多求职者的招聘来源。

然而,缺乏关于充要条件的一种共同理念,就很少会有决策赖以做出的依据。更大的测试效度(test validity)有多大价值?这是更大的效度带来影响的一种情境吗?增加了的效度弥补得了将不会忍受测试的求职者数量上可能的减少吗?更好的求职者可能不接受我们的工作邀请,这种情形有可能发生吗?在关于技术是否更有效或招聘来源是否挖掘到了更好的求职者的辩论中,这类问题往往迷失了。其逻辑常常有点像:"我们没有获得足够的高素质员工,所以我们得做些什么。从拥有更多高素质求职者的来源中进行招聘,听起来像是一件好事。所以,让我们这么做吧。"然而,相当有可能的是,问题并不在于拥有足够的胜任的求职者,而在于让那些你确实拥有的胜任的求职者接受你的工作邀请!这就好像在你知道订购成本是否太高之前,辩论是否实施一项用以减少订购更多的原材料库存的成本的程序。很可能是,你恰好持有了太多的库存或没有恰当地定价。

应用于人才获取的充要条件

人才的获取提供了这一区别及其改善决策的力量的一个佳例。通过任何重要资源的供应链的比喻来考察人才的获取流程,我们发现非常有用。人才获取的目标,是要拥有适当数量和质量的员工。各种各样的人员配备技术可以增加预测的效度、求职者的数量,以及被接受的工作邀请的百分比。这些事项中的每一样都可能是有帮助的,但它们并不总是有帮助的,且它们有帮助的程度也不尽相同。例如,如果你不能得到接受你的工作邀请的胜任的求职者,那么,开发拥有更优质求职者的招聘来源也不会给你带来太多帮助。这是决策科学的最优化原则再次适用的一个例子。

超越人力资源管理

图7-2将人员配备流程描述为人才通过它们流动的一系列阶段。它们最终界定了必须满足的条件。就像一个过滤器，每一个阶段都剔除了初始群体的一个附加的子群体（subset）。在该图表中，顶上一行的"人才流动"显示了过滤流程的结果：始于潜在的劳力资源库，通过招聘、选拔被筛减至接到了工作邀请的一组人；然后，再经进一步筛选，一些人接受了工作邀请并最后属于该组织。下面一行的"人员配备流程"显示了完成过滤的活动。

图7-2

作为供应链的人员配备

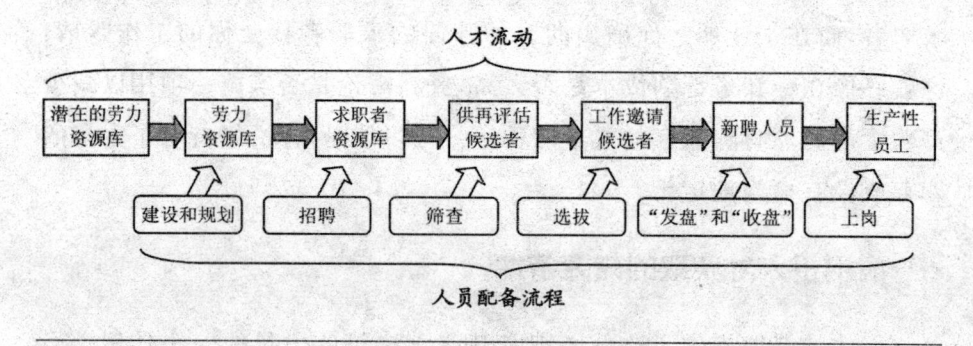

人才流动

潜在的劳力资源库 → 劳力资源库 → 求职者资源库 → 供再评估候选者 → 工作邀请候选者 → 新聘人员 → 生产性员工

建设和规划　招聘　筛查　选拔　"发盘"和"收盘"　上岗

人员配备流程

请注意这一图表与标准的供应链图表——显示了一种关键的原料必须赖以移动的阶段（如提取、运输、储存等）——何其相似。人员配备供应链的充要条件，是每一个阶段中最优人才的质量和数量。通过人力资源流程或六西格玛（Six Sigma）分析，人力资源组织往往能开发出像这样的图表，被称为"人员配备流程图"（staffing process maps）。通常，这些分析仅用于降低每一个流程阶段的成本或速度。这是一个错失了的机遇，因为这些完全一样的图可以以其非常重要的识见，帮助分析一个流程的充要条件。为了说明这一点,让我们考察一下人员配备流程的每一个阶段。

建设和规划。建设和规划作为第一个流程,影响着有可能潜在地成为合格的职位候选者的个体的数量和质量。它包括预测劳动力趋势和人才需求,以及为增大具有满足未来人才需要资格的群体而进行的直接干预。例如,作为一家企业合伙经营(corporate partnership)组织,"美国商业协作"(American Business Collaboration)专门打造中学科技营,为美国与海外十个城市的营地里的 500 个孩子提供服务。该项目由 IBM 公司、得州仪器公司(Texas Instruments)和埃克森美孚公司(Exxon Mobil)资助。波音公司正在探索对一个受人欢迎的夏季科学营——位于加州亨廷顿海滩市(Huntington Beach)附近,向 1~12 年级学生开放——进行扩建的可能性。AT&T(美国电话电报公司)资助了底特律市和芝加哥市的三个科学和数学营。英特尔公司则赞助了科罗拉多州(Colorado)和俄勒冈州(Oregon)的三个科学营。正如《华尔街日报》所报道的,对于科技营营员的全年性辅导加深了对所学课程的理解:"IBM 公司软件工程师贾内尔·巴菲尔德(Janel Barfield)留着有粉红色条纹的头发、穿有体环(piercings),与得克萨斯州奥斯汀市(Austin)的这家中学食堂的风格很相称。她去年到访此处,是为了看望她辅导过的技术营营员。当这名女孩诉说一个亲戚曾对她想成为一名宇航员的梦想加以嘲笑时,巴菲尔德女士说:'姑娘,他不知道他在说什么……你会成为一名了不起的宇航员。'"[2] 不能保证这些科技营里的每一个学生都将会向这些赞助组织的其中之一求职。在人才补给线的这一阶段,目标是增加那些可能会这么做的人的群体。

招聘。作为第二个流程,招聘是要使得劳力资源库中的个体,向组织提出求职申请。它包括招聘广告、招聘会、网上工作职位发布,并越来越多地围绕着不那么直接的活动展开,例如,能塑造对职位候选者来说具有吸引力的形象的公司的产品或服务广告。招聘争取的应是最优的数量和质量,而不是最多的求职者人数或最高的学历资格。[3] 最有效的求职者资源库可能规模较小(如果他们接受工作邀请的比例高),甚至可能不如其他的更具备资格(如果组织可以在他们被聘用之后予以培训)。例如,网上招聘最大的挑战之一是,能带来大量求职者的网上广告可能需要付出高得多的简历筛查成本。[4] 关键是要基于组织自身的独特要求并结合它的其他程序,以其使用较高数量人才的能力为标准,对这个较高数量进行优化。

筛查。筛查流程决定哪些求职者应被立即拒绝或聘用。通常,筛查被看做是将不合格者淘汰掉的过程。但是,当劳力供应短缺时,筛查能识别可以绕过选拔流程而得到直接的工作邀请的高质量职位候选者。因此,在快速聘用和低成本的好处,同通过过低的标准而做出低劣聘用决策或因过高的标准而与"璞玉浑金"(diamonds in the rough)失之交臂的长期成本之间,最优筛查必须进行权衡。这些都是微妙而重要的考虑因素。然而,对筛查活动的量度往往只就成本和时间而论,或根据在最初的筛查中幸存下来的职位候选者的数量。一个有意思的变化方式,是用临时性工作进行筛查。在正面临着专业人员的日益严重短缺的印度,打临时工成为筛查求职者的一种手段,并实际上成了一种"快行道"(fast-track)学徒计划。[5]

选拔。作为下一个流程,选拔需要确定的是,哪些预先筛查过的求职者将获得工作邀请。加强效度或是加强选拔技术和绩效之间的关系总是值得的吗?当选拔是在人才获取补给线的背景下加以考察时,只有当存

第7章 方针与做法中的效力

在着足够多的求职者,且求职者资源库质量上的差异大到足以使找到好的求职者变得很重要时,"高效度"(high validity)才是一个必要条件。例如,考虑一下当一个组织招聘来自地区性校园的大学毕业生时的情形:这些校园的质量或适配度差异很大,但求职者有着很强的地方关系并有可能接受该地区的一个就业邀请。在发现明星方面,一项高效的管理技能测试可能很重要;另一方面,当在一个顶级业务程序中进行招聘时,从这样一种测试中又几乎领悟不到什么。不过,增加接受率可能非常关键。

"发盘"和"收盘"。"发盘"和"收盘"这一流程界定并发出工作邀请。其侧重点往往只在于较高比例的工作邀请是否被接受(即收益率)。这里所描述的补给线方法表明,一种更完整的视角也将会考察:最高质量的求职者是否接受或拒绝工作邀请;以及,组织是否因为人才严重短缺,而被迫向勉强够格的职位候选者发出工作邀请。在最后的工作邀请被呈递之前很久,"发盘"和"收盘"流程往往就已开始了。当为种族和族群多样性而努力时,进行如下的考察饶有趣味:在对公司现场进行参观期间,职位候选者所接触到的有关组织多样性的信号是否可能影响到他们后来接受就业邀请的意愿。[6]

上岗。最后一个流程上岗,是将新聘人员安顿在他们的职务位置上并予以保留。对上岗阶段的评估往往是要看它是否清除了上岗障碍——例如,一个新聘人员没有他或她从事本职工作所需要的全部装备;或者,新聘人员是否收到了薪金和福利方针一类的必要信息。按照补给线框架的揭示,充要条件应该反映员工保留率和生产力:员工必须在任多久,才能证明使他们加盟的投资是值得的?通过减少早期对补给线的一些投资,并在这一后期阶段以培训或激励对它们加以补偿,我们可以达致最优化吗?

发展的充要条件

当考虑个体能量领域的结果时,最优化和充要条件的原则也同样适用。例如,不妨考虑一下,有关发展的决策常常是如何被处理的。这类决策对于学习或培训技术的着重是很常见的。事实上,很多培训方面的教科书将培训过程划分为"进行需求分析"、"贯彻学习经验"和"对结果进行评估"。这是一种有用的方法,可对在这种或那种发展程序上投资的决策进行安排。

不过,通过纳入必须建立在学习者身上的充要条件,这一方法可以得到改进。一个这样的框架是由人事决策国际公司的戴维·彼得森(David Peterson)和玛丽·迪伊·希克斯(Mary Dee Hicks)创建的。[7]如表7-1所示,他们的框架把这些特征划分为五种条件。

表7-1 个体发展的充分必要条件

发展条件(学习者身上)	学习者必须……
识见	知道他们需要发展什么
动机	愿意投入发展他们自己所需的时间和精力
新知识	知道如何获取所需的新的能力
现实世界的实践	接受和利用在工作中尝试新技能的机遇
责任的担当(accountability)	内在化他们的新能力,以改善绩效和成果

资料来源:玛丽·迪伊·希克斯和戴维·彼得森:"发展补给线"("The Development Pipeline"),《知识管理评论》(*Knowledge Management Review*),1999年7~8月号。

考虑一下在这两种不同的方法之下,关于学习的逻辑和决策出现得有多么不同。在一个传统模式中,如果学习成果未能兑现,关注的重心常常是人力资源管理职能是否未能做彻底的需求分析,提供了差劲的学习体验,或是没有正确地对结果进行评估。相比之下,使用表7-1里的决策框架,一个组织可以针对业务单位在每一项学习要素上的绩效,来对其进行量度和比较,然后确定在这五个必要条件的每一个上,哪些单位高或低。不妨假设某些学习成果并没有出现于一个特定的单位内,却在其他的单位里得以取得;不妨进一步假设,在没有取得成果的单位里,员工有着同等程度的思想准备(识见和动机),但报告了能将所学用在工作中的较少机遇和奖励(真实世界的实践和责任的担当)。

对于真实世界的实践和责任的担当的机遇,人力资源组织有一些影响力,但这些通常更受业务单位内部的领导者们的影响。充要条件的方法为如下这样一种更为丰富多彩的对话提供了可能性:首先基于逻辑和科学原则对学习进行考察,然后根据在人力资源职能内外部受到影响的决策和行动形成解决方案。

作为决策基础的充要条件

充要条件不仅仅对于人才获取补给线和发展补给线有用。我们已经发现,在诸如继任规划和报酬等几乎所有的人才与组织流程当中,都有充要条件的踪影。在我们曾共过事的、已经在它们的流程里对充要条件方法予以采用的组织那里,我们从有关关键的方针与做法的对话中,看到了明显的变化——从对新技术(测试、招聘广告等)的排他性关注,到对每一项方针与做法必须满足的条件的更为强调。

当这类条件在每一个人力资源职能区域被加以阐述时,更强的协同作用的机遇就会出现。例如,如果使用了人才补给线的分析发现了善于预测新聘人员未来价值的经理人员,那么,一个组织可以考虑改变其奖励程序,以允许这些经理人员有权对他们认为特别有价值的候选者发出特殊的聘用邀请[例如,一笔异常丰厚的签约金(signing bonus),或者一个超出了这类工作职位通常范围的薪水邀请]。于是,与一种奖励系统相关的充要条件,同与人员配备系统相关的那些充要条件便整合在一起了。

这一方法类似于更为成熟的决策科学。例如,财务金融职能会首先确定一套充要条件和原则,以从资金如现金流和资产管理的角度,对管理得当的业务单位加以界定。财务管理讨论发生于这些框架内部,而责任的担当存在于决策制定能产生最大影响的地方。例如,一个经理人员可能并不喜欢现金流分析的结果,但他或她很少会考虑就不佳的现金流结果,对财务金融部门加以责备。相反,财务金融职能对决策的原则和框架,以及对协助经理人员做出更好的决策负有责任。我们所预见到的一种未来是,对有关人才与组织的程序与做法的决策的探讨会具有相类似的严谨性。

基于协同作用的组合

前面我们指出过,人力的能量有赖于能力、机遇和动机处于一种协同的平衡之中。同样地,方针与做法也有赖于协同作用和平衡。研究表明,人力资源做法的整合性组合常常是创生文化与能量的关键。[8] 这通常被称为"内部适配性"(internal fit)或"内部协调一致性"(internal alignment)。然而令人惊讶的是,我们在那么多情况下都能看到这个原则在组织内被违反。忽视适配性的典型的例子包括,将个人绩效奖励同强调团队合作和协调的组织设计和培训相配搭。个人奖励如果激发了内部竞争的话,就可能阻碍合作。为何既投资于以团队为基础的设计和培训,却又用对个人奖励的过分强调来阻止这些影响呢?当方针与做法在人力资源职能"孤岛"内被开发,而又只是个别地被予以考虑时,跨方针与做法的最优化就很难实现。

着眼于最优化,而不仅仅是最大化

决策框架强调最优化,而不仅仅是最大化。通常,组织都会力争从每个程序上最大限度地分别获取回报。要计算培训、报酬、人员配备和工作-生活平衡(work-life balance)一类程序的投资回报率(ROI),存在着大量的方法。[9]这些方法提供了有用的逻辑,但是它们常常一次只考虑一种程序或做法。成熟的决策框架能够证明,什么时候更多并非(not)更好,即使当涉及的是来自于个体的人力资源做法的投资回报率时。成功的关键往往在于使做法结合起来,以便使总的回报最大化,而不在于仅只最大限度地推动一种程序。投资者通过强调投资组合的协同作用,而不是通过仅仅以一种类型的投资试图实现目标的方式,来取得最大的回报。同样地,组织需要将不同的程序与做法仔细地结合起来,以平衡它们各自的优势和劣势。协同作用很要紧。

这意味着,量度和追踪投资对人才与组织的程序与做法的影响变得更为复杂。一次只报告一种程序的投资回报率通常将会错过重要的协同作用。新兴的研究正在开发能记录构型(configuration)或做法集合的影响的统计学方法。[10]来自这一研究的一个结论是,构建这些集合的逻辑必须更为严谨。这正是为什么一门决策科学是如此重要。我们再一次看到,往往是明确的逻辑而非量度标准的缺乏妨碍了人们做出更好的量度和决策。

改善基准

了解人力资源程序与做法之间的协同作用,以及它们与战略支点的协调一致,对于避免在基准测试上发生的一些最常见的错误必不可少。人力资源做法之所以常常被采用,是因为它们与行业或企业的业务领导者们的做法相类似。[11]我们最喜爱的例子之一,是由几乎所有行业、竞争环境和全球性区域内的组织所做出的这样一种非同寻常的同步决策:实施一种强制性分配的绩效管理系统。它们不仅同时都决定要求给予员工以跨绩效范围对其进行分配的绩效评级,而且甚至还要求领导者们分出下属的等级,以使得10%属于垫底的一类(即需要改进的员工,否则会被处理掉)、70%居中(即令人满意的员工)和20%拔尖(即有很大潜力的高绩效员工)。

不妨想象一下,如果这样一种现象是发生于财务金融学科,如果有这样一大批的各色组织都决定采用基于70%股票、10%债务和20%现金的债务和股本结构,会是什么光景!这样一种普遍的决策的动机,将必定是有关资本市场和组织绩效的开拓性研究和识见。

而在人力资源管理领域里,这么做的理由却并非是每一个组织都已对强制性分配的绩效管理系统如何适配它们的战略目标,做出了深入的战略分析。相反,是它们的业务领导者们读了杰克·韦尔奇的《杰克·韦尔奇自传》这本书。[12]这本书生动地描述了韦尔奇这样的结论:是20-70-10系统帮助了通用电气公司20世纪90年代的转型。然而,正如《屋里最聪明的家伙》(*The Smartest Guys in the Room*)一书所叙述的,常常被漏掉的事实是,在通用电气公司采用该系统的同一时间里,安然公司也在采用。[13]那么,采用这一做法的组织,是在以通用电气还是安然作为基准尺度?

答案在于协同作用。通用电气公司拥有培养其领导者——他们在评估人才方面,不仅技能高超,积极性也高——的数十年历史和经验。该公司拥有基于绩效的奖励、辅导和反馈的悠久历史,并开发了对绩效和价值进行正式的和非正式的沟通交流的深层次组织流程。在引入20-70-10系统之前的许多年里,通用电气公司在组织的所有层面上,都对这些流程倾注了大量的时间和精力。因为这样的一种历史背景,20-70-10系统获得了对其予以补充、使之得以有效的一系列其他人才做

第7章 方针与做法中的效力

法的支持。令许多组织感到遗憾的是，它们是以付出高昂代价的方式——通过在没有这类配套流程的情形下，实施 20-70-10 系统——获得的这一教训，并且发现它确实是弊大于利。

人才学的视角表明，通过仔细分析支点位于何处，以及什么样的具体能量和协调一致的行动与互动是必要的，组织可以利用一套人力资源做法组合的协同性和整合性力量。更重要的是，与其仅仅因为一些组合（如高承诺度的工作做法）已经证明普遍有效而对它们予以采用，组织还可以潜在地开发非常具体的做法，以反映它们自己在其供给品市场以及人才市场上的独特竞争地位。

波音公司：方针与做法的协同作用

在波音公司，我们已经看到过人才学和人力资本桥梁框架如何揭示更精密复杂也更有针对性的人才的方针与做法机遇。协同作用的一个有趣的例子是，波音公司的做法如何达到了超越其传统的边界的地步。[14] 应该还记得三菱公司的设计师永濑。其关键作用，是了解波音并帮助该公司将三菱公司的智力和技术贡献整合进机翼的设计和生产中去。作为三菱公司的一名员工，他花了自己 1/4 的职业生涯驻扎在波音公司的西雅图工厂。因此，在他的个人发展、职业生涯道路和动机方面，波音公司的程序与做法——例如职业生涯规划、培训和发展机遇——产生了一种协同效应。我们常常把人才与组织的方针与做法，视为适用于组织边界内的那些员工。然而，这却是一个三菱公司工程师的协同性职业生涯计划——恰好造就了波音公司所需要的这样一种组织"跨界者"（boundary spanner）——的例子。

这类人才结果往往产生得很偶然。人才学鼓励更系统地确定这种精密复杂的人力资本发展。有多少其他的潜在的永濑们存在于波音公司或其合伙企业的内部？在对他们加以识别并进而打造系统地培养他们的一系列程序与做法方面，波音公司有多么擅长？波音公司从事这一切时，比它的竞争对手们更快更准确吗？对波音公司这些问题以及你的组织的类似问题的回答意味着竞争的成功与失败之间的差别，并将越来越体现为领导者处理人才与组织决策的特征。

竞争优势：人才供给与人才需求相辅相成之处

人才学揭示了整合人才供给与需求的复杂机遇，正如投资组合理论和市场细分分别揭示了整合财务和市场营销资源的供给和需求的复杂机遇一样。经典的供给－需求原则预测：在供应商收取买家愿意支付的款项之处，市场对价格予以确定。当价格上涨时，供给增加（可以目击到随着油价上涨，或是增建炼油产能或是使原有炼油产能开工投产的那种争先恐后情状），反之亦然；当价格下降时，需求增加，反之亦然。供给与需求曲线通常被视为相交于一种价格的两条线。在真正的市场上，供给与需求曲线是粗线条，而非细线条。因此，供给与需求的交叉点可能实际上是一系列价格，从而为组织达成独一无二的交易，提供了余地和空间。

高承诺度的或财务上相关的工作做法是协同作用的答案吗？

某些人力资源做法的组合已经被标示为"高承诺度"（high-commitment）的工作做法。因为，它们强调员工的介入和承诺，而不是非常严格地对绩效予以界定的更为传统的方法。高承诺度的工作做法包括视绩效而定的薪金（通常在小组一级）、审慎的招聘和

第7章 方针与做法中的效力

选拔、旨在支持更多的"高介入度"(high-involvement)工作的培训，以及员工的参与系统(建议系统、高绩效团队、广泛的选拔测试等)。[a]研究已经发现，这类做法的组合能带来更高的整体生产力和作为生产力一个部分的更低的劳动力成本。然而，这将不太可能成为唯一奏效的模式，也可能不会在任何地方都行之有效。关于哪些人力资源做法恰好相辅相成，并没有确切的答案，虽然得出如下的结论似乎是合理的：人力资源做法既可以互相强化，也可以对彼此造成不利；如果它们能够互相强化，更好的结果便很可能会发生。[b]

20世纪80年代的另一个耐人寻味的发现，是人力资源做法的频率和财务绩效之间的相关性。马克·休斯利德(Mark Huselid)、布赖恩·贝克尔(Brian Becker)和其他人的研究表明，当人力资源领导者们被问及他们是否使用了一系列人力资源做法(如有效的选拔测试、基于绩效的薪金、侧重于与工作职位相关的技能的培训、基于团队的工作设计，等等)的其中任何一种时，他们的回答显示了与财务指标(如资产回报率)的相关性。[c]

这促成了咨询产品、市场营销演示以及许多文章都报告说，拥有更强的财务绩效报告的企业会更多地实施某些人力资源做法。在朝着把组织的战略成果明确包括进来的方向重建有关人力资源管理的价值的讨论方面，这类研究已证明极其有价值。然而，业务领导者们往往会因此而错误地得出这样的结论：这些研究成果表明，实施这类做法将会提升他们的财务绩效。这种成果模式并不一定意味着，采用这类做法将实际上增强财务绩效。[d]

作者们还指出，这一研究常常侧重于通用的人力资源做法。这类做法被用于整个组织而非特定的人才资源库——在这些地方，对于具体的业务和组织战略要素来说，协调一致的行动与互动很可能极为关键。这类做法往往被拿来与组织层面的财务或会计结果相比较,而较不经常与本书前面几章已经阐明过的、对于了解独特的战略联系至关重要的中间性流程与资源相比较。毫无疑问,把这些联系建立起来的研究非常有价值。然而,如果业务领导者试图通过与高绩效组织的通用做法保持一致,来实现可持续的战略成功,他们就可能违背迈克尔·波特、杰伊·巴尼(Jay Barney)和其他一些学者的告诫——他们曾一再强调,战略的成功是通过获得资源和产品市场上的具体而独特的差异化地位来实现的。[a]

例如,基于绩效的薪金很可能导致更高的绩效,并最终改善财务绩效——除非它被应用于绩效变化程度低或是无关紧要的、倾斜度平缓的职务位置。许多组织将它们的工作职位的薪金水平设定在由通用的职位描述,以及一大批其他雇主对这些工作职位的支付水平所界定的劳动力市场的第50百分位上。例如,对波音公司而言,打破第50百分位的惯例,付给可以促进全球团队协作的工程师们更多的薪金,可能不无意义——然而,除非波音公司可以找到这些工程师,并且能利用额外的薪金来打造战略上具有更高质量的劳动力。仅仅因为"工程师重要"或因为"我们存在工程技能的短缺"而给付更多的薪金,不是一种足够精密复杂的决策方法。

显示了人力资源做法与财务结果相关或显示了这类做法的某个特定组合提高了生产绩效的研究无可否认地是一个重要突破。然而,证明了程序与做法能带来影响同做出战略决策并不是一回事。这类研究成果尽管本身很重要,却并不能把组织的领导者们从如下的艰辛工作中解脱出来:阐明他们独特的战略支点、配套性的流程与资源;阐明独特的程序与做法如何能带来将会强化这些支点的人才与组织影响。

a. 约翰·保罗·麦克达菲(John Paul MacDuffie):"人力资源捆绑和生产绩

第 7 章 方针与做法中的效力

效"(Human Resource Bundles and Manufacturing Performance),《劳资关系评论》(*Industrial and Labor Relations Review*)第 48 期,第 2 号(1995 年),第 197~221 页。

b. 布赖恩·贝克尔和巴里·格哈特(Barry Gerhart):"人力资源管理对组织绩效的影响:发展及前景"(The Impact of Human Resource Management on Organizational Performance: Progress and Prospects),《管理学会学报》(*Academy of Management Journal*)第 39 期,第 4 号(1996 年),第 779~801 页。

c. 布赖恩·贝克尔和马克·休斯利德:"高性能工作系统与企业绩效:研究和管理影响的综合"(High-Performance Work Systems and Firm Performance: A Synthesis of Research and Managerial Implications)《人事和人力资源管理研究》(*Research in Personnel and Human Resources Management*)第 16 期(1998 年),第 53~101 页。

d. 帕特里克·赖特(Patrick Wright)等:"人力资源做法与公司绩效间的关系:考察因果规律"(The Relationship Between HR Practices and Firm Performance: Examining Causal Order)《人事心理学》(*Personnel Psychology*)第 58 期(2005 年),第 409~446 页。

e. 参看,例如,迈克尔·波特:"何谓战略?"(What Is Strategy?)《哈佛商业评论》(*Harvard Business Review*),1996 年 11~12 月号,第 61~78 页;杰伊·巴尼:"整合组织行为和战略制定研究:一种基于资源的分析"(Integrating Organizational Behavior and Strategy Formulation Research: A Resource-Based Analysis),《战略管理进展》(*Advances in Strategic Management*)第 8 期(1992 年),第 39~61 页。

在佛罗里达州,迪士尼公司就曾面对过这样的土地市场。过去几十年来,土地一直被买进卖出,都出于同一个目的——种植柑橘类水果。迪士尼公司当初进入该市场时,靠的是特殊的组织资源。它们可以使佛罗里达州的土地有价值得多——不是作为柑橘园,而是作为度假胜地和主题公园。迪士尼公司对于佛罗里达州的需求曲线之所以高于柑橘种植者们的需求曲线,是因为迪士尼公司可以从土地上创造更多的价值。迪士尼公司明白自己对于土地的需求,因此,它能够按柑橘园或接近柑橘园的价格购买佛罗里达州的土地,并通过把它作为一个主题公园使用来创造价值。

对需求的合乎逻辑的认识揭示了这样的机遇:以通常使竞争对手们

难以复制的方式,影响资源的供给。20世纪60年代,迪士尼公司占有了28,000英亩佛罗里达州的土地,面积约相当于曼哈顿区(Manhattan)大小的两倍。迪士尼公司想要围绕着拟建的公园建立一个缓冲地带,以规避曾很快就将加州阿纳海姆市(Anaheim)的迪士尼乐园包围起来的交通拥堵和新建住宅区。迪士尼公司还认识到,这块土地可能有朝一日会被用于一个以休闲为主的社区。因为迪士尼公司对于这片土地有这样一种明确而独特(起码就20世纪60年代而言)的战略需求,该公司获得了具有独特价值的土地供给安排。1985年,《华尔街日报》这样报道说:

> 1967年,通过一个系列的五个法案,佛罗里达州的立法机关把按常规为县政府保留的权力,赞助性地赋予了迪士尼公司。通过新的尚无人居住的贝湖(Bay Lake)和布埃纳比斯塔湖(Lake Buena Vista)自治市,以及通过专门设立的"里迪溪改良区"(Reedy Creek Improvement District),该公司获得了发行免税债券、建立自己的分区,以及行使警察权和征用权的授权。立法机关还给予了该地区以修建机场乃至通过核裂变发电的特别授权——虽然迄未得到利用。[15]

对于一个柑橘种植者来说,这类土地供应安排价值不大;但是,对于一个公园开发者而言,却必不可少。

波音工程师的独特供需

在波音公司的例子中,人才学揭示了整合人才供给的独特方式。正如我们前面所看到的,在波音公司使其人才与组织资源同全球性协作的战略支点保持协调一致的同时，它显著地重新界定了自己对于工程师的需求。传统的工程角色强调技术工程，但是比起其他的竞争对手们，波音公司更需要工程师们促进与全球合作伙伴的合作关系。

这种识见容许波音公司的程序与做法对其供给产生独特的影响。波音公司可能会去大学鼓励工程学学生修读协作的促进和谈判方面的课程，或者给拥有这些技能的工程学求职者发放奖金。波音公司的选拔系统可能包括相关的面试、评估或测试项目。它们不仅仅探查专门的工程学技能，而且也探查同全球合作伙伴一起工作和为全球合作伙伴工作的能力，以及促进合作和信任的能力。而绩效管理系统可能会发掘出波音公司及其关键性全球合作伙伴的员工的作用。基于工程设计的质量和合作关系的质量，波音公司可能会增加对工程师的奖励和表彰。这些做法将会增加在实施关键性的协调一致的行动与互动方面，那些积极性最高和最有技能的工程师的供给。

波音公司的战略要求它在全球基础上借重供应商——不仅让它们从事传统的零部件装配，也让它们越来越多地担负起某些子系统的设计责任。通过提供更好的奖励和能得到很多这类协作促进机遇的环境，对作为出色的全球协作促进者的工程师们，波音公司有能力更为积极地进行争取。因此，更多的拥有全球协作促进热情的工程师们将开始申请到波音公司来。而波音公司也将能够在对他们进行鉴别方面，比竞争对手们做得更好。

这也适用于波音公司的内部人才市场。波音公司能为其现有的工程师们提供发展这类技能的内部的职业生涯机遇。现在，波音公司将拥有一条独特的职业生涯途径，能培养特别善于协作和促进的工程师。这样的发展机遇将反过来吸引对这一角色满怀热忱的工程师求职者，进而营造一个自我强化的循环。

针对航空航天工程师的传统的选拔、发展、绩效和奖励标准可能并不强调这些因素。波音公司将不会仅仅通过对合作、开明态度、全球心态或协调这一类通用的胜任力进行有广泛基础的投资,来完成必要的人才变革。并非每个波音工程师都处于同等关键的角色之中,有一些将会得到比其他人更大的投资。波音公司把这些它能带来最大影响的投资确定为目标的唯一方式,是培养拥有以深刻性、逻辑性和分析上的严谨性见长的决策框架——它能精确地揭示出支点位于何处以及如何对它们加以优化——的能力。

人才学、协同作用以及在人才战中选择正确的战役

已有的大量著述都是有关人才战的。对于世界是否即将面临总的劳动力短缺虽然可以辩论,但似乎可以确定的是,对于这种或那种特定类型人才的争取将会白热化。讨论往往着眼于宽泛的人才定义,如"领导者"、"工程师"、"推销员"或"客户服务代表"等。界定一个像"成为首选雇主"(employer of choice)这样的目标是很典型的。组织通常通过追踪总的人员流动率、招聘收益率以及求职者意见的方式,来执行这类任务。问题是,用这种方式来界定人才战,除了用被许多其他组织所使用的相同的工具、战术和视角来对相同的人才进行争取外,并没有给组织留下什么选择余地。

人才学会问:"成为每一种人才资源库和行动-互动的首选雇主同等地重要吗?"诚然,通过"我们要成为乐于取悦客户者的首选雇主"或"我们希望吸引并保留创新型人才"或"我们要成为本领域内顶级人才的首选雇主"一类陈述,一些组织对此进行了一定程度的提炼。但即便如此,还是提出了这样的问题:"跨所有人才资源库展开的、对以客户为本的创新型或高绩效人才的争取同等地重

第7章 方针与做法中的效力

要吗？"

正如我们已经看到的，答案很可能是否定的。影响和效力揭示了关键的人才资源库和组织内部的协调一致的行动与互动，以及支持它们所需要的能量与文化。通过利用对人才需求的深刻认识来营造竞争对手们难以复制的独特的人才市场优势的各种方式，人力资本桥梁框架的程序与做法连接要素揭示了影响人才供给的机遇。

组织界定它们的人才战的典型方式就像是简单地以"我们产品的潜在消费者"这样的措辞来界定客户战一样。客户细分确定了对于战略来说至关重要的细分客户群和细分市场，确定了最有可能对组织的独特供给品做出回应的细分客户群。人才市场的未来将会相类似地被予以界定。现在，积聚人才细分技能的组织将能为在这些市场上竞争做更好的准备。人才细分允许组织就一个更为精确的就业的价值主张展开竞争，同客户细分增加了客户的价值主张的精确度几乎一样。

星巴克：在信任的基础上打造人力资源做法

信任（Trust）作为一个术语，经常被组织的领导者们所援引，但却很少被完美地整合成一种真正的战略优势。然而，在星巴克公司（Starbucks），像信任这样的软性因素，却正是人才的需求和供给战略之间的、一种精密复杂的战略性协同作用的基础。

不妨试着在谷歌（Google）上搜索一下"星巴克和人力资源"（Starbucks and human resources）。你将会得到大量相关的故事，赞美这一咖啡、音乐和其他产品的全球供应商如何获得了作为一个美好工作场所的奖励；而在给其全职咖啡师（barista）（在店里供应咖啡的员工）和兼职小时工提供一系列福利待遇和高薪方面,它又是如何独特。[16]如下这一典型的解释已经被记者、学者和咨询顾问们描述了多次:星巴克依赖于来自其一线工作者的出色绩效;它需要为这项工作吸引最好的候选者,需要大量这样的工作者来保持其大规模的增长。因此,星巴克审慎选拔其员工,并为其提供最高的薪金与福利、咖啡与顾客服务方面的大量培训,以及能让员工留下来的奖励。

这一切听起来都很简单。既然如此,为什么不是每一个多地点零售商都能像这样投资于一线的人才呢?答案在于,这一模式之所以对星巴克奏效,恰恰是因为,该公司的业务模式同它处理人才的供给和需求的方式之间存在着协同作用。事实上,要其他竞争对手们简单地去复制星巴克可能不(not)是一个好主意。运用相关的战略分析,人才学能引导我们看清楚,星巴克怎样拥有令这些投资格外恰当的独特的战略支点。这种战略分析远远超越了如下的简单逻辑:一线员工重要,因此,所有的公司都应通过对他们进行投资,来吸引和保留其中的出类拔萃者。

在一个又一个地方,对于潜在的咖啡师人才资源库来说,星巴克一直是最具吸引力的雇主之一。星巴克伙伴资源部(Partner Resources)(译者按:即人力资源部。星巴克将其员工亲切地称为"伙伴",故名)的执行副总裁戴夫·佩斯(Dave Pace)表达了这样的基本价值观:"我们并非因为是一家成功的企业,而善待我们的员工;我们是因为善待我们的员工,而成为一家成功的企业。"在星巴克,这就是文化。

星巴克的战略支点:增长与体验

对于星巴克来说,要理解它对基本的文化价值的承诺为什么如此之重要,两个关键的战略支点必不可少:(1)增长和(2)星巴克体验。关于增长,星巴克的竞争优势部分地取决于其规模。星巴克对其股东的一个核心承诺,是持续的股价上涨,而这既有赖于新店的大量开张也有赖于

第7章 方针与做法中的效力

店内销售额的大规模增长。不妨考虑一下2006年4月份时星巴克的规模:"在全球基础上,我们总的店铺数现已超过1.1万家。按每周七天计算,我们每天大约开张五家新店。所以,这是一台我们必须努力维持和跟上的令人难以置信的增长机器……世界各地参与业务的伙伴超过13万。同样按每周七天计算,我们每天聘请超过200个合作伙伴。"[17]

星巴克还必须提供使顾客成为回头客(通常一个月超过18次)的体验。对于每一个咖啡零售商而言,产品质量都很重要,但对于星巴克来说,一个关键支点是与众不同而又令人神往的店内体验(in-store experience)。日复一日,星巴克不断推出更多更复杂的产品,并把新的产品类型添加到其店内员工必须知晓的一系列内容[例如,音乐、电影、无线保真技术(Wi-Fi),等等]当中去。与此同时,它还要求其店内员工懂得并保持一种能令对方有被敬重和信赖之感的顾客体验。如果顾客点的东西不能令其满意,咖啡师可以决定何时予以重做。他们被要求记住老主顾的名字。此外,他们也得到鼓励,可以把自己的个人风格融入到店内体验的营造中来。

把增长与体验转化为星巴克基于信任的人才战略

要把增长的支点和独特的体验融为一体,有赖于一些配套流程的存在。它们能确保连贯一致的标准横跨分布范围很广的众多咖啡店——这些店里的兼职员工可以决定价值主张的成败利钝。你如何能始终如一地确保高标准?通过将工作职位标准化到不管一个人多么努力尝试,都不可能做得与其他人两样的程度,许多食品零售商做到了这一点。例如,快餐店常常将它们的快餐的图片贴在收银机的按钮上,以帮助英语可能读得不够好的收银员;对经常被点的菜单品类和组合进行编号也简化了点菜叫餐程序。事实上,这样的做法也对顾客产生了一种有趣的影响——他们只消说"麻烦你,我想要一个一号,外加一个大杯的'健怡'

205

(或'轻怡')",店员们就能听明白,他们点的是含有汉堡包、炸薯条和健怡可口可乐(或轻怡百事可乐)的一份组合套餐。正如《纽约时报》(New York Times)如下的报道所描述的,麦当劳(McDonald's)对这一概念的采用已达到了高度的专门化和地理覆盖面:

> 像美国很多青少年一样,17岁的朱利萨·瓦尔加斯(Julissa Vargas)拥有一份最低工资的快餐业工作——不过,她的工作有着不同寻常的地理覆盖面。"你的可乐和橙汁是要中杯的还是大杯的?"瓦尔加斯小姐通过她的头戴式耳机送话器,向一位正在(免下车的)"得来速"(drive-through)通道上点早餐的看不见的女士问道。她并没有忽略小的细节——"你必须问到调味品",一个紧挨着她的电脑终端的标志这样提示着——并祝愿该女士拥有美好的一天。让这12.08美元的交易了不起的是,该顾客并没有恰好等在瓦尔加斯小姐位于加州中部海岸的工作地点外。她是在檀香山的一家麦当劳店的外面。在两分钟的时间内,瓦尔加斯小姐还从密西西比州格尔夫波特市(Gulfport, Miss.)和怀俄明州吉勒特市(Gillette, Wyo.)的"得来速"窗口接受了点餐。[8]

与这个例子相关的,是我们前面曾强调过的理念——从一个角色当中消除变化以减少风险。麦当劳已经从其餐厅里的餐饮服务员角色中,裁掉了免下车(drive-up)点餐的接单业务。根据我们的绩效收益率曲线,这类行动使餐饮服务员成为倾斜度平缓的人才资源库类型,很少有下行风险也很少有上行的绩效潜力。本质上,这谈不上错或对。更确切地说,它是一种应该基于合乎逻辑的战略考虑而做出的选择。

星巴克采取的是不同的方法。咖啡师不但关键,他们每一天都变得更为关键。如果他们犯错的话,他们的绩效收益率曲线的倾斜度就会包

第 7 章 方针与做法中的效力

含一些相当严重的后果。星巴克独特的业务支点要求该公司,不能使这种工作职位的绩效标准化。因此,它必须依靠某种较不那么明确但却可能强大得多的东西——信任和员工授权(employee empowerment)文化。

星巴克面向顾客的价值主张的核心要素是信任。顾客们信赖星巴克能提供高品质产品,以及横跨一大批咖啡店和产品的高质量体验。人才学揭示出,这一针对顾客的价值主张提供了一条实现星巴克的关键性战略支点的途径:伴随着爆炸性增长的高服务标准。由星巴克董事长霍华德·舒尔茨(Howard Schultz)向戴夫·佩斯提出的挑战是:在保持小规模的同时大大增长。

星巴克文化中至关重要的支点,是戴夫·佩斯在谈到星巴克对其人力资本所采取的方法时,放在最前面的幻灯片上的那一个——而这恰恰被有关星巴克的成功的大多数分析所忽略。佩斯围绕着如下一个概念,来拟定他有关星巴克的人力资源战略的讨论:信任。几乎每一个组织都说信任重要,但星巴克的别具一格在于,该公司以一种深入的、具有严密逻辑性的视角——观照的是星巴克如何使人才与组织同战略支点协调一致——来对待信任。

星巴克咖啡师的个性和怪癖能成为博客和人情味报道的主题,这绝非偶然。《辛辛那提探询者报》(*The Cincinnati Enquirer*)以特写的形式,报道了一位女中音歌剧演唱家伊丽莎白·桑德斯(Elizabeth Saunders)的故事:在南加州大学(University of Southern California)和辛辛那提大学(University of Cincinnati)的音乐学院接受过训练的她以歌剧的形式,放声吟唱出顾客点饮品的单子。"她说,'唱单'是出于需要。这位专业的歌剧演唱者解释道,一年前,当她开始为星巴克工作时,她注意到大声喊出订单令她嗓音紧张。因此,她就问经理,她能否将单子唱出来。当然可以,他回答说。于是,演出便开始了。"[19]

那么,信任与此有什么关系呢?正如戴夫·佩斯所述:

> 要我来描述,这就像在玩世界上最大的电话游戏:其中一个人告诉他旁边的人一些事,这个人再告诉他旁边的人,接下来的每个人又告诉他们自己旁边的人……你就这样绕着桌子,慢慢走上一圈。然后你不妨看看,另一端所说出来的与最初实际上说的是否是一回事。通常都存在着相当大的失真。我们所面临的挑战是,为了建树和保持我们在组织内部所拥有的文化,我们必须在对我们现有的员工讲述文化方面,采用有些类似的方法:他们要对其他人讲述,而那些其他人要对更新的人讲述;然后突然间,这些新人就成了要对其他新人讲述文化的人。

挖掘星巴克咖啡师的隐性和显性才能

在保持体验的同时实现大的规模意味着允许一线员工拥有将其独特的才能带到工作任务中来的自由。这也意味着,要以超出标准的咖啡服务生职位描述范畴的眼光去认识到,人才与组织资源包括了咖啡师之间的各种隐蔽的能量——它们既使得星巴克的体验如此引人注目和如此连贯一致,又使得其获得的方式如此不同。

在星巴克,一线员工必须具备了解高水准代表什么的能力、机遇和动机,并以自己的方式创造性地达到这些标准。有关星巴克的典型分析指出,星巴克鼓励咖啡师们去实验并提出新的产品构想。这当然是远远超出了标准的咖啡服务生职位描述范畴的协调一致行动。然而,当星巴克表明,即使歌剧演唱也是其一线员工做贡献的有价值的正当方式时,它就将创造力观念提升到了一个崭新的水平。

第7章　方针与做法中的效力

使星巴克的程序与做法协调一致，以发挥协同作用

戴夫·佩斯强调了恢复原状对维护信任感的重要性："过去，我们的围裙上曾经有过口袋。我们因此得出结论，人们会悄悄地把钱装进这些口袋。现实情况是，这只涉及极少数的人。作为对这种情况的解决办法，口袋被从围裙上拆除了。我们以此向我们一线的伙伴（partner）发出了一个遭到了令人难以置信的抵触的信息。我们听到了相关的情况。大约一年半以前，我们宣布我们正在让这些口袋恢复原状。由于这一举动对我们一线的伙伴是如此重要，你会以为我们给了大家每年50,000美元的加薪。"

通过这一透镜来观察，星巴克提供给其一线工作者的一系列程序与做法的逻辑要明晰得多。为什么这种做法对星巴克奏效，而对其他组织可能就行不通，也要容易理解得多。一个业务模式建立在标准化和流程控制上的快餐零售商很可能会发现，一群唱着歌剧的服务生与其说是优势，倒不如说是祸根！因此，对于旨在为星巴克营造能力、机遇、动机和文化的做法和程序来说，这些有关战略支点和协调一致的行动的深刻识见具有明晰的意义和影响。

对于星巴克来说，为其一线员工提供健康保险传达了如果情势变糟，该公司在对他们予以照顾上值得信赖这样一种信念。给兼职和全职人员提供同样的薪资和福利则向大家传达了这样的信息：每个人都是星巴克大家庭中值得信赖的成员，在为顾客提供服务方面，应该彼此互相帮助。星巴克在产品上的培训非常深入。"茶与咖啡贸易网"（Tea & Coffee Trade Online）上的一则故事以正在培训自己的同事的一名星巴克"伙伴"的口吻，对此进行了描述：

> 训练最初是从我想把它叫做"星巴克大学"的地方开始的。对

走到吧台的后面，立即体验实际操作培训，许多人已经做好了准备。所以，当我交给他们一大本线圈书（spiral book），并告诉他们得在六个小时内完成这些章节时，我经常会承受种种困惑而忧虑的表情，很像一名教师将突击测验发给他的学生时的情形。培训手册的每一节都被分成了若干小节，提供了为所有咖啡师规定的职责的深入描述。在每一节完成后，都会给出一个笔试，以确保伙伴们能充分理解所学内容。通常，一个新的伙伴在接触到杯子之前，光读完这本书就会花两天的时间！[20]

超越战略性变革推动者：人力资源专长中心令人兴奋的未来

这是一种常见的误解——如果人力资源专业人员没有成为战略性的业务伙伴和变革推动者（change agent），那么，他们在人力资源职业方面便没有前途，或者，人力资源管理的所有其他要素都将被外包出去，并可能由成本最低的供应商来提供。我们与之共过事的人力资源专业人员的绝大多数是有正当理由为他们的职业生涯，以及他们对人力资源管理的职能性专业——例如报酬、福利、培训、劳资关系、人员配备和招聘——的独特贡献而感到自豪的。正如我们前面所指出过的，财务金融和市场营销决策科学的出现并没有使会计和销售的服务过时。按照同样的情况，我们预见到了人力资源领导者们的光明前程。他们作为组织专家，在诸如动机、发展、人才补给线、多样化、员工投入以及为员工提供工作中的代言人等职能性专业方面，做出了贡献。人力资源职能性专业将会演变，正如会计和销售伴随着财务金融和市场营销学科的出现而演变一样。我们预见到，这些职能性专业作为专长中心，将日益增加价值。

第7章 方针与做法中的效力

在影响的战略识见同把这些识见转化为对人才进行争取并靠人才竞争的独特方式所必需的程序与做法之间，效力提供了逻辑联系。本章阐明了针对人力资源方针与做法的一种不同的方法的意义与影响。我们已注意到，这些方针与做法作为一种整合性组合，将会日益地一起发生作用；它们不仅对它们的流程和个体程序的卓越将会越来越负有责任，而且对基本的充要条件和协同作用——通过它们，这类程序将会影响关键的人才与组织要素——也将会越来越负有责任。

人才学的一种更微妙的意义和影响在于，对于专长中心的演变而言，与市场营销学和财务金融学的类比具有提供信息和知识的启示意义，一如它也曾对战略性的人才管理的演变具有同等意义一样。人力资源专长中心的转型将很可能会采取与如下相类似的方式：会计伴生了财务金融决策科学的兴起，而销售则见证了市场营销决策科学的诞生。

第一层含义是，人力资源专长中心将不会被淘汰，也不会仅仅成为被外包出去的事务性流程。事实上，人力资源专长中心具有一种被扩大了的和令人振奋的作用。虽然存在着成熟的财务金融和市场营销决策科学，会计和销售仍然是至关重要的内部职能。会计和销售通过与各自的决策科学更好地保持协调一致而演变。在会计和销售中被追踪的数据，以及这类数据把这些职能的活动作为预定目标的方式，都反映了财务金融学中的经济附加值（economic value added）和市场营销学中的收益管理（yield management）等原则的演变。

其实，往往正是通过会计和销售流程，业务领导者们才得以实际地学习和运用财务金融学和市场营销学的决策科学原则。会计职能将现金流的原则，转化为帮助经理人员实行和了解更好的现金管理的流程；销售职能将客户细分的原则，转化为帮助经理人员实行和了解更好的客户关系管理的流程。因此，在会计和销售领域里，专长中心不仅仅提供实际的职能，它们也对知识进行转化和传授。实际上，业务领导者们是通过使用会计和销售创造的程序与做法，来学习一些决策科学的原则。

同样地，也会有令人振奋的工作在等着人力资源专长中心和它们内部的领导者们。组织要想充分地运用人才学，它们就需要强大的和协同性的职能中心。这样的专长中心将不只是效仿强调个体流程和程序的传统方法，以及对以最佳做法组织（best-practice organization）为基准的低成本服务负责。相反，专长中心将越来越成为组织关于人才的基本原则的逻辑观点的知识库（repository）。

如果未来的组织没有在有关动机、学习、人才发展和组织设计等的问题上共享连贯一致而又合乎逻辑的视角的领导者，那么，它们将难以期望取得成功。正如一个组织有赖于财务金融和市场营销职能之外的、良好的资金和客户决策一样，人才学是建立在人力资源管理职能内外部的重大人才决策之上的。

谁将提供业务领导者们用来了解激励、发展、保留和吸引关键人才的因素的原则和框架？我们认为，这些原则和框架可以归于新的人力资源专长中心。人力资源专长中心的一个新的基本目的，将是传授，而不只是执行。人力资源专业人员的职业生涯将包括通向高级别职能专长的途径，正如许多组织拥有针对其他专业技术人员通向高级别职务位置——如工程、化学或物理领域的研究员——的职业生涯路径一样。这类研究员不仅对他们自身领域内的流程的有效运行必不可少，他们也将负责确保组织的决策渗透着人类行为和组织效力的适当研究。

第7章 方针与做法中的效力

在产品流程和咖啡产品要点方面提供深入的培训能传达出这样的信息:了解至关重要的基本原则之所以重要,部分地是为了使一线员工明白,创新在哪里与那些基本原则连贯一致,在哪里不连贯一致[重要的是,要让"歌剧演唱者"知道:对点咖啡的单子的引吭高歌与基本原则连贯一致,但不按标准煮卡布其诺咖啡(cappuccino)却不是]。星巴克的绩效评估提供了从店里向主管办公室发展的职业生涯的可能性。该公司之所以能够这么做,是因为它所吸引的店内人才是有质量的。

对于做法组合而言,这一做法也是必要的。因为,伴随着巨大的增长,对另外一种关键的人才资源库——店铺和区域经理人员——的需求也在增加。星巴克需要数以千计的店铺和区域经理人员,但并非仅仅是为了一般性的经理人员角色。由于星巴克的增长、规模和信任等战略支点,它必须培养能有效地保持高标准和酌情决定权之间的微妙平衡的经理人员。在一个咖啡师的标准职位描述中,并不包括歌剧演唱,但恰恰是这种能力,以及咖啡店经理人员对其善予护持并大加彰显的精明,为星巴克提供了它的一些最有力的竞争差异性。

迪士尼公司、威廉斯-索诺玛公司和星巴克公司的相似之处在于,它们的企业文化都是由创始人所界定,并得到了自上而下的强化。例如,威廉斯-索诺玛在亚利桑那州(Arizona)每年都会有一个会议。它借此把其经理人员聚集在一起,就企业发展的信息进行充电。会议上的一个亮点,是给再现了创办人查克·威廉斯(Chuck Williams)的顾客服务精神的同事颁发"再现精神奖"(Catch the Spirit Award)的仪式。它表彰精英中的精英,并提供了一个谁将是下一年度获奖者的隐含的挑战。得奖的同事在围裙上,会佩戴着"再现精神"(Catch the Spirit)徽章。[21]

星巴克的例子侧重于文化和信任,但基本的分析要素与用于迪士尼、波音和威廉斯-索诺玛的并无二致。了解如何对程序与做法进行投资的关键,在于了解人才与组织中至关重要的支点——通过对推动可持续的战略成功的战略支点进行合乎逻辑的分析,它们得以显现。当组织将人才与组织同战略合乎逻辑地联系在一起时,它们就找到了这样的独特地位:它们可以用竞争对手们根本无法复制的方式,对人才进行争取并靠人才来竞争。

结论

效力将人才学决策框架的逻辑,连同最优化、细分和支点的决策科学原则,向有关方针、做法和组织设计的决策扩展。对这些联系有所了解,为这类选择树立了一个高标杆(high bar)。它所揭示的未知战略机遇的特点是,常常有赖于人力资源管理职能和组织在如何处理它们的决策上,有较大的变化。仅仅在职能性隔离中设计和实施程序与做法已不再是足够的了。对支点的确定使如下一点更为明晰:要造成必要的改变,方针与做法的协同性组合是必需的。

组织经常声称,为支持它们的战略,它们已经对人力资源程序做了整合和协调。这往往意味着,它们对程序与做法的投资可以追溯性地(*retrospectively*)(译者按:即"事后诸葛亮"地)与广泛的和一般性的战略陈述联系在一起。对比之下,效力则是把有关具体的关键性角色的识见,转化为具体的关键性方针与做法——它们将在执行具有最要紧的意义之处,对执行予以强化。对于将人力资源投资向每个人均摊的普遍做法,以及将人力能量的一种要素(例如,能力或动机)匆忙地奉为所有问题的答案的倾向,效力分析是一剂解药。

它也提供了一种强有力的方式,能让组织在人才的供给与需求上,去寻求这样的独特竞争地位:它们的业务模式和它们的人才需要之间的协同作用显露了能吸引和保留它们所需人才的强大的独特供给品。

第 7 章 方针与做法中的效力

最后，通过对现今着眼于人力资源流程和程序的做法的超越性扩展，效力揭示了人力资源组织内的职能专家的一个令人振奋的角色——去发挥作为与人类行为和组织效力有关的基本决策原则的教师和开发者的作用。

随着组织在运用人才学方面做得更好，我们将能在它们如何分析和回应供给、需求和战略这类人才与组织的问题之间，看到多得多的明确性、逻辑性和整合性。和广告与销售的质量都取决于一个良好的品牌战略几乎一样，人才与组织的方针与做法的质量将依赖于把影响与效力整合在一起的良好的战略。这些战略的整合将按照充分必要条件、协同作用和市场独特性的原则进行。

第8章 组织与人才投资中的效率

——获取并配置资源以优化人才组合

效率所描述的,是方针与做法的组合同用以打造它们的投资水平之间的关系。效率是观照人才与组织活动的一种习见的视角。事实上,效率往往是用于人才与组织的投资决策的支配性(*predominant*)决策框架。人力资源数据和基准系统受制于效率量度标准,例如单位招聘成本、填补职位空缺的时间、履行人力资源职能的人数占组织总人数的比率,以及人力资源职能成本占总成本的比率。

效率中的支点存在于资源投资方面的具体改进将最能强化方针与做法的组合之处。图8-1所显示的,是效率适配于人力资本桥梁框架的什么地方。在效率定位点上做出的决策会围绕着类似这样的问题进行:"我们应该在哪里以资源投资的改进为预定目标,以使它们对方针与做法的组合具有最大影响?"

令许多人力资源和非人力资源领导者可能感到惊讶的是,我们把针对效率的讨论一直留到了整个人才学讨论的末尾。使程序与做法更有效率,向来是通向人力资源管理的业务相关性的最常见的路径。事实上,我们与之共过事的大多数顶级的人力资源领导者都承认,不管他们将会做什么其他的事,每一项年度人力资源战略都必须突出地说明,人力资源管理部门将如何从其前一年的预算或职员总数上,削减相当大比重的百分比。那么,一本探讨人力资源管理的战略性决策科学的书难道不应该以通过更高的效率对底线有所贡献的切实机遇来开篇（*begin*）吗？

图 8-1

人力资本桥梁框架：效率

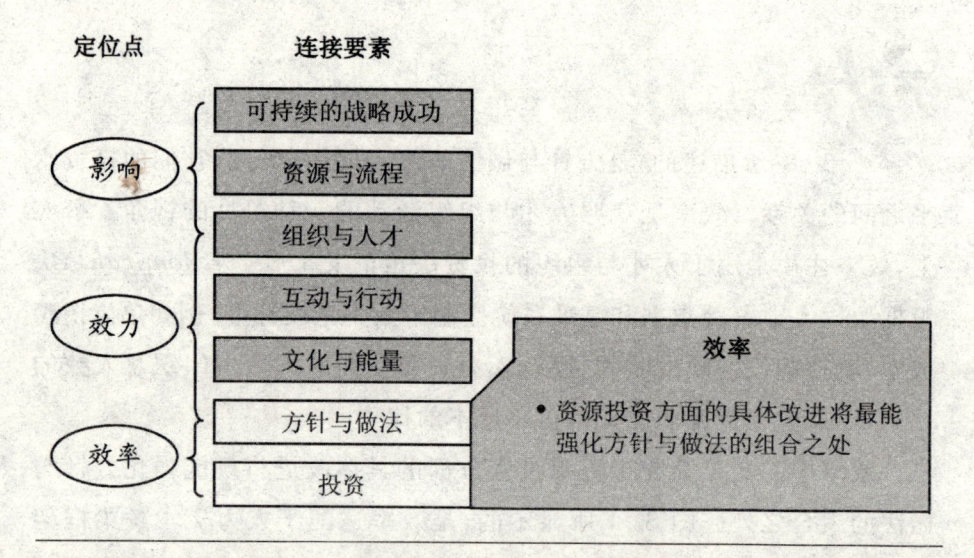

定位点	连接要素	
影响	可持续的战略成功	
	资源与流程	
	组织与人才	
效力	互动与行动	
	文化与能量	**效率**
效率	方针与做法	• 资源投资方面的具体改进将最能强化方针与做法的组合之处
	投资	

当然,我们选择把效率留到最后来讨论绝非偶然。恰恰是因为在如今的人才与组织决策方法里,效率所占比重是如此之大,将效率置于效力和影响的背景中来考虑就很重要。正如我们在本章及有关量度的第9章中将会看到的,脱离了背景的对效率的过分强调能导致被危险地误导了的决策。对比之下,当组织拥有了影响和效力背景,它们的效率决策就会成为整合性的战略方法的更为强大的部分。效率定位点是人才

学的一个至关重要的考虑因素,因为它描述了对组织与人才要做的投资。这些投资不能也不应该被忽视。同时,正如我们将会看到的,它们往往是微妙的,不被记录在标准的会计账目或预算之中。然而很多时候,效率被孤立地对待。这损害了它的潜力。

人才学表明,知道在方针与做法上花费了多少无疑很重要,但更为适当的问题着眼于投资及其回报的更广泛的机会成本。表8-1所显示的,是效率定位点的界定如何暗示出至为重要的支点、决策,以及新的人才与组织讨论。

表 8-1　定位点:效率

定义	支点	所要做出的决策	人才与组织战略:新的讨论
• 描述方针与做法的组合同投资水平之间的关系	• 资源投资方面的具体改进将最能强化方针与做法的组合之处	• 你应该在哪里以资源投资的改进为预定目标,以使它们对方针与做法组合具有最大影响?	• 你的战略提供了你可以在人才管理上利用的什么独特资源? • 在你的方针与做法组合的什么地方,比行业规范投入更多的资源可以产生独特价值?

关于人才与组织的投资的典型对话将它们作为支出予以着眼,如人力资源费用的水平、它的分配、它如何同基准比较,以及它是否满足预算要求。对实施人力资源程序与做法所需的资源,决策者无可否认地需要了解。重要的是不要浪费资金和时间。效率的量度标准可以用来确定方针与做法的成本是否合理。

效率是有关人力资源和人才投资的信息的一个诱人来源。它提供了一个强大的工具,用以证明人才决策拥有真正的经济影响。许多人力资源组织都已展示了下列活动令人大开眼界的成本节省成果:将人力资源活动外包;推行自助式服务或基于网络的系统;减少人员流动、空缺填补时间、员工总数,以及医疗保健和退休金福利。

也许,效率还是有些过于诱人了。例如,《美国的新工作场所》的作者就指出了一个司空见惯的主题:组织的领导者们视"人为成本"(people as costs)。[1] 对于人才的成本的专门的关注被列举为组织往往未能对已被证明与业务和财务绩效相关的工作系统进行投资的一个理由。这类投资需要资源——在会计制度内,资源的支出往往非常明显,而这些投资的回报通常不明显。

与财务金融学和市场营销学相比,对效率的过分强调是人才决策科学相对的历史不成熟性的又一个例证。譬如,如果其市场营销部门的主要目标是获得业界最便宜的广告,那么,组织的领导者们就可能质疑,它是否会在质量上妥协。事实上,他们拥有用以分析市场营销投资的影响的发达框架,以确保成本节省的实现不至于过于积极。然而并非不同寻

图 8-2

人力资本桥梁框架:投资

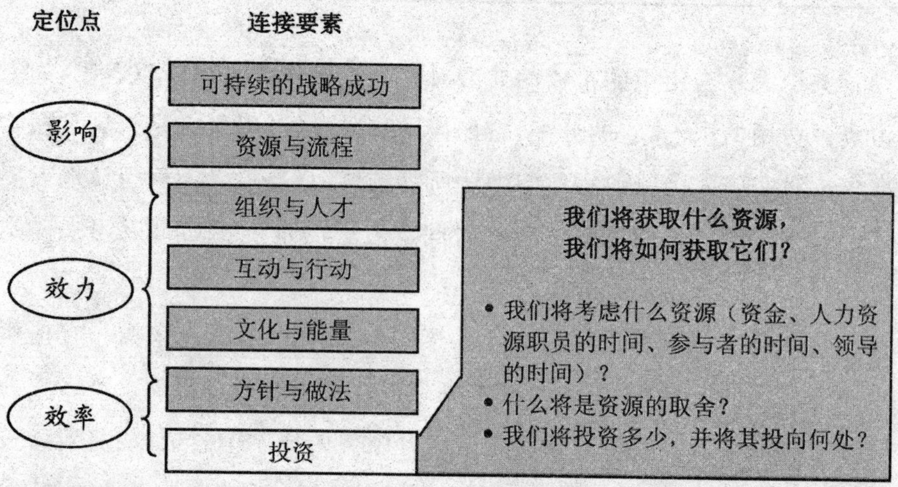

定位点	连接要素	
影响	可持续的战略成功	
	资源与流程	
	组织与人才	我们将获取什么资源,我们将如何获取它们?
效力	互动与行动	
	文化与能量	• 我们将考虑什么资源(资金、人力资源职员的时间、参与者的时间、领导的时间)?
效率	方针与做法	• 什么将是资源的取舍?
	投资	• 我们将投资多少,并将其投向何处?

第8章 组织与人才投资中的效率

常的是，同样是这些领导者，却仅仅（only）依据成本来量度人才与组织的投资；还告诫他们的人力资源组织，必须达到效率的基准水平——至于这些目标如何得以实现，则常常不甚关注。

图 8-2 显示了几个突出的指导性问题，可以把效率决策与人力资本桥梁框架的其他要素联系起来。对这些问题的使用连同显示于表 8-1 的逻辑，提供了通往效率的更为完整的形象化路径。

赛仕软件：通过低效率竞争？

与典型的方法形成对照的，是赛仕软件公司（SAS）的案例。因其先进的人力资源做法，也因其连贯一致的和令人印象深刻的财务绩效，这家公司受到了广泛的赞赏。该公司还提供现场的医疗保健服务。赛仕保健中心（HCC）成立于 1984 年，伴随着作为一个整体的该公司，一直在不断发展和演变。目前拥有 59 名员工的该保健中心仅 2005 年一年，就完成了 48,908 人次的病人问诊。当然，在 2005 年的时候，这一经营模式运转得与其他美国公司——它们中的大多数不是限制医疗保健支出，就是将它们外包出去以节省资金——正相反。避免现场的医疗保健福利对于大多数组织来说，意味着直接成本和行政管理费用两方面的显著节省。对业务领导者们来说，这些是诱人的节省；对人力资源领导者们而言，这些是诱人的机遇——可以通过削减和由此产生的成本节省，来提供实实在在的账本底线值（bottom-line value）。

当然，这一切也都适用于赛仕软件公司！建立和维持一个现场保健中心的决策无疑地使赛仕软件承担了数额巨大的未来投资义务。成本一定会增加。依据众多效率基准来判断，赛仕软件这样做，看上去比别的企业要更糟糕。然而，赛仕软件公司人力资源管理副总裁杰夫·钱伯斯（Jeff Chambers）指出，当你考虑到赛仕的业务模式和支持它的长期的人才关系的作用时,这一决策完全合理。

赛仕软件公司依赖于来自它的客户的年度产品更新。他们使用其软件,对他们的组织数据库进行深入分析。赛仕软件还依赖于员工来提供适应那些客户的特殊行业要求及其独特的行业竞争地位的创新和服务。[3] 这意味着,客户与赛仕软件顾问们的关系必须基于对具有行业特定性(industry-specific)的竞争的深刻共识和长期的信任。这一点对赛仕软件来说,可能比对其竞争对手们要更为重要。因为,后者的商业模式基于的更多是软件购买,而不是可续延的软件使用许可。其价值主张并非这么深地依赖于密切的和深入了解的客户关系。

人才与这一战略的协调一致已扩展得远远超出了那些同软件买家直接打交道的人。赛仕的软件设计师和程序员们还必须完全熟悉特定行业和客户的需求,必须能够创造出可以跨多个客户、行业和竞争局面有效扩展或伸缩的软件设计。就设计元素而言,了解与可以从其他行业中的现有元素里借用的那一些相比,哪一些确实需要具备独一无二性,可能是能实现规模经济的软件设计与力所不能及者之间的差别。这意味着,赛仕软件公司的设计师、程序员和面向客户的人才们必须天衣无缝地合作,并且对客户拥有深刻的共识。客户之所以要来依靠赛仕软件公司,是因为他们与它的员工有着特殊的关系;而赛仕软件公司也能够通过多年的共同学习和实验,履行它在非凡的实用性和创新上的承诺。

那么,要发挥出这种深刻的、共同的、以客户为中心的协同作用,赛仕软件公司是如何培养能力、机遇和动机的呢?在某种程度上,该公司是通过创立一种能吸引和激励那些愿意长期加盟与供职的人的就业模式来这么做的。这就要求赛仕软件公司为其程序员、设计师和客户顾问们,在市场上提出一种与众不同的价值主张。在如下行为已成为规范的职业里,一个长期的就业协议堪称一种不同寻常的倾向:从一个项目跳往另一个项目,为了找到最有趣的工作或更高的薪金,在几年内经常变换雇主（不妨回忆一下全盛期的加州硅谷）……设于北卡罗来纳州（North Carolina）的赛仕软件公司提供了一系列就业做法（现场日托和医疗保健等），来吸引那些与该公司和他们的同事形成了一种"契约"关系的员工。

现在来谈谈效率问题。相比于其行业内的同行企业，赛仕软件公司在其人才的程序与做法上，无疑承担着更高的成本。要是削减其独特的员工福利的话，将大大降低其就业成本，使公司更接近基准水平。然而，在其业务模式内部考察的结果是，赛仕软件公司效率明显低下的决策是有意义的。举例来说，对现场医疗保健的投资意味着，相比于竞争对手们，赛仕软件公司对于那些希望为其工作到退休的人，以及那些想要一家他们可以指望对他们及其家人予以照顾的公司的人，将更具吸引力。它发出了这样一个信号：赛仕软件公司是不同寻常的——那些渴望与他们的雇主建立一种更长远关系的人，都属于那里。反过来，赛仕软件公司等于打造了一支它能赖以可靠地构建其业务模式的劳动力队伍。该业务模式的构建，基于的既是与客户相关的深刻识见，也是与赛仕软件公司充满活力的人才资源库的长期关系——包括它们互相之间的长期关系。

赛仕软件公司包括现场医疗保健在内的员工福利的丰富性促成了它不到5%的较低的年度人员自愿流动率——相比于18%～20%的软件业平均值。对北卡罗来纳州卡里市（Cary）公司园区的医疗保健服务的方便享用，最终转化为员工时间的节省——仅是2005年一年的保守估计，便为260万美元。由于赛仕保健中心的高员工利用率（最近的量度结果为90%），它每年所提供的服务的价值已连续十多年超过管理成本——仅是2005年一年，就达到190万美元。虽然迄今为止并没有进行过广泛的研究，但基于对早期风险的识别、适当的干预，以及非常稳定的员工群体中的一种疾病预防模式，赛仕软件公司还是认为，其保健方面的真正节省仍有待于进一步体现。基于其预防性医疗保健和癌症筛查方面的强大的程序和覆盖范围,赛仕软件公司预计,将会看到可预防的慢性病的更低发病率和(癌症的)更低发病率。

效率方面的考虑照例会驱使雇主放弃或减少昂贵的就业做法。如果赛仕软件公司依赖于效率量度标准,无论多么切实,该公司都有可能会遭受远远超过效率的提高的负面战略后果的影响。选择限制或放弃这类做法的组织不一定错了(译者按:原文"Organizations...are necessarily wrong"在 are 和 necessarily 之间,漏写了一个 not 字,意思正好弄反了),但如果组织仅仅依靠效率方面的考虑,它们就会担错失营造效力和影响的机遇的风险。效率能为这样的区域带来关注:那里的人才的程序与做法非常昂贵,因而呈现出了通过削减其成本或缩小其范围来提高效率的潜在机遇。当这类决策的做出考虑了人力资本桥梁框架的所有三个要素时,组织可以在不损害更根本性的——虽然是不太显眼的——价值的前提下提高效率。

本章余下的部分将对效率进行考察,以揭示出人才与组织投资的实际成本事实上可能远远高于通常被意识到的。然后,我们将展示效率为什么会如此重要,以及它为何会呈现为人才学决策科学和人力资本桥梁框架的这样一个引人注目的组成成分。在这一过程中,我们将给出摆正效率的位置的警告性提示(cautionary note)。

水面下的冰山:机会成本和人才投资

对每一个组织领导者来说,人才的程序与做法的预算成本都显而易见,也凝聚了大量的关注。虽然计算这些成本往往并不容易,为这些计算提供一个指南却不是我们的目的。[4] 这里只需要申明,准确地交代清楚现金及其他同人才的程序与做法直接相关的用度的用途很重要。

第8章 组织与人才投资中的效率

尽管大量的注意力被指向了对显示于会计报表或人力资源预算表上的成本的削减,货币资源只是与效率相关的内容的"冰山的一角"。实施人才与组织的程序与做法所需要的整整一大批资源其实要广泛得多。界定这一无形的系列投资需要利用一个来自经济学的决策概念:机会成本(opportunity cost)。

机会成本反映的是,作为一个决策的结果,什么必须放弃。它们所考虑的,是为了这一资源的最佳替代性使用而放弃了的东西的价值。正好与其他资源的情形一样,机会成本为人才与组织的程序与做法提供了一个投资方面的视角,远远超出了会计制度或预算所记录的货币开支。

以下各节使用机会成本这一概念,来描述一些常常被忽视了的人才投资。

人力资源员工和合同工的时间

人力资源部门的员工和合同工的时间是一项重要的程序与做法成本。对组织的领导者们来说,就如下事实表示抱怨是很平常的事:他们甚至不知道有多少人受雇于其人力资源组织,更不要说有多少合同工及咨询顾问了。他们可能经常抱怨没有人能够精确地解释,所有这些人力资源管理人员实际上是做什么的。

在缺少一个它们将被如何使用的坚实逻辑的情况下,我们并不主张囿于这样的一些数字。但是,一个完整的决策框架当然必须承认,人才与组织的程序与做法需要将人力资源组织的人才资源从其他的任务上转移开来。从一个机会成本的视角来看,考虑成本的适当的方式,是确定这些其他活动的浪费了的价值。当员工的时间被交代清楚时,它通常是由将员工用在程序上的时间乘以他们的薪水或奖励成本所决定的。这往往是机会成本的一个合理的近似值。但是,当所需要的人力资源部门的员工必须从特别必要的活动上转岗时,隐蔽的成本可能要高得多。

举例而言，由于将传统上由人力资源专业人员所从事的一些行政管理任务，例如完成用于公司培训或福利的登记表格之类，转移到了员工身上，机会成本往往处于争论的核心。这其中的理念是，如果让人力资源专业人员投身于填写表格，那么，他们用于战略规划、高管教练（executive coaching）或落实文化变革一类更至关重要的任务的时间便会相应减少。由于这些人力资源专业人员已经上岗就业，不管他们是填写表格还是从事战略、教练或文化方面的工作，实际的薪水预算都将不会改变。他们仍然会得到他们的薪金和福利。对这一决策——即把人力资源专业人员的时间，投入到那些最好由员工自己来从事的活动上——的真正牺牲，机会成本予以了揭示。

人力资源部门以外那些人的时间

人们经常忽视的一类机会成本与人力资源部门以外那些人的时间有关。最明显的例子或许是培训程序中充当主持人或指导者的组织领导者们的时间。其他突出的例子还包括在进行绩效考评、选拔面试、离职面谈（exit interview）等活动上，主管人员所花费的时间。对于确保能有效地营造具有战略相关性的能力、机遇和动机的高品质程序来说，这类贡献常常必不可少。这些投资往往被忽略为人才的程序与做法的合理成本（legitimate cost）。

这并不是说，这些个体不应该把他们的时间和精力投入到人才的程序与做法中去。事实上，本书前几章所包含的几个例子显示，对于人力资源职能以外的领导者们而言，这类投入可能极为重要。当战略的逻辑支持时间和精力的投入时，这些领导者不这样做反倒是愚蠢的。而如果这类投入的被请求或被要求缺少投入对战略的成功能有所贡献的明确的逻辑依据——或者更糟的是，是为了帮助人力资源组织卸下其成本，以实现其内部的预算目标，那么，组织就会担上浪费宝贵资源的风险。

第8章 组织与人才投资中的效率

而人力资源组织冒的风险则是，造成欠考虑地强行需索本可以更好地用于别处的时间和精力的印象。

争取人力资源管理职能以外的组织领导者的援助往往不失为一种最有效的方式，不仅能引起求职者和实习人员的注意，也能让他们从领导者们的独特经验和观点中受益。这类投入的突出的例子包括了微软公司的比尔·盖茨（Bill Gates）的做法：他常常亲自面试关键的新聘人员；甚至会给有希望的热门职位候选者往家里打私人电话。通过将这类电话拨打的时间刻意安排在当候选者很可能正与他们的家人待在一起时（比如晚餐时），盖茨令它们的效果达到了最大化。不妨想象一下职位候选者们事后告诉他们的配偶或父母时的效果："刚才是比尔·盖茨打电话。他亲自要求我考虑微软的工作邀请（job offer）。"另一个特别受欢迎的例子，是通用电气公司的首席执行官和顶级职员们每年用于他们所谓的"C会议"（Session C）的时间——为的是对其顶级的经理人员骨干班子的绩效和潜能进行评估。[5] 这样的故事常常被用来激励顶级的组织领导者们能把更多的时间，投入到人力资源管理的程序与做法中去。

不过，仅仅因为其他领先的公司这么做了，就要求领导者和其他员工们也在人才的程序与做法上投入时间和精力，很少会是一个好主意。当这类请求缺乏效力和影响方面的坚实基础的支撑时，领导者们就会理所当然地想知道，他们的宝贵时间用得是否明智——它是被投在了它对最要紧的人才与组织区域有最大影响之处了吗？人力资本桥梁框架和人才学便提供了这样的一种答案，能沿着从程序与做法到战略的成功的路径，对投入进行追溯。

与人力资源组织内部的员工的成本一样，机会成本不单纯是外部的员工和领导者们按实际提供的服务计算的薪水和福利。它是如果他们不把自己时间投入到人才与组织的程序与做法中去，他们就会去做的事情的浪费了的价值。预算的报酬成本和真正的机会成本之间的差别在这里常常昭然若揭。如果顶级的组织领导者们不能清楚地看到他们被要求介入的程序的效力与影响,那么,他们往往就会对他们本来可以做的其他工作的价值大讲特讲!

对于我们来说,能听到来自于一线的领导者们说出如下的话不足为奇:"我的人力资源管理业务伙伴真的具有战略意义。因为他的保护使我得以避开所有那些耗费时间的程序——它们由公司的人力资源部门不断炮制出来,会让我远离我真正的工作。"至此已很清楚的是,我们不提倡"战略性的人才贡献"(strategic talent contribution)这一定义。我们已经表明,通过把领导者的时间和精力谨慎地投入到最具战略相关性的人才与组织支点中来,组织往往拥有创造独特的竞争优势的重大机遇。我们的经验是,领导者们喜欢能做出这类贡献的机遇——当他们在他们对人力资源程序的贡献同业务价值之间,可以看到一条清晰的视线时。但很多时候,逻辑过于含糊,以致业务领导者们往往会得出这样的结论:所有这类贡献都不如他们其他的任务重要。这是一个重大的错误。

在整个这本书当中,我们一直在据理反对人才决策与人才投入的一种"抹花生酱"式的习惯做法。这类方法往往令业务领导者和员工们产生怀疑。他们之所以被要求对程序或活动投入,是因为人力资源管理部门——或乃至首席执行官——说,每个人都必须这样做。而一种战略性地差异化了的人才决策方法则提供了在这类投入至为要紧之处要求它们,在它们不能带来战略性影响之处放弃它们的可信度。它也提供了沟通交流这一区别的逻辑。

参与者的时间

不易在会计报表上显示出来的另一种投入,是程序参与者的时间。当员工在参与培训、绩效考核、轮训程序以及其他程序时,他们的时间是

第8章 组织与人才投资中的效率

一项关键性投入。因为程序参与者已经在工资表上了，他们的参与的机会成本往往没有被明确地列在投资计算之内。当它被列进去时，也往往是通过按比例计算他们的薪水或报酬总额的方式。

同样地，员工介入的真正的机会成本是对他们的时间的次优使用，或者，是假设他们并没有介入该程序的话，他们将会去做的事情。正好与组织领导者们的贡献的情形一样，程序参与者们往往也已痛苦地意识到了他们本可以做的事情[黑莓（BlackBerry）设备和其他的个人数字助理器只会使这一点更为明显]——如果他们不把时间投入到程序中去的话。"抹花生酱"的方式再次加剧了这一问题。"我不知道为什么我得参加那个培训程序。但人力资源部门说，每个人都必须完成它。"——我们已听员工们这么说了多少次了？

要确保参与者们的投入不被浪费，给程序的参与者们提供指向他们的贡献的价值的清晰视线，以及程序同业务和战略的成功之间的逻辑联系是绝对必要的。否则，程序的参与者们可能会很快地得出结论：对人才与组织的程序与做法的参与简直不具有什么努力的价值。

影响力或政治信用

一种经常被忽视的投入是影响力，或曰"政治信用"。当把人才与组织的程序与做法同可持续的战略成功联系起来的逻辑还不那么明确时，要为这类程序获取支持，就往往需要利用个别的人力资源领导者对他们的相关成员所具有的信用、可信度或影响力。这种情形对于人才决策的真确性要远远超出对于在财务金融和市场营销一类更为成熟的决策科学中的决策的真确性。在后者那里，决策框架要更为成熟，与领导者们的心智模式也更具整合性。

我们相信，这种情况必须改变。而像人才学和人力资本桥梁这样的框架，也能有助于这种改变。尽管如此，要在今天的组织里成功地实施重要的人才与组织投资,仍然意味着要仰仗来自于关键的意见领袖(opinion leader)们的支持或信用。为了得到领导者们对于程序的实施的贡献,为了获得财务或时间资源,或者为了说服员工参与,这种方法可能是必需的。当情况确实如此时,这类成本并不会包括在正式的会计账目之中,但它们却无论如何都非常真实。

我们鼓励组织去追求这样一种未来:届时,对(意见领袖们的)信用的仰仗已经较不那么必要,因为所有的组织领导者们都会明白人才投资的价值。尽管如此,如果不承认这一现实,那么,有关用来完成人才的程序与做法的必要投资的讨论就将残缺不全。

效率的正向作用和陷阱的规避

带着人才与组织的程序与流程所必需的完整投资范围的更好想法,我们可以把我们的注意力转向对以效率为基础的分析的使用。效率提供了一个完整的决策框架的不可或缺的要素。没有它,我们就不了解我们的投资,因此也就不可能判断它们是否正在带来可观的回报。效率还具有赢得领导者们的关注,以及与组织的报告制度切实相连的能力。在本节中,我们将对效率的正向作用进行描述。效率是那么令人信服,以至于组织会倾向于将它强调得超过效力或影响。因此,在描述效率的正向作用的同时,我们也将会提供一些与要规避的陷阱相关的警告性提示。

效率与会计制度切实相关

对于指导有关资金的决策,会计制度既是必不可少的也是有效的。作为拥有健全而可靠的量度标准的最成熟的管理系统之一,它成为领导者们赖以观察组织的成功的一种常用视角。效率提供了一条显示会计制度内部关联性的重要途径。长期以来,通过为人力资源部门引进会计的量度标准,或通过将成本会计学应用于人员流动率、缺勤和盗窃一类人才问题,人力资源领导者和撰述者们一直在寻求将人力资源管理与账本底线联系在一起。潜在的会计回报不仅规模可观,而且往往非常真实。

举例来说,并非不同寻常的是,处理和更换一项单一的员工流动的成本,是该工作职位平均报酬和福利的 1.5 倍。[6] 所以,如果人力资源管理职能可以证明,在人员配备、薪金或员工沟通交流等方面的投入能在具有极高人员流动率的工作职位中减少人员的流动,那么,成本的节省往往非常大。同样类型的分析可以被套用于减少缺勤和其他昂贵的员工行为的成本节省。[7]

来自于效率的、令人印象深刻的经济成本节省的突出例子往往在对人力资源程序进行集中的过程中得以发现。相当常见的是,通过对人力资源活动进行集中化和标准化处理,进而对在每个业务单位、职能部门或地区中展开这类活动时所导致的重复和浪费予以消除,可以计算出数百万美元的成本节省。如果领导者们怀疑,与人才相关的程序和流程上的决策能够影响企业的经济状况(economics),那么,通过程序的集中化来节省数百万美元,可以迅速消除这种疑虑。

与会计制度的这些联系是具体的和可量化的事实也使得它们具有危险性。对人才成本嗜痂成癖会导致组织求助于全面的劳动力裁减,作为实现成本目标的一种方式。然而,正如卡肖(Cascio)和其他人所已经表明的那样,证据显示,长期的财务成功与全面裁减的规模无关,而与结构重组有关。这种结构重组所针对的,是根据组织的战略目标,裁减能于其中构成明智之举的地方。[8] 因为效率与会计制度联系得如此切实,对效率的侧重可导致以成本最高的人才资源库为指向的缩编。如果你在高成本区域削减,会更容易达成你的成本削减目标。因而,高薪的或高成本的人才资源库是一个颇有诱惑力的目标。但是,它们往往也正是这样的人才资源库之所在:最大的价值通过削减而丧失。

过分强调会计成本节省可能会导致组织在人才与组织领域里,追逐它们在其他领域所决不会容忍的成本节省机遇。例如,我们已注意到,当石油价格不断下降时,石化公司通常靠解聘勘探和生产领域的专业人员来削减成本;不料想当石油价格再次攀升时,却又往往会以比起如果它们恰好在整个低迷期留聘了现有人才高得多的费用,重新聘用那些人。与此相反,这些石化公司会在整个商业周期里,常规性地保留住油田租约,期望价格终将上升到能令这些油田具有经济可行性的水平。

效率易于基准测试

效率量度标准常常源自有关活动、支出以及人力资源职能或人力资源程序的人员(配备)编制等的客观信息。相对于效力或影响的量度标准,组织之间的效率量度标准的比较要容易得多。效率的组成成分相当具有可比性——包括人力资源管理员工占总员工的比率、总人力资源职能预算占总成本的比率、单位招聘成本、每小时培训成本(cost per training hour)或其他这类量度标准。

在将这类数字与行业标准进行比较时,那些寻求他们的努力成果如何与他人相比较的客观信息的人力资源和业务领导者们往往能发现很大的价值。2006年,每有一个人力资源管理员工就得有100个员工的标准被如此广泛地接受,以至于差不多成了许多业务领导者的口头禅。而许多人力资源组织也被告知,它们的当务之急就是要达到这个比例。对效率比率的行业和全国平均水准进行报告的基准调查(benchmarking survey)的可获得性为人力资源组织量度其进展,提供了一个令人信服的机遇("我们已经实现了比同行更低的单位招聘成本")。而且,当面对那些会计结果对其而言很重要的业务领导者们和其他相关成员时,这

第8章 组织与人才投资中的效率

种证据也是令人满意和信服的。

然而,在设计人力资源程序或人力资源组织时,过分地依赖会计成本节省往往会提倡一种"收缩式成功"(shrink-to-success)的视角,从而导致对人才与组织的基础设施的投资低于最优水平。它还能导致对那些可能拥有极可观的正向净回报的人力资源与组织的程序与做法,施加武断的预算限制。当成本削减导致了过度裁员或提早退休,从而遣走了对未来而言必不可少的人才——就像20世纪90年代,发生于AT&T等公司内的情形一样——时,这种现象经常会遇到。[9]

就人力资源程序或职员而论,同样的事情也可能发生。做过如下这样表述的人力资源组织我们已经遇到过很多:"对人员配备、报酬或培训更多地投入是能带来好的结果,但如果我们真的投入更多,我们每名员工的成本就将会超过基准标准。而达到可与本行业最低成本的四分位数(lowest-cost quartile)相比较的成本水平,是领导对我们的期望。为了具备提出有利于更多投资的充分理由的可信度,我们需要达到我们的成本目标。"

然而,正如我们已经看到的,当效力和影响被适当地考虑进来时,在人才身上花费得更多所能创造的价值往往会远远超过靠坚持行业规范所能省下的任何成本。不妨回忆一下,如果迪士尼主题公园以未认识到清扫工兼任顾客大使的价值的竞争对手们的基准水平,来对清扫工进行投资,或者,如果星巴克对咖啡师的投资,是与业务模式建立在标准化流程和最低限度的客户互动上的竞争对手们处于同一水平,那么,将会发生什么。基于效率的基准测试在提醒可能的超支上是有用的;它当然也向非人力资源领导者们证明了人才程序是可以被客观评价的。不过,它最好能被审慎地用做特定人才决策的质量指南。

效率提供了外包绩效的明确的量度标准

效率最主要的用途也许是在对外包人力资源活动的努力进行效果估算和绩效追踪方面。典型的人力资源外包决策的一个重要理由是,它们将降低人力资源程序的成本。其逻辑在于,将人力资源活动(例如工资表、求职者追踪和就业信息管理等)交由一个外部组织来从事,通过规模经济、集中化以及使用最有效的基础设施和系统的便利条件,成本可以被降低。很难遇到一项外包交易是未含有削减这类成本的重要承诺的。的确,外包合同通常包含了关键的绩效指标。这些指标能在很大程度上,对时间、成本或其他效率量度标准的节省予以反映。因为其客观性、与发展得很完善的会计制度的相关性,以及与账本底线的明显的关联性,基于效率的成本节省是能让外包商负起责任的有用方式。

这里的警告性提示很可能在许多组织——它们对外包趋之若鹜的唯一原因,是外包对成本的影响——如下一种共同的观察里,得到了最佳的总结:"我们到头来还是像过去那样一塌糊涂,只是所费更少些。"[10] 人力资源外包更深思熟虑的和更成功的方法所强调的,是对如下这类问题首先加以考虑的重要性:人力资源程序和流程如何能被改进,以及它们如何与组织的战略和使命相关。[11]

在过分强调外包的效率方面,存在着一个悖论:提供了诱人的外包节省的同样的程序与做法也有可能产生最大的效力和影响。例如,提供有关员工福利的信息能招致高昂成本,意味着一个诱人的外包机遇。然而,在许多的组织中,福利讨论给员工提供了一种机遇,可以对诸如工作与家庭的平衡问题、管理问题,以及其他一些可能成为他们离职、得病或感到倦怠的前兆的问题表达关注。如果这项活动被以最低成本的方式外包了出去,精确的信息可能的确会得到良好的沟通交流,但对隐藏在员工的问题或决定背后的东西,可能就再也没有资源去花时间一探究竟，进而失去有关组织在对人才进行争取并靠人才竞争方面做得如何的宝贵信息。

效率为流程改进提供了切实的里程碑

在组织的效率和赢利能力方面，全面质量、流程改进以及六西格玛工具已经提供了革命性的进展。不足为奇的是，一些组织已经在人才的程序与做法中应用了这些工具。效率提供了令人信服的里程碑，可供演示这类努力的效果。找出从上岗、就业测试和培训一类流程中省下时间和资金的方法，是极大的满足。缩减了的单位招聘成本、每小时培训成本或上岗时间常常会被援引，以证明旨在提高人才与人力资源管理水平的质量改进成果的效力。

效率结果的切实性似乎是专为六西格玛方法定制的。当六西格玛黑带（black belt）要求人力资源领导者们确定可以被客观地量度且受人力资源流程决策影响的结果时，一份效率要素的清单通常很快会出现。

然而，用六西格玛毁掉重要的人才学也很容易。这一警告性提示的最明晰有力的表达来自于几个优秀的六西格玛绿带（green-belt）顾问。他们说，当为生产、销售和服务一类职能进行六西格玛流程改进时，目标很明确。例如，其中一位说："我们知道电灯泡是否需要更亮些、用得更久些、更白些……我们会针对这些结果，来界定我们的流程改进目标。在人力资源管理当中，我们似乎总是要从流程中省出时间和资金来。但是我担心我们并不知道，更快或更便宜的流程是否仍在致力于正确的结果。在人力资源流程的改进上，似乎从没有人能告诉我最终的目标。这就好比当我们并不知道一个灯泡是否应该更亮些、用得更久些或更白些时，却要改进它的生产流程。"[12]

六西格玛工具可以大大地改善人才的程序与做法。但是，就像太多的工具一样，它们也可以造成很多伤害。这一差别的一个重要关键，是支配决策的逻辑的深度。当六西格玛深植于对程序同业务或战略的成功之间的联系的一种清晰的认识之内时,六西格玛原则可以加快将投资向它们最有成效的地方转移的过程。正如我们已经看到的,这是与人才学完全一致的。当逻辑是错误的或并不存在时,对效率的考虑可能会吞没虽十分重要但却较不明确的意义与影响;而成本的节省也可能掩盖对人才价值所造成的损害。

结论

效率现在是将来也依然会是一个完整的决策框架的活跃的现成要素。我们经常有机会与一些非常先进的组织合作。它们拥有被高度器重的人力资源职能和被高看为战略贡献者的人力资源领导者。但即使在这些情势下,对我们的人才学描述的惯常反应也仍然是:"我们很乐意朝着这一方向推进,但我们的董事会和执委会首先会坚持看到我们降低我们的成本。"不足为奇的是,甚至在一些重视人才、尊重人力资源管理所做的贡献的组织中,也会碰到这样的人力资源职能部门:它们已被责成在其预算中,连续多年地每年削减10%。一个简单的事实是,对把超越了会计和成本效率的人才与组织程序纳入考虑范围的框架,业务领导者们还没有足够的时间去学习。

尽管对名列前茅的组织里的才华横溢的同事们尊重之至,我们还是不禁纳闷,如果组织的领导者们年复一年地愿意把持续的成本节省考虑得如此重要,那么,人力资源管理是否真的那么备受尊重。很可能存在着这样一些组织:在它们那里,正确的决策是看向效率之外,是停止成本削减并开始投资于人才。

效率不仅必须被认可,而且必须被做好。但是,一门真正的决策科学的出现有赖于一个更完整的视角。高品质的人才与组织决策可以由

第8章 组织与人才投资中的效率

成本不断下降的程序与做法来支撑的假设无疑很诱人,但到了某一时刻,便不再有什么浪费可以被削减。看起来相当可能的是,组织之所以在人才与组织程序上投资不足,大概纯粹是因为成本太有形了而价值又太无形了。此外,采取如下的立场可能是危险的:即对人才与组织投资的效力与影响的关注,可以等到人力资源管理职能做到了令其成本结构与基准保持一致的时候。然而,我们正是从其他方面都非常精明的组织领导者们那里常常听到这一逻辑。

我们的看法是,效率应该是更广泛完整的一个逻辑框架的一部分,组织不应该等到它们已掌握了效率之后,再考虑影响和效力。坦率地说,届时可能为时已晚。因为,采纳了一个更为完整的观点的竞争对手们通过审慎的哪怕是成本高昂的投资,将会发现太多的靠人才竞争并对人才进行争取的方式。

在整个这一章中,我们已经看到,对效率的侧重是如何部分地被追踪它的会计量度标准的杰出所推动的。因此,重要的是要考虑人才量度系统如何能有助于人才学决策科学的出现,而人力资本桥梁框架又如何能指导这一进程。这正是本书第9章的话题。

第9章 人才的量度与分析方法
——超越 LAMP 量度标准

有多少次你听到过,人力资源管理之所以没有得到它应该得到的尊重,是因为它是推测性的,不具备会计、市场营销以及其他领域所拥有的量度标准?对专家们来说,做出如下的断言毫不离奇:要是人力资源职业能开发出更多或更好的"数字"——通常旨在提供表明人力资源投资能带来好结果的客观证据,有关人才与组织的决策就会得到显著的改善。本章从更多的量度标准等于更好的决策这一概念说起,将人才学原则应用于量度,并说明有关人力资源量度的许多流行观念完全错了。

试图把人力资源活动与组织的结果联系在一起的最早期的大量工作出于如下这一目标:开发用以计算人员配备、培训和薪金一类具体的人力资源程序的成本和收益量度标准。[1] 在20世纪的80年代和90年代期间,我们自己的经验与此相类似。因为,我们也是通过开发和认识人力资源量度,来处理提高人才与组织决策的质量的任务。

人们屡屡要求我们,帮助人力资源领导者们开发出更多和更好的人力资源量度标准。因为,鉴于人力资源管理被视为是推测性的,得到对于人力资源投资的支持的关键,是将会被使用会计和财务金融模式的业务领导者们所接受的更多的量度标准。而颇为悖谬的是,在一个又一个组织里,问题完全不在于量度标准的缺乏。事实上,对于它们的活动的量度标准,这些人力资源组织已累积了数百种之多;它们中的一些甚至量化了学习、态度和人员流动率一类效力结果。我们所发现的事实是,人力资源量度固然有用,但对于量度的痴迷,则可以被证明是严重的病态反应。

开发更多的量度标准将不会解决根本性的问题。真正需要做的是,令有关人才与组织投资的决策变得更加系统、连贯一致,并能在人力资源和非人力资源专业人员间分享。人力资源领导者们大概会认为,问题在于,人力资源量度标准竞争不过来自会计与财务金融领域的更发达的量度标准。这种看法是可以理解的。然而,正如我们所曾看到的,那些决策科学的根本性力量不但源于它们的量度标准,而且更重要地,源于它们赖以得到开发和呈现的逻辑。

正如我们先前所讨论过的,一门发达的决策科学的一个标志,是当量度和数据系统同决策框架以及某一特定职能内外部的流程和胜任力的协调一致性协同性地发生作用时。该框架所提供的逻辑能确定需要具备什么量度标准,也能确定量度究竟在哪里最能左右对可持续的战略成功具有巨大影响的决策;量度标准则充实了该逻辑框架——后者基于来自前者的成果逐步演变,等等。与此同时,量度框架提供了用于追踪流程和传授胜任力的数据,以便它们能与决策框架协调一致。本章稍后将举出一个详尽的例子,正好与应用于人才与组织量度的这种演变有关。

人力资本桥梁模型提供了一个用以设计和完善量度系统的有用的逻辑框架,以便使量度的发展能侧重于它可以带来最大影响的地方。在本章中我们将展示,为了对如何改进人力资源量度进行诊断并更好地加深认识,你可以怎样使用人力资本桥梁框架。更重要的是,我们将推荐一种视角,它能通过在最关紧要之处做出的更好的人才与组织决策,将

第9章 人才的量度与分析方法

人力资源量度确认为组织效力的一种催化剂。这就需要远远超越量度标准来进行考察,以揭示出更完整的决策支持和组织变革系统的要素。

在人力资源量度上碰壁

若在一个搜索引擎内键入"人力资源量度"(HR measurement),你将会获得超过90万个结果。记分卡(scorecard)、仪表板(dashboard)、数据矿(data mine)、数据仓库和审计比比皆是。人力资源组织因它们的量度努力受阻于有限的预算而抱怨不已,但即使在那些拥有可观的资源的组织中[事实上,特别(especially)是在这些情况下],人力资源量度技术的阵列也是令人气馁的。矛盾的是,即使当人力资源量度系统实施得很好时,组织通常也会"碰壁"(hit a wall)。[2] 尽管有比以往任何时候都更全面的数据库,以及比以往任何时候都更精密复杂的数据分析和报告,人力资源量度标准也很少能推动真正的战略变革。[3]

如图9-1所示,随着时间的推移,人力资源职业已变得越来越优雅讲究和精密复杂,然而趋势线似乎并不导向预期的结果。只有当业务领导者们为人力资源量度标准负起责任时,胜利通常才会被宣布。人力资源组织常常会自豪地指出这样的事实:顶级领导者们的奖金部分地取决于它们的记分卡量度标准——例如人员流动率、员工态度、后备实力和绩效分配等——的结果。举例而言,有些奖励制度规定,对业务单位经理人员奖金的发放视如下情形而定:将人员流动率减少到目标水平,提高员工投入的平均分数,或将其员工按规定的70%居中、10%垫底、20%拔尖的分布比例予以分类配置。

然而,令业务领导者们设法兑现这类数字与营造组织变革是不一样的。人力资源量度标准必须在组织里产生真正具有战略意义的影响。正如我们已经看到的,人员流动率的降低、增强了的员工投入度,以及绩效的差别并非到处都同等关键。了解这些细微的差异常常是避免代价高昂的错误——基于的是尽管善意但却被引入了歧途的人才目标——的关键。

图 9-1

在人力资源量度上碰壁

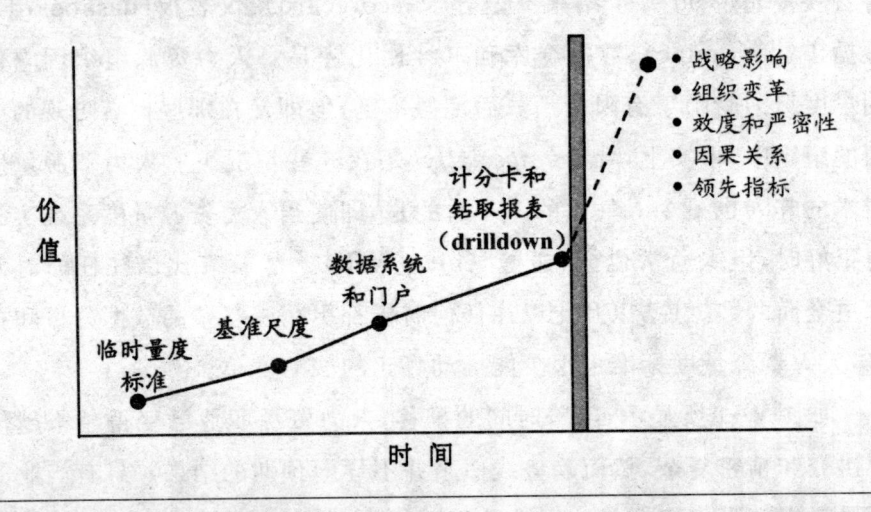

```
价值 ↑
       临时量度      基准尺度    数据系统      计分卡和          · 战略影响
       标准                    和门户       钻取报表         · 组织变革
                                           (drilldown)     · 效度和严密性
                                                            · 因果关系
                                                            · 领先指标
                                           时间 →
```

许多我们与之共事的组织都感到沮丧,因为它们似乎在正确地做着所有量度的事情,然而却看到了对量度系统的预期同这些系统的真实效果之间的差距。

为什么人力资源组织会"碰壁"？正如我们已经看到的,人力资源职业正处于对其范式进行扩展的临界点——从仅仅侧重于遵从和服务,到把对于人才与组织的决策的特定专注包括进来。认清这一范式扩展的意义与影响提供了这样的线索:人力资源量度系统如何能从像财务金融和市场营销这样更成熟的职业的量度系统中,学到宝贵的经验教训。在这些职业当中,量度标准只是通过更好的决策营造组织变革的系统的一

第 9 章 人才的量度与分析方法

部分。

超越对人力资源职能的价值的证明

这里是一个我们通常会向人力资源管理受众询问的问题:"你是否想拥有和会计量度标准同样强有力的人力资源量度标准?"回答总是一个热切的"是"字。然后,我们会问这样一个后续问题:"有多少会计量度标准会告诉你,会计部门做得怎样?"

言下之意是显而易见的。许多的人力资源量度标准都源于这样一种愿望:证明对人力资源流程或程序的投资的正当性。通常情况下,人力资源管理寻求量度的目的,不是为了改善决策,而是为了增加外界对人力资源职能及其所提供的服务和活动的尊重(和潜在投资)。人才的量度往往更多是对人力资源职能的验证的探究,而不是对更好的人才及组织决策的寻求。

在财务量度方面,对会计或财务金融部门如何运营加以量度当然重要。对内部的职能性控制而言,量度标准——如交易处理时间、基准人员编制等——很重要。然而,绝大多数用于财务决策的量度标准并不关心财务金融和会计服务是如何提供的。财务量度标准通常侧重于结果——影响财务资源的决策的质量。

传统的人力资源量度方法的意义和影响之一是,它往往使人力资源专业人员处于一种困境当中:如果量度的结果表明人力资源管理做得好,并不会有人在意;如果量度的结果表明存在一个问题,即使当问题并不是人力资源职能造成的时候,它仍然会被指派给人力资源管理方面去料理。一个典型的例子是人员流动率:如果它低了,人力资源管理方面不会得到表扬;如果它高于它应有的水平,就会成为人力资源管理问题,而不是业务问题。这与财务量度标准形成鲜明对照:当一个部门落后于

243

预算,会计部门很少要对解决这一问题负责;相反,会计及财务金融职能被委派的任务会是,提供能起到如下作用的识见、量度标准和框架:能对该问题加以强调的同时,给出可供业务领导者们周密地做出适当反应的心智模式。

如今,大部分的人力资源量度标准所着眼的,是人力资源职能如何使用和配置其资源。对该部门的满意度也会被加以度量。作为决定人力资源部门应该做什么和不应该做什么的第一步,一些人力资源组织实际上用不同的程序来量度满意度。我们已经提出,朝向人才学决策科学的范式转移有赖于人力资源管理为改善整个组织的人才决策负责。这就需要一个将这些投资同组织效力联系在一起的框架;但它也需要针对量度如何能推动战略性变革,采取一个更全面的视角。我们下一步将对这一框架进行描述。

LAMP 框架

我们认为,朝向一门人才决策科学的范式转移,是抵达"墙壁"另一面的关键。传统方法中的渐进性改善是不够的。利用被我们称为"LAMP 模型"(LAMP model)的方法,人力资源量度可以越过墙壁。[4] LAMP 中的四个字母代表着推动战略变革和组织效力的量度系统的四个关键组成成分。如表 9-2 所示,这些字母分别代表逻辑(logic)、分析方法(analytics)、量度标准(measures)和流程(process)。量度标准只代表这个系统的一个组成成分。虽然必不可少,但若没有其他三个组成成分,量度标准注定要继续脱离于人力资源量度系统的真正目的。

LAMP 不仅仅是一个首字母缩写,它也是对现今人力资源量度困境的一种隐喻(译者按:英文的"灯"字也作 lamp)。设想一下这个例子:一名男子晚上在外散步时,遇到了一个醉鬼;那人在路灯下的人行道上,

第9章 人才的量度与分析方法

正认真地在找寻着什么。

"你丢了什么东西吗？"他问。

"我的车钥匙。我已经找了它们一个小时了。"那人回答。这名男子迅速地反复察看了这块地方，什么也没发现。"你确定是把它们丢在这儿了？"

"不，我是在那边的暗巷里丢的。"

"如果你是在暗巷里丢的你的钥匙，你为什么不去那边找呢？"

"因为灯在这里。"

投资回报率不是圣杯

通往一门人力资本决策科学的道路上，铺满了表明人力资源管理能产生正向的投资回报率（ROI）的迹象吗？这当然称得上我们从业务领导者和人力资源量度顾问那儿听到的最惯常的主张之一。如下的论断一直很常见：计算人力资源程序与做法的投资回报率，是战略性的人力资源决策的圣杯（Holy Grail）；一门决策科学的终极目标，是创造有效而可信的投资回报率数值。了解在人力资源程序与做法上的投资及其回报是有益的，但对投资回报率的寻求，将不会为一门决策科学的缺乏或是人才细分的两难困境提供全部的解决办法。

大多数的投资回报率计算都改变不了至关重要的人力资本和组织资源决策。它们主要是事后用来证明人力资源投资的价值。投资回报率造成了错误的关注点。投资回报率是一项具体评估，但对于几乎所有决策而言，必要的信息是，回报是否超过了一些最低

245

要求的预期回报率或临界值(threshold)。[a]一项人力资源投资的结果一旦在计入风险因素的基础上超过了这一回报,对大多数决策而言,它们是超过了1%还是100%都无关紧要。然而,我们已经看到,许多好的人力资源投资之所以被否决,是因为投资回报率评估的精确性并非完美。而这一不精确性往往并未改变这样一个事实:即使按照最保守的假设,投资也能得到回报。

人们往往错误地认为,当投资回报率是正数时,某一程序就已实现了最大限度的影响。这未必一定如此。如果经过更好的培训或选拔的员工所创造的价值大于培训或选拔的成本,这并不意味着这就是这些资源的最高的潜在回报。它也并不意味着人力资源程序被用在了它能带来最大影响的地方。这与市场营销的情形一样:一项广告活动可能会增加在看到广告的那些人中的销售额,但这并不意味着这一群体是能带来最大销售额或利润的恰当的客户群。

典型的投资回报率计算每次着眼于一项人力资源投资,而不去考虑作为一个投资组合,这些投资如何相互作用。培训可以带来超出其成本的价值,但如果把它同对与培训成果相关的个人奖励的适当投资相结合的话,那么,这一价值是否还会更高?

因此,要了解投资回报率并把它置于决策的背景之下,就有赖于一个用来区分和整合效率、效力和影响的框架。

---

a. 约翰·W. 布德罗:"决策理论对人力资源管理研究与实践的贡献"("Decision Theory Contributions to HRM Research and Practice"),《劳资关系》(*Industrial Relations*),1984年第23期,第198~217页。

人才与组织的量度系统在许多方面,就如同那个在有灯的地方而不是在最有可能找到钥匙的地方寻找钥匙的人。这一点已经被信息技术

第9章 人才的量度与分析方法

图9-2

把"灯"(LAMP)点上

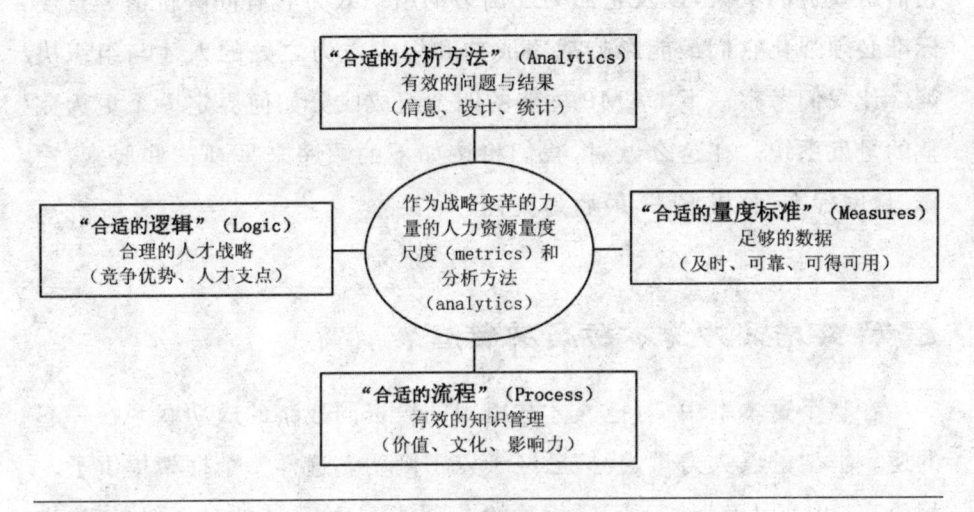

```
                    "合适的分析方法"(Analytics)
                        有效的问题与结果
                        (信息、设计、统计)

"合适的逻辑"(Logic)      作为战略变革的力      "合适的量度标准"(Measures)
  合理的人才战略         量的人力资源量度          足够的数据
 (竞争优势、人才支点)    尺度(metrics)和       (及时、可靠、可得可用)
                       分析方法
                      (analytics)

                     "合适的流程"(Process)
                       有效的知识管理
                      (价值、文化、影响力)
```

方面的进步所加剧。这种进步常常提供了强大的技术能力——远远超过了能妥善地使用它们的决策科学和流程的能力。因此,能发现这样的组织并非异乎寻常:围绕着效率量度标准或主要来自于会计制度的量度标准,它们已经投入了可观的资源,在打造讲究的搜索和交互式演示技术。

矛盾的是,真正的识见可能存在于没有规范的会计量度标准的地方。而人力资源外包——往往以效率为主要的价值主张、IT技术为主要的工具——的显著增长加剧了这些问题。针对合适的领域的哪怕并不完善的量度标准也可能比用错了地方的精致的量度标准更具启发性。就像有人曾经说过的那样:"在钥匙被遗失的巷子里,即使只有一枚光线微弱的笔形手电筒,也总比一盏指向另外一个地方的非常明亮的街灯强。"

如图9-2所示,如果人力资源量度着眼于一个决策科学框架内的最终量度目标,那么,它将能最迅速地取得进展。说到底,量度系统仅与它们所改进的决策,以及它们为之出力的组织效力具有同等价值。量度标准必须强化它们最能影响战略成功和组织效力之处的人才与组织决策。让我们考察一下LAMP框架的四个组成成分如何界定一个更为完整的量度系统。在这么做时,我们将按如下的顺序来呈现这些要素:逻辑、量度标准、分析方法,最后是流程。

逻辑:实施人力资本桥梁决策框架

在整个这本书中,对把人才与组织的投资同战略的成功联系在一起的逻辑框架的巨大力量,我们已经予以了阐明。这样一个框架提供了一种语言,可以用于与如下问题相关的、一贯深入的系统性对话:如何改进组织靠人才竞争并对人才进行争取的方式?组织是如何被设计的?一旦逻辑明确了,以前并不明显的量度标准便显现了出来。还记得我们的两个例子:当波音公司认识到,关键的协调一致行动也包括促进全球团队的协作时,它便开始用不同的方式来量度其工程师的行为绩效;由于员工的信任度和酌情决定权的战略重要性,星巴克量度其咖啡师的投入程度的方式便与依赖标准化的快餐店不同。问题的关键在于,与人力资源和人才管理系统的情形十分类似,当逻辑先于量度,以及当量度标准同逻辑支点——它们给战略的成功和组织在其人才市场上的独特地位带来了最大影响——紧密地结合在一起时,量度系统是最强有力的。

量度标准:考虑值得考虑者

正如前面所指出过的,在人力资源管理领域中,LAMP模型的量度

第9章 人才的量度与分析方法

标准部分得到了最大程度的关注。人力资源量度标准的列表多如牛毛，往往被归类为记分卡和仪表板。基于诸如及时性、完整性、可靠性和连贯一致性等标准，大量的时间和注意力被放在了提高人力资源量度标准的质量上。这些固然是重要的标准，但如果缺乏来龙去脉，它们能被追求得远远超出它们的最优水平或被应用到它们几乎没有什么重要意义之处。

对人员流动率的量度提供了一个很好的例子。人力资源组织已经用了数不清的时间辩论人员流动率的恰当公式，以及它能赖以计算出来的精确度和频率。我们曾与之共过事的一个人力资源数据仓库团队说："我们已经建立了迄今为止最精密复杂的人员流动追踪数据和网络界面。现在，我们将把它放在那儿，看看我们的经理人员们会用它来做些什么。他们是战略领导者，所以他们将帮助我们了解如何分析人员流动的数据。"[5] 而实际发生的则是，经理人员们开始用各种各样的方法来切分数据，每个人都在追逐着他或她自己特别倾心的、有关人员流动率及其为什么重要的理论：有些人是根据种族背景形成人员流动率报告，另外一些人是基于技术水准，还有一些人则是基于绩效，等等。在影响业务或战略的成功方面，如果没有一个有关员工流动的作用的共同逻辑，善意的经理人员将会得出误导性的或危险的结论。

正如我们在本书前面几章已经看到过的，视乎战略和业务的背景，人员流动率或任何其他人力资源量度标准的意义与影响会大不一样。在人才具有质量关键性的地方，因为求职者具备良好的资格并能迅速胜任工作，人员流动是由于它的成本和它对人才短缺的影响而重要。人员流动也主要是通过足额员工的缺乏，对组织产生影响。因此，更为迅速地对职位空缺进行填补可以解决这一业务问题。

一种完全不同的局面是，在具有质量关键性的职务位置上，人员流动造成了一种能力短缺。例如，在需要花时间熟悉工作职位之处，以及富有经验者被经验不足者所取代之处,降低人员流动率或更迅速地填补职位空缺未必能解决这一问题。如果富有经验的员工间的离职人数上升,而缺乏经验的员工的离职人数以一个相等的或较大的数目下降,那么,人员流动率能在不增加整体的劳动力经验的前提下降低。在这里,人员流动对劳动力的学习和素质的影响是关键。因此,降低人员流动的程度和减少填补职位空缺的时间可能远不及留住有经验的员工或在新员工当中加快学习的速度来得重要。

最后,与人员流动同样重要的是,我们很少看到组织量度离职员工的去向。对于许多角色来说,这实际上是人员流动最大的经济影响。最常见的区别存在于自愿和非自愿的人员流动,以及有人离开的原因之间。然而,知道离职者去往何处往往非常关键。例如,要是有人自愿离职去为一个竞争对手工作(也许随身带着有价值的知识——或乃至关键的客户),那么,就与完全离开该行业大不相同。

精密度本身并不是万能的。有很多方式可以使人力资源量度标准更为可靠和精确,但仅仅专注于量度的质量,只不过能产生照射在并非钥匙所在之处的某个地方的更亮的灯光而已!对于量度质量的考虑必须置于决策支持的背景之下。改进的量度标准需要投资,但这种投资应该被导向它有最大回报之处,而不仅仅是改进本身最为可行之处。

诊断量度系统

人力资本桥梁框架的逻辑要素——效率、效力和影响——也为构建量度系统提供了模板。组织可以使用人力资本桥梁框架来确定,它们的量度标准是否恰如其分地体现了三个定位点。世界大型企业联合会(Conference Board)的研究表明,人力资源量度标准的绝大多数属于效率定位点的范畴。[6] 如表9-1所示,组织对用在人力资源程序上的资源、人力资源程序的频率或存在,或者在某些情况下,劳动力的人口统计特征进行量度。[7]人员的流动和辞职率属于最常见的量度标准。

有效组织中心最近的研究表明,在所有三个领域——效率、效力和影响——里都拥有量度标准,与人力资源领导者在战略形成中所扮演的角色的重要程度相关。表9-2显示,在每一个类别中的人力资源量度标准的存在同人力资源领导者意识到战略中的更强大角色的程度之间,有着显著的相关性。[8]

表9-1 最高频率人力资本量度标准

人员流动	96%
自愿辞职	84
平均报酬	82
劳动力平均年龄	77
多样性	76
报酬/总成本	76
平均年资	75
工伤事故频率	74
可变报酬百分比	71
股票期权百分比	71

资料来源:斯蒂芬·盖茨(Stephen Gates):《不仅仅量度效率》(*Measuring More Than Efficiency*),纽约市世界大型企业联合会(Conference Board)2004年研究报告 r-1356-04-rr。

表9-2中的数据显示,量度标准是按影响居上、效力居中和效率居下加以安排的。而平均数表明,在调查中组织更经常地报告说,效率量度标准现在已经存在[在四点量表(four-point scale)上,数字更接近于4],而效力和影响量度标准则更可能处于"正被考虑"阶段(在量表上更

表 9-2 量度定位点和战略伙伴关系

定位点	贵组织目前……	平均数	与战略中人力资源管理角色的相关性
影响	收集量度人力资源程序和流程的业务影响的量度尺度吗？	2.7	.20*
效力	使用仪表板或记分卡来评估人力资源绩效吗？	2.9	.31**
效力	使用量度标准和分析方法来评估和追踪被外包的人力资源活动的绩效吗？	2.7	.30**
效力	拥有反映了人力资源程序对劳动力的影响的量度尺度和分析方法（即胜任力、动机、态度和行为等）吗？	2.7	.29**
效力	有能力进行人力资源程序的成本-效益分析（也称为"效用分析"）吗？	2.5	.19
效率	量度人力资源运作的财务效率（例如，单位招聘成本、空缺填补时间、培训成本）吗？	3.1	.29**
效率	收集对提供人力资源服务的成本进行量度的量度尺度吗？	3.0	.24*
效率	对分析方法和量度标准进行基于外部组织〔例如，萨拉托加（Saratoga）、美世（Mercer）、翰威特（Hewitt）等〕的数据的基准测试吗？	3.0	.11

回答的数值范围：1 = "目前未予考虑"至 4 = "是的，现在已经开始" * $p \leqslant 0.05$ ** $p \leqslant 0.01$

资料来源：爱德华·E.劳勒三世、约翰·W.布德罗和苏珊·莫尔曼：《实现战略的卓越》（加州帕洛阿尔托市：斯坦福大学出版社，2006 年版）。

接近于 1）。然而，当每一个类别的量度标准的存在被与战略中人力资源管理的角色问题的回答相比较时,对于几乎每一项量度标准来说,在它的存在同人力资源管理更强大的战略角色之间,都存在着一种关系。贯穿整个决策框架的量度标准是必需的;并没有一个领域比其他领域与战略伙伴关系更为相关。因此,重要的是,对自己的量度系统与人力资本桥梁框架的要素对应(map)得有多好,人力资源组织要审慎地加以考虑。

在我们与组织的合作中,我们已发现,将定位点用为一种诊断性框架,就把注意力从简单地罗列量度标准或使用标准的记分卡类别对它们加以组织,引向考虑每个量度要素如何与其他要素相联系,以说明与体现在该框架内的逻辑联系相关的情况。当我们向人力资源领导者们问及,他们大多数的量度标准所在何处时,他们通常的推论是,其量度标准的大多数,因此也包括其相关成员的关注点,是在框架的效率部分。

他们还认识到,有很多已经存在于其他管理系统中的量度标准可以有效地纳入他们的人才与组织的量度方法内,以反映效力和影响。例如,许多量度标准的存在所针对的,是来自于人力资本桥梁框架的影响部分的重要流程与资源,但是,它们本属于诸如供应链、信息系统、生产制造和研发等其他职能的范围。

当人力资源职能内外部的领导者们开始就我们前面所阐明的约束因素和至关重要的支点展开深入的对话时,他们通常会发现,流程的所有者们可以将他们关键的流程量度标准,同人力资本桥梁框架效率部分内的更典型的人力资源量度标准联系在一起。在本章后面米自于有限品牌公司的实例中,我们将看到这一联系的力量。

在组织数据库中发现人才与组织量度标准

对于了解组织数据库的结构和人才学决策科学之间的联系,人力资本桥梁框架的定位点也提供了一种有用的透镜。正如我们所看到的,考虑如何用量度来充实人力资本桥梁框架是有益的;了解组织数据库的结

图 9-3

时间推移下量度尺度的成熟度

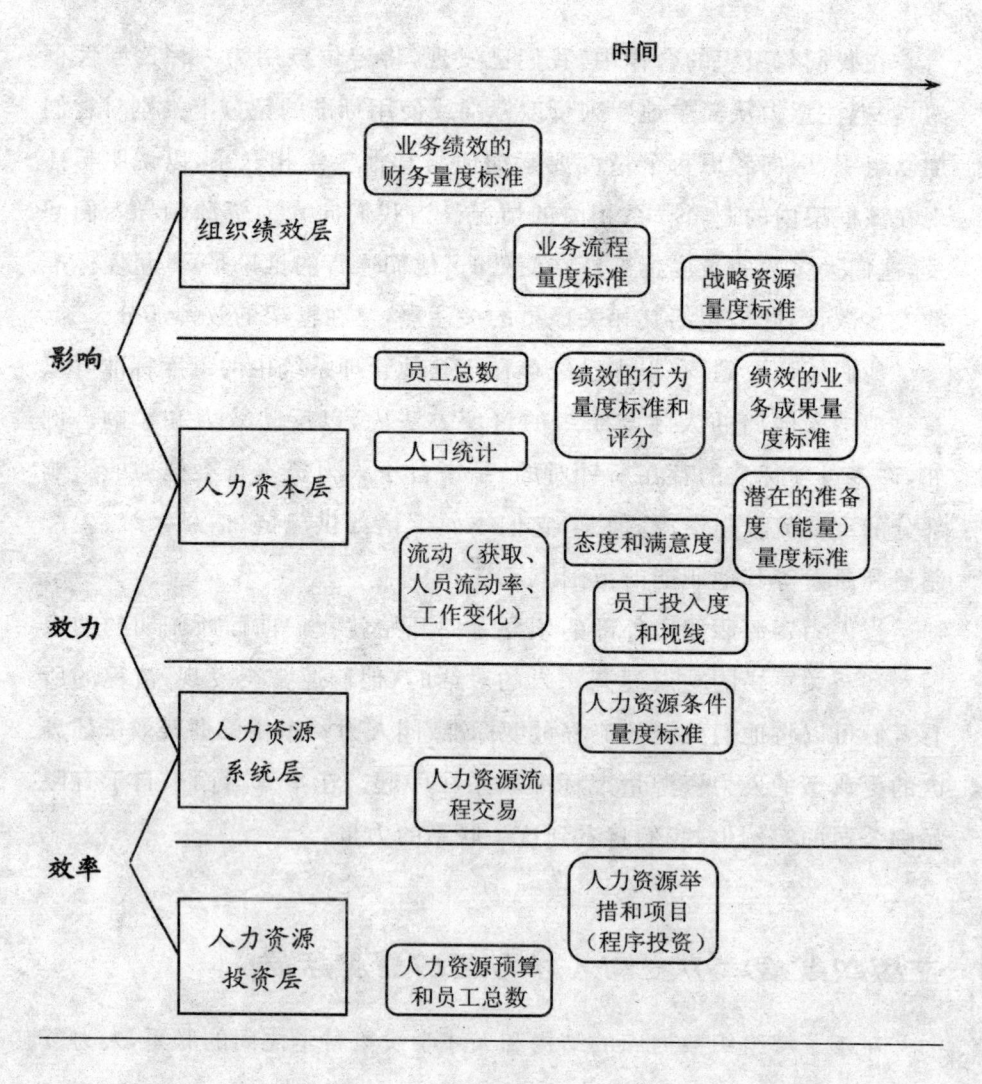

```
时间 →

影响 ┐
     │  组织绩效层
     │    业务绩效的财务量度标准
     │    业务流程量度标准
     │    战略资源量度标准
     │
     │  人力资本层
     │    员工总数
     │    人口统计
     │    绩效的行为量度标准和评分
     │    绩效的业务成果量度标准
效力 ┤    流动（获取、人员流动率、工作变化）
     │    态度和满意度
     │    潜在的准备度（能量）量度标准
     │    员工投入度和视线
     │
     │  人力资源系统层
     │    人力资源条件量度标准
     │    人力资源流程交易
效率 ┤
     │  人力资源投资层
     │    人力资源预算和员工总数
     │    人力资源举措和项目（程序投资）
```

构和这些量度标准可能应存在于何处也十分重要。数据仓库技术可以整合来自于不同系统和流程的数据。能将这类数据库应用于人才与组织决策的组织结构,人力资本桥梁框架可以提供。

该框架还针对典型的量度的成熟度曲线,提供了一种有益的视角。人力资源管理职能和组织必须认识到:将量度标准与一门决策科学联系起来需要时间;而什么是可行的,也将取决于现有的量度标准和数据。几乎没有什么组织量度系统,是专为反映一门人才与组织的决策科学而设计的。它们更可能反映的是财务、运营、市场营销或其他视角。因此,可采用的能支持人力资源决策科学的量度标准将会因系统的成熟度不同而有所不同。图9-3记录了这一关系。

图9-3的左侧,是人力资本桥梁框架常见的定位点。在这里,该框架被与大多数组织数据系统所界定的典型的数据类别或层级匹配了起来。其主旨是为组织的领导者们提供一张脉络图——可用来把人力资本桥梁要素同他们在现有信息系统内遇到的数据的结构整合在一起。在每一层之内,也存在着数据的精密复杂性或成熟度的递增现象——在每一层之内,该图显示为从左向右移动。

组织绩效层

在最上方的是组织绩效层。这一层的数据反映了规范的组织绩效量度标准,例如资产、现金、销售额和总成本水平。基本的数据系统通常包含了用于企业、业务单位以及职能层面的财务报告的信息。这样的量度标准既重要又有用,特别是对于外部的财务报告和大多数的管理报告而言。然而,正如我们已经强调过的,揭示战略支点所必需的数据往往更隐蔽,深植于组织和业务的流程与资源——例如生产制造、供应链、研发、销售和客户关系——的量度标准之中。这类数据往往存在于追踪这些流程与资源的管理会计制度之内,但正如本图表所示,在尚未达到一个后来的成熟阶段的组织的数据系统内,它们并不总是可以轻易得到的。

人力资本层

下一行显示的是人力资本层。这一层的数据一般处于人力资源信息系统之内。在最基本的系统内,这一层的数据往往反映了政府和财务报告所需的信息,主要侧重于不同的工作职位或组织单位内的人口统计和员工总数。与人口统计和员工总数方面的数据密切相关的,是有关员工进入、离开组织的职务位置,以及在组织的职务位置之间流动的数据。

当人力资源信息系统趋于成熟之时,它们通常会把通过员工调查收集起来的包括态度在内的数据纳入进来。这类调查最终会发掘员工的投入度,以及他们对从工作到更大的组织任务的视线的看法。接下来,数据系统将合并来自于绩效量度系统的数据——包括绩效评级,也许也包括具体的绩效行为方面的信息。一旦有可能搜集到来自于绩效管理系统的数据,也就有可能搜集到有关员工的潜力和准备度(readiness)的数据,特别是当这些评级是通过与业绩评级相同的流程(例如绩效在一轴、潜力在另一轴的常见二维格式)进行的时候。最后,精密复杂的系统将会追踪与业务成果直接相关的个体层面的行为。例如,一些较为精密复杂的系统所追踪的,是特定个体的具体的销售和专利。

将组织绩效层和人力资本层联系在一起,支持的是人力资本桥梁框架的影响要素。一个例子也许是使被观察的行为(例如,像"共享信息"或"按时完成客户关系的文书工作"等基于行为定位的绩效尺度)与业务结果(例如,个体的销售收入或客户满意度分数)相互关联起来。这种关联提供了一种方式,可以量度我们前面描述的绩效收益率曲线。

人力资源系统层

第三个数据层是人力资源系统层,也经常能在人力资源信息系统内被发现。它侧重于人力资源流程的绩效和活动层面的数据,而非与个人联系在一起的量度标准。这一层的基本数据包括培训、人员配备、人力发展和奖励这一类人力资源活动。它反映的是流程业务的数量(所填写的需求单、所完成的绩效评级、所提供的培训日,等等)一类要素。当数据系统趋于成熟之时,我们会鼓励收集有关系统成功的必要条件的数据。这方面的内容我们在本书前几章里描述过。

在这些条件下重新聚焦量度,会对决策流程及人力资源管理职能与其客户间的受托责任关系(accountability relationship)产生强大的影响。例如,早期的学习管理系统量度的,可能是所提供的或所参加的培训的次数和类型;而一种更先进的系统所开发的量度标准针对的,则可能是学习的发生和利用所必需的条件。这些条件可能包括学习体验的准备度(例如有学习的积极性并了解学习将如何涉及一个人的工作)、学习(所获得的实际知识或技能水平)和调动(在学习体验之后,应用学识的机遇得到提供的程度)。正如我们之前提到的,能影响准备度和调动这两种条件的,主要是学习者的直属上司,而较少是学习体验本身。

要想看看量度系统如何支持人才学要素,不妨回忆一下我们先前的例子:员工绩效低,是由于缺乏准备度或调动。典型的量度系统只反映所提供的培训。所以,当员工的经理人员因受过培训的员工没有表现得更好,而抱怨培训没有产生预期的结果时,人力资源量度系统却显示,这些员工都被适当地培训过。

现在不妨考虑一下,如果该系统含有适合于不同管理者的有关准备度、学习和调动的相对水平的数据,那么会发生什么。这类数据就可能显示,这个经理人员的员工所学习的,与其他经理人员的员工一样多,但他们在准备度与(或)调动方面则低得多。虽然人力资源职能对学习有着极大的影响力,经理人员对准备度和调动拥有最大的影响力。我们相信,更先进的人力资源系统量度标准将会越来越频繁地把主要在人力资源管理范围之外的领导者控制下的条件(例如,为参与者参加学习做好准备,为其尽展所学提供机遇),同那些在人力资源职能控制下的条件(例如,一个培训程序的质量)加以区分。

能最显著地影响人力资源系统的成功的许多条件更多地受控于人力资源职能外部的而非内部的领导者们。正如会计显示的是哪些单位表现得高于或低于预算一样,人力资源系统层更先进的量度标准将显示的,是这些单位在由针对这些系统的基于决策的方法所界定的重要条件之下的相对绩效。

将人力资源系统层同人力资本层联系在一起,往往能提供影响人力资本桥梁框架的效力定位点的数据。

人力资源投资层

最后的数据层是人力资源投资层。这类系统几乎总是始于对用于人力资源职能内部的资源的侧重,包括会计预算和人力资源管理员工总数。当系统趋于成熟时,它们扩大到包括基本的人力资源可交付成果(HR deliverable),例如程序的数量、使用它们的员工人数、它们的频率,以及花费在具体的人力资源举措上的时间和资金。

把人力资源投资层中的数据与人力资源系统层的数据联系在一起,支持的是人力资本桥梁框架的效率定位点。

对于人力资本桥梁框架的量度意义与影响的一个全面讨论超出了本书的范围。我们这里的目的是要说明,人力资本桥梁框架如何能为记分卡或者其他系统——它们只着眼于将人才与战略的成功联系起来的逻辑的一部分——提供一个替代性选择。使用这四个层级,组织便可以

第9章 人才的量度与分析方法

针对如下问题开始讨论：它们将如何用能记录人才、组织和战略的成功之间的重要联系的独特方式，实际地量度人力资本桥梁框架的连接要素。

分析方法：在数据中发现答案

如果分析做得不正确，即使是拥有好的量度标准的非常严谨的逻辑也可能错误百出。例如，如下这种联想是合乎逻辑的：当员工的态度积极时，员工就会把这些态度传达给顾客；顾客反过来会拥有更正面的体验并购买得更多。通过跨不同的零售地点把员工的态度与顾客的态度关联起来，许多组织对这一逻辑前提进行检验。如果在员工的态度更积极的地点内，顾客的态度也更积极且购买的东西也更多，那么，这就会被解释为具有如下的含义：改善员工的态度将能改善顾客的态度。正是基于这种相关性证据，许多组织都已在程序上投入了大量资源，以改善一线员工的态度。

当然，这个结论可能是错误的，这类投资也可能是一种误导。员工和顾客的态度之间的简单相关性并不证明一个会引致另外一个，也不能证明改善一个将会增益另一个。例如，员工和顾客的态度之间的高相关性可以因为如下情形而发生：位于拥有更忠诚更坚定的顾客的地点的店铺，是更令人愉快的工作场所。实际上，顾客的态度可以导致员工的态度的变化。又或许，这一关系的产生可能是由于第三个因素：地点。处于更好的地点的店铺也许能吸引买得更多和更热衷于新的供给品的顾客。处于这些地点的员工可能会更喜欢与这类顾客打交道也感到更满意。结果是，店铺的地点既决定了店铺的绩效也决定了员工的满意度。

分析方法如何支持更好的决策

分析方法凭借的,是从数据当中确定正确结论的科学。它利用了统计学和研究设计,又进而把下列内容包括了进来:确定和阐明关键问题,收集和使用人力资源职能内外部的恰当数据,于统计的严谨和实际适用性间保持适当的平衡,在整个组织中发展分析的胜任力。分析方法将人力资源管理的数据和量度标准转换为缜密而中肯的识见。

数据变得愈丰富,分析能力便愈加必不可少。如果没有足够的分析能力,人力资源和业务领导者们就可能沦为不当结论的牺牲品,或被肤浅的模式所误导,做出低劣的人力资本决策。分析方法确保来自于人力资源数据的识见,能为人力资本决策提供合理的和可靠的基础。因此,分析方法是严谨的逻辑的必要添加。分析方法常常提供了一种突出的方式,可以把决策框架同和人才与组织的资源及决策相关的科学的研究结果联系起来——作为一门成熟的决策科学的重要成分,这是我们之前强调过的。最合适和最先进的分析方法经常是在科学研究当中发现的。

在组织中发现人才分析方法

组织正越来越多地投入特定的资源,以改进应用于人才与组织决策的分析方法。长期以来,分析方法一直是心理学、社会学和经济学这一类领域内,培训社会科学家的标准"部件"。许多人力资源组织都已经聘请了研究团队。这类团队的成员通常是在设计和进行研究方面,受过博士水平训练的社会科学家。

其他的组织则依赖于人力资源职能以外的分析能力。例如,在客户和市场分析方面拥有很强能力的组织常常会让它们的分析师从事人力资源问题的研究。正像市场研究人员能够确定细分客户群一样,发现他们被召集来寻找员工态度的模式并确定员工的类型并非不同寻常。工程师们可能善于在石油矿床(oil deposit)、客户人口统计资料,以及供应链的流动等各种各样的物事上,进行数据挖掘和模式识别;他们有时会被要求在有关员工的人口统计、工作职位间的人员流动模式、人员流动率或员工态度的数据中,去发现有用的模式。而一些人力资源组织则会依赖多种多样的商业供应商或大学的分析能力。

人力资源分析(方法)团队也常常被约请为主题专家(subject matter expert),以支持其他人力资源专业人员,并被要求培训其同事,以帮助提升人力资源职能内的分析意识(analytical awareness)水平。例如,太阳微系统公司为人力资源管理创建了一个研发实验室。随着时间的推移,这个实验室经历了这样的演变:从提供关于人力资源程序的影响的非常具体的研究,到提供面向人力资源管理职能内其他人的分析专长,最后再到提供关于虚功(virtual work)一类问题——被认为对于该组织的战略未来至为关键——的前瞻性研究。[9]

不管分析技能是存在于人力资源职能内部、公司的其他部门里,还是属于一个外部组织,人力资源分析团队目前通常着重于相当狭窄的人力资源领域。不足为奇的是,内部的人力资源研究小组专门致力于态度调查、报酬市场数据或绘制员工在不同的角色和职务位置之间的流动图。在这些相当专业的领域之外,这些技能正越来越有价值。分析技能甚至出现在胜任力模型当中。[10]面临的挑战是,如何营造在这些技能可以产生最大影响之处成功地将它们吸引住的人力资源量度系统和组织结构。正如我们已经看到了的,人力资源管理最有趣的和最重要的决策涵盖了人力资源管理的各项职能特长,往往有赖于对资源、流程和差异化因子一类人才与组织要素之间的关系的了解。因此,未来的人才与组织分析师们将会越来越多地整合和构建的,是体现了商业、经济和战略背景的跨组织的数据库和设计研究。

人才学视角允许我们设想这样一种未来:人才与组织的分析方法将

与市场营销、财务金融、运营和信息系统这类领域内的主流分析方法,更为紧密地联系在一起。现今的人才分析方法常常与更为成熟的职能分析相分隔,且常常只在其他分析结束后才得以完成。正如我们在整个这本书中所看到的,这样一种分隔并没有必要。相反,通过纳入来自于人才与组织的识见,传统的战略和业务分析将得到提高,并将以改进人才与组织决策为标的。

流程:使识见具有激励性和可操作性

LAMP框架最后一个要素是流程。在人才学里,人力资源量度的终极标准,是它如何影响组织效力和可持续的战略成功。量度通过它对决策和行为的影响,影响着这些结果。而这些决策和行为发生于社会结构、知识框架和组织文化规范的一个错综复杂的网络内部。因此,有效的量度系统的一个关键的组成成分,是它们适合于反映了学习和知识转移原则的变革管理流程。人力资源量度标准和支持它们的逻辑,是影响力流程的一部分。

例如,研究表明,如果经理人员本来就没把人力资源问题视为战略的和分析的,那么他们就可能完全忽略有关人力资源管理的数字和分析信息。[11]他们似乎将人力资源管理置于一个不能分析的推测性现象类别里,因此实在只可通过意见、政治或其他较少分析意味的方法来加以处理。

因此,有效的量度的初始步骤,是让经理人员接受这样的观念:人力资源分析是可能的和使人增长知识的。做到这一点的方式通常是,不立刻提供最精密复杂的分析。最好的方法可能是,给出能与经理人员已经使用的心智框架明确联系起来的相对简单的量度标准。在一些组织里,人员流动成本的计算揭示出,数百万美元可能因人员流动率的降低被节省下来。组织的领导者们曾经告诉过我们，人员流动的成本分析使他们第一次认识到，人才与组织的决策对他们所熟悉的经济和会计流程具有切实的影响。

当然，要做出好的决策，只量度人员流动的成本是不够的。正如我们前面所指出过的，削减人员流动成本的过分热切的企图会以比成本的节省显著得多的方式，危害职位候选者的质量。然而，启动变革流程的最好的方式可能是，首先将人员流动成本呈现出来，以造成这样的必要认知：用于财务、技术、市场营销投资的同样的分析逻辑也可以应用于人力资源管理。

我们前面指出过，一门人才与组织决策科学的演变的一个重要成分，将是从通过对客户的要求做出反应或告诉相关成员所要求的是什么来培养影响力，向通过教会相关成员那些他们能用来做出更好的决策的原则和逻辑来提高人力资源管理的影响力转型。[12]教育也是变革流程的一个核心要素。来自于财务金融学科的投资回报率公式，其实是针对财务决策的关键组成成分对领导者们施教的有效工具。依照同样的情况，当人才学决策科学被接受时，人力资源量度将会对相关成员施教，并将被深植于组织的学习与知识框架之内。

让我们把注意力转向我们讨论过的原则的一个综合的例子。它来自于一家全球性零售组织——有限品牌公司。

有限品牌公司的店铺级量度的演变

作为一家全球知名的零售商，有限品牌公司经营着一套均衡的零售品牌组合，包括内衣["维多利亚的秘密"(Victoria's Secret)]、一般性服装["有限淑女装"(The Limited)]，以及个人护理品["沐浴和美体工场"(Bath & Body Works)]。[13]有限品牌公司的核心流程是店铺经营。该公司采用一种决策科学的方法,来分配诸如不动产、技术、资金和人才等稀缺资源。

与许多典型的零售商一样,有限品牌公司拥有精密复杂的量度系统和决策框架,可用于其店铺内的许多关键资源。但是,用于人才与组织的模式和量度标准还未获充分发展。2004年,该组织着手改变这种情况。它的经验生动地说明了如下这些做法的力量:采用人才与组织量度的一种决策科学方法;将量度标准同一种共享的和合乎逻辑的决策模式联系在一起;开发能深刻地反映核心流程与资源,而不只是顶级成果的量度标准。

图 9-4

倒转有限品牌公司的量度逻辑

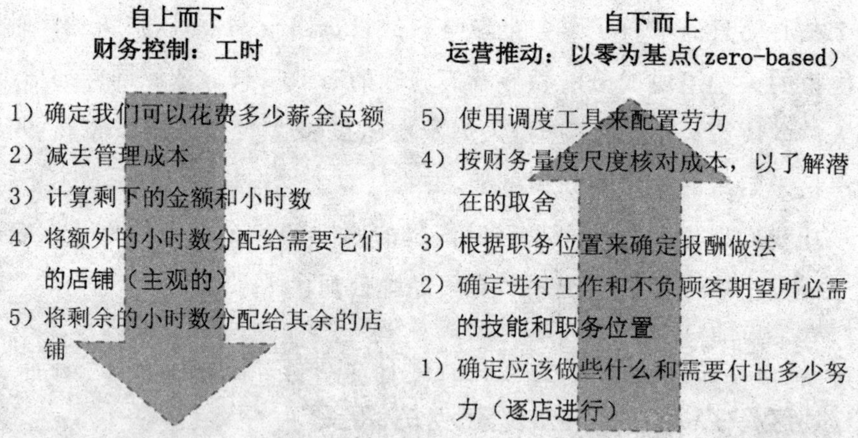

自上而下 财务控制:工时	自下而上 运营推动:以零为基点(zero-based)
1) 确定我们可以花费多少薪金总额 2) 减去管理成本 3) 计算剩下的金额和小时数 4) 将额外的小时数分配给需要它们的店铺(主观的) 5) 将剩余的小时数分配给其余的店铺	5) 使用调度工具来配置劳力 4) 按财务量度尺度核对成本,以了解潜在的取舍 3) 根据职务位置来确定报酬做法 2) 确定进行工作和不负顾客期望所必需的技能和职务位置 1) 确定应该做些什么和需要付出多少努力(逐店进行)

资料来源:托因·奥贡(Toyin Ogun):"有限品牌公司的人才量度"(Limited Brands Talent Measurement)[南加州大学有效组织中心"量度尺度和分析方法高层管理项目",2005年(Metircs and Analytics Executive Program, Center for Effective Organizations, University of Southern California)]。经许可翻印。

第9章 人才的量度与分析方法

从"报薪金总额的账"到"配置人才资源"

作为有限品牌公司的一名人力资源管理副总裁,托因·奥贡指出,人才与组织量度改造的动机是这样一种认识:有关人才与组织的决策主要建立在以会计学为基础的薪金总额(payroll)的追踪与分配制度之上。图9-4显示了位于左侧的现行系统和位于右侧的期望系统之间的对比。请注意,这两个系统都可以被描述为以量度、事实和证据为基础。事实上,在许多的组织当中,可以追踪店铺的薪金总额分配的记分卡将会被视为一种与业务相关的人力资本量度。图9-4左右两侧的比较显示,尽管不同的量度标准将布满右侧的新系统,变革的本质是将量度的逻辑实际地从自上而下倒转为自下而上。其目标不是始于薪金总额并基于活动对其进行跨店铺分配,而是该始于最优店铺活动的一种深度的决策模型,并利用它来做出人才与组织决策——后者随后将对薪金总额之类的必要资源及其回报进行确定。

使主观的更为客观

一如奥贡在图9-5中所言,现有体系中有关人才的大多数决策都是主观的,而不是基于数据或一个共享的逻辑。店铺和业务领导者们在努力做出好的决策,但量度标准、分析方法、逻辑和可重复的流程的缺乏都促成了可能达不到最优水平的决策的产生。如同太多的人才决策的情形,善意的业务领导者们所使用的,是他们自己的逻辑算法:例如,满足首先提出要求的店铺的需要;将人才派往销售额增长得最快的店铺;或是为营业时间最长的店铺提供更多的工时。每一种安排都有一些合乎逻辑的理由,但没有一种是基于人才和业务的成功之间的合乎逻辑的深刻联系。

图 9-5

有限品牌公司店铺内部的传统的薪金总额分配

- 现今，工时被用各种各样的方法分配给店铺：
  - 销售额的百分比
  - 去年用去的实际小时数
  - 店铺的营业时间

- 这些方法可能无法提供执行指定任务所必需的小时数

- 增量小时数也被用各种不同的方法分配给店铺：
  - 先到先得
  - 销售增加额
  - 额外的店堂布置（floor sets）

- 这些方法限制了销售时数和任务之间的取舍的能见度

- 这些方法未能基于提供顾客期望的体验所需的真实工作来分配小时数

> 店铺被迫做出可能背离顾客的最佳利益的决策

资料来源：托因·奥贡："有限品牌公司的人才量度"（南加州大学有效组织中心"量度尺度和分析方法高层管理项目"，2005）。经许可翻印。

通过人才决策透镜看店铺运营

有限品牌公司着手开发的，是一门关于如下内容的决策科学：合适的角色、协调一致的行动，以及与至关重要的店铺流程与资源相联系的能量。图 9-6 显示了该公司所开发的逻辑。请注意，这其实完全不是一个人力资源管理示意图。相反，它是一个零售场地地面的实际的俯视透视图，用来描绘至关重要的流程和潜在的人才贡献。例如，店铺前台销售人员的调度所依据的，是每家店铺独特的顾客流量预测（图中的第

第9章 人才的量度与分析方法

1点);而销售专家则在销售的高峰时段里,被配置在最新款时装区(第3点)。在店铺前台与在涉及最新款时装的专家主导区域相比,店铺店员的关键贡献是不同的。推动货物处理活动的,是基于卡车卸载所花费的时间制定的一套更为具体的劳工标准(第7点)。

图 9-6

有限品牌公司:"合适的人员-地点-时间-角色-技能"科学

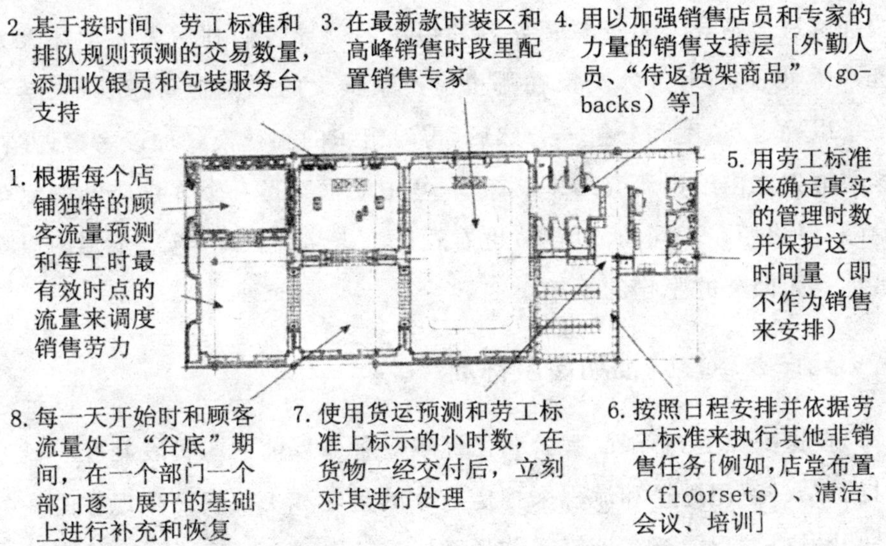

2. 基于按时间、劳工标准和排队规则预测的交易数量,添加收银员和包装服务台支持

3. 在最新款时装区和高峰销售时段里配置销售专家

4. 用以加强销售店员和专家的力量的销售支持层[外勤人员、"待返货架商品"(go-backs)等]

1. 根据每个店铺独特的顾客流量预测和每工时最有效时点的流量来调度销售劳力

5. 用劳工标准来确定真实的管理时数并保护这一时间量(即不作为销售来安排)

8. 每一天开始时和顾客流量处于"谷底"期间,在一个部门一个部门逐一展开的基础上进行补充和恢复

7. 使用货运预测和劳工标准上标示的小时数,在货物一经交付后,立刻对其进行处理

6. 按照日程安排并依据劳工标准来执行其他非销售任务[例如,店堂布置(floorsets)、清洁、会议、培训]

资料来源:托因·奥贡:"有限品牌公司的人才量度"(南加州大学有效组织中心"量度尺度和分析方法高层管理项目",2005年)。经许可翻印。

这个图看起来像是一家店铺的事实以微妙的方式显示了重要性。LAMP模型的流程要素强调的是,最出色的人才与组织量度系统将不仅仅会准确地获得真实情况并把它量度好,还会将其深植于组织的心智模式之内,以便于它成为人力资源职能内外部的有效的决策支持系统。

我们将在本书第 10 章里,继续探讨这一想法。

不妨注意一下当量度问题被这样描述时,它的设计会有多么不同。它不再仅仅是分配薪金总额或乃至实施人力资源程序的问题。如今,对于人力资源职能内外部的领导者们来说,店铺绩效决策和人才配置决策之间的联系已紧密得显而易见,堪称浑然一体;如今,决策框架和量度模型已能同组织在其规划、预算和战略分析当中自然而然使用的流程相配合。

在我们与组织的合作中,我们已发现这将是一个重要的机遇。我们按部就班地指导人力资源领导者和组织的领导者们利用人才学和人力资本桥梁框架,对人才决策在哪里能产生最大的影响合乎逻辑地、系统地予以确定、量度和分析——然后,再对组织的心智模式加以考虑,并在这些框架之内给出研究结果。图 9-6 中的框架是一个零售店铺的完美隐喻,但我们在不同的情境里,也看到过基于品牌管理、物流示意图以及其他令人回味的隐喻的框架。

允许逻辑模式推动量度标准

在这一点上,有限品牌公司已经以一种令以前的工资表制度明显过时的方式,运用逻辑和流程来拟定人才的量度和决策问题。现在的任务是,开发或发现能充实该模式的量度标准。图 9-7 显示的是,托因·奥贡如何描述该公司的量度方法。

有限品牌公司意识到,充实其新的决策框架所必需的量度标准就存在于其数据系统通常的人力资源层的内外部。事实上,量度系统将需要确立能够追踪顾客和员工在店内的实际活动的量度标准。

请注意"研究顾客行为"项下的"店内观察"注解。当你下次进入有限品牌公司的店铺时,不妨抬头看看天花板,你会注意到那些内含摄像机的小巧的圆形装置。这些都是用来记录有关顾客和员工的数量、分布

第9章 人才的量度与分析方法

以及活动的实时数据的。如图9-7中的"分析顾客数据"要点项下所示,有限品牌公司把这些数据同来自于其标准的销售追踪系统的信息(顾客关系管理、销售点、顾客访谈和顾客人口统计资料)结合了起来。按照人力资本桥梁框架,其结果是这样一种能力:将有关店铺人才的行动与互动的非常深入的信息同最为要紧的流程结果以统计的方式联系起来。这与如下的做法大相径庭:仅仅量度在一家店铺里使用的人力资源做法,并将它们与店铺的销售额联系起来。这也比如下的做法详尽得

图 9-7

有限品牌公司的"合适的技能"科学

　　了解我们的顾客的需求历来是一种重要的商业活动。为了有效地塑造最优的店铺体验,我们需要我们的店铺了解顾客的需求(最低限度,店铺必须拥有建立在顾客识见基础上的执行模式或行为);我们也需要用合适的技能来匹配顾客的需求。

发现最优的顾客服务模式和技能:
- 研究顾客行为
  - 追踪软件
  - 店内观察

- 分析顾客数据
  - 顾客关系管理
  - 销售点数据——转换、交易(trans)、广告
  - 人口统计数据
  - 消费心态数据

- 访谈顾客
  - 离店顾客访谈(Exit interview)

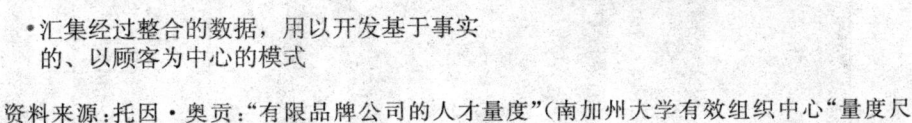

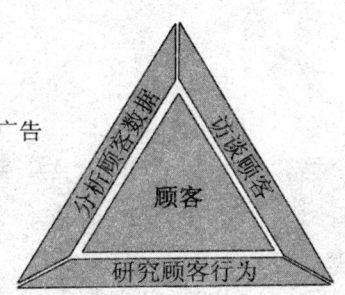

- 汇集经过整合的数据,用以开发基于事实的、以顾客为中心的模式

资料来源:托因·奥贡:"有限品牌公司的人才量度"(南加州大学有效组织中心"量度尺度和分析方法高层管理项目",2005年)。经许可翻印。

图9-8

有限品牌公司的劳力调度架构

最优化
- 极大地提高对不断变化的环境的业务反应性,以反测试"假定"(what if)情境的能力
- 确定资源(如人员、资金、时间、设备等)的尽可能完美的利用
- 同时地分析所有的变量和相互冲突的多个目标

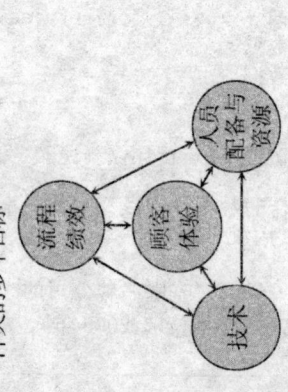

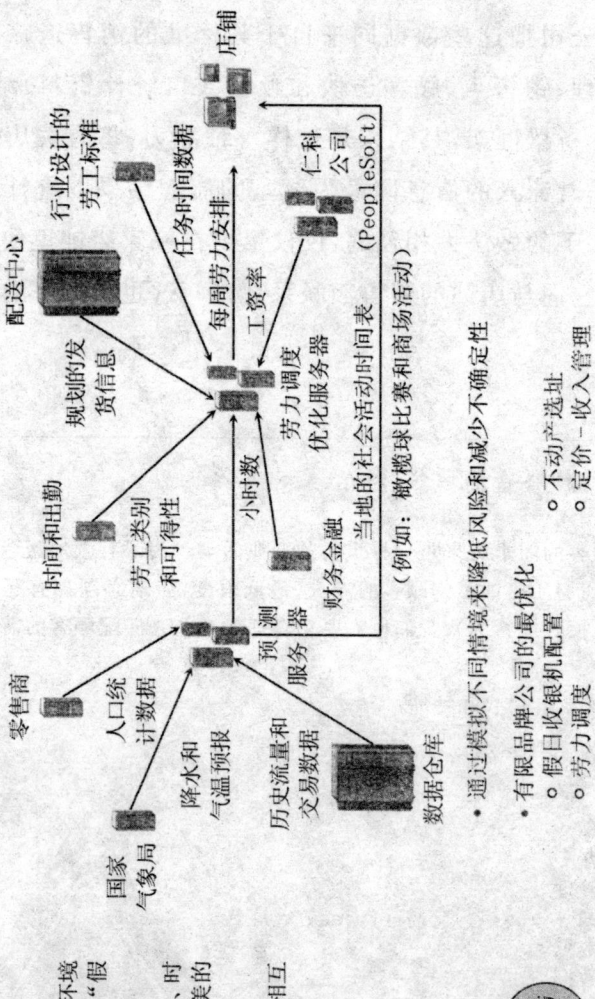

（图中文字：配送中心、行业设计的劳工标准、店铺、任务时间数据、每周劳力安排、工资率、仁科公司（PeopleSoft）、劳力调度优化服务器、财务金融、小时数、当地的社会活动和时间表（例如：橄榄球比赛和商场活动）、时间和出勤、劳工类别和可特性、零售商、人口统计数据、降水和气温预报、预测服务器、历史流量和交易数据、数据仓库、国家气象局、通过模拟不同情境求降低风险和减少不确定性、有限品牌公司的最优化、假日收银机配置、劳力调度、不动产选址、定价-收入管理；人员配备与资源、流程绩效、顾客体验、技术）

资料来源：托因·奥贡。"有限品牌公司的人才量度"（南加州大学有效组织中心"量度尺度和分析方法高层管理项目",2005年)。经许可翻印。

多:把有限品牌公司的一般性人力资源做法同该公司的整体财务绩效联系起来。这里的数据的深度使更深刻的和具有竞争独特性的识见成为可能。

让分析方法互动

最后,通过构建一个数学模拟工具,有限品牌公司开辟了分析方法的一种新途径。该工具整合并组合了关于顾客、人才、员工行为和店铺绩效的数据,允许规划者进行"假定情境"(what-if scenario)分析:将人才与组织决策与有关其他至关重要的店铺资源的决策浑然一体地整合在一起;并考察在店铺绩效方面,什么要素和组合能真正"把指针拨动"(move the needle)(译者按:比喻"起决定作用"或"产生关键影响")。图9-8显示了这一模拟的架构。需要注意的是,其着眼点是最优化,而不仅仅是最大化;还需要注意的是,该模型强调通过模拟不同的情境来降低风险。这一切听起来像是运营工程(operations engineering),但这绝非巧合。有限品牌公司依靠其运营工程师的专长,将分析逻辑应用于人才。心智模式和逻辑框架的这种跨学科整合,是一门成熟的决策科学的一个标志。

更好地竞争

有限品牌公司将逻辑学、分析方法和量度标准组合在了一起。那么,该公司从中学到了什么呢?一个经验是,一旦顾客决定进入试衣间,他们就极可能会购买些什么。这导致了对能起到如下作用的人才系统的投资:告知店铺店员和经理人员,他们隔多久能成功地使顾客进入试衣间一次。通过把这一信息转达给店铺店员和经理人员,有限品牌公司为这些员工增加了这样的机遇:做出能提高店铺的成功几率的、与他们自身的才干、行动与互动有关的决策。依靠量度标准所支持的逻辑,这条从行动到店铺绩效的清晰视线成为店铺运营的一个可靠组成部分,而不仅仅是一种运气。

有限品牌公司还获悉,其相当大数量的销售额来自于周末。在这一分析得出之前,作为奖励,一些店铺为它们最好的员工提供了周末休班的待遇——或许是希望通过向最好的店员提供一些他们想要的东西,来降低人员流动率。这些都是有价值的目标,但基于决策的一种更深刻的逻辑揭示出了在可能看起来合乎逻辑的推理之中的谬误。

事实上,数据表明,这与店铺的最优选择恰恰相反,也与为最大化最好的店员的业务提成所应该做的恰恰相反。原来,一旦周末工作同得自于更大的销售额的更高的业务提成之间的关系明确化后,许多最好的店员相当乐意在周末工作。此外,在顾客流量最大的时段里,拥有最好的店铺店员为购物中心工作也提高了店铺的绩效。

就我们在本书前几章里曾经讨论过的需求和供给之间的协同作用而言,这也是一个很好的例子。如果竞争对手们继续以较不严格的逻辑运营,那么就将为有限品牌公司提供了一个吸引、保留和配置最佳店员候选者的竞争机遇。

结论

有限品牌公司的例子说明了人才与组织量度的全面的方法如何必须包括 LAMP 框架的所有要素。它也显示了将人才与组织投资同至关重要的组织流程联系起来的逻辑的系统发展,如何成为使那些可以把人才与组织决策同战略的成功联系在一起的、数以千计可用的量度标准变得有意义的关键。虽然有限品牌公司的逻辑的应用揭示了对该公司自身的战略、竞争意图、流程与资源来说独一无二的关系,但这一逻辑与人力资本桥梁框架具有一致性。

第9章 人才的量度与分析方法

本章所展示的,是人才学决策科学如何提供一种人才与组织量度的方法。这一方法强调决策、组织效力,并使用量度标准来阐明和传授人才与组织决策同战略成功的重要要素之间的系统的逻辑联系。虽然量度一直被称为是人力资源管理的"阿喀琉斯的脚踵"(Achilles' heel)(译者按:比喻"致命弱点"),但正如我们已经看到的,真正的解决方案远远超出了仅仅对量度标准予以改进。在本书接下来的第10章里,我们将对这一主题进行扩展,以显示处于领先地位的组织如何通过将人才学深入地整合进它们的战略、绩效、规划和预算制度之内,使之成为真正的人才之学。

第10章 让人才学奏效

——人力资源演变如何成为现实

在前面的9章里,我们给出了理由和论据,以证明人才决策对于组织的效力和战略的成功至关重要。对人才学和与之配套的人力资本桥梁决策框架的关键要素,我们也予以了强调。我们相信:基于决策的真正战略性的人才与组织方法的演变正在迫近;我们也将很快就能看到,领导者们可以实现长期宣扬的令人才决策而不只是人力资源管理更具战略性的目标。人才学和人力资本桥梁架构所描述的,是揭示联系的框架,但我们与组织的合作一再表明,将人才与组织决策同业务和战略联系在一起的流程通常过于无章法可循,以至于不能支持持久的变革。

对于人力资源领导者们来说,人才学和人力资本桥梁框架具有潜在的重大意义和影响。在仅仅鼓励他们占据参与决策的一席之地(to be at the table)之外,它们还用由严谨、可靠的逻辑所支持的独特视角,把他们训练成领导团队中积极主动的一员。早先我们就说明了一门决策科学有赖于共享的心智模式和管理系统的整合。对仅仅确定人才与组织同战略之间的逻辑联系,以及它们所揭示的独特机遇,人力资源和业务领导者们需要有所超越。发现正确的答案并不等同于激励组织基于该答案进行变革。多年来,变革推动者(*Change agent*)早已出现于人力资源管理的几乎每一种领导胜任力模式之中,然而研究表明,在现实和期望之间,仍然存在着难以弥合的差距。我们相信,变革推动者胜任力固然重要,但人才学意味着在一门决策科学内部产生变化。人才学也意味着,变革最完美地发生于当人力资源职能内外部的领导者们擅长于做到以下几点时:提出正确的问题;推动至关重要的对话;在心态方面,培养其同事更有逻辑性地和更通透地领会人才与组织决策的战略意义与影响。

在本书这最后的一章里,我们要描述的是:以决策科学为基础的变革看上去像什么;居于领先地位的组织在如何利用这一流程,使人才学成为其战略和决策方法的一个切实的部分。当然,这一变革流程的完整描述超出了一个单章的篇幅。在这里,我们将侧重于什么样的经验显示为最重要的变革要素。为了使人才学成为一个组织的战略规划、预算编制、绩效管理以及继任规划的系统性成分,我们提供了指导方针。在装备得既有决策逻辑又有变革工具的情况下,必要的演变就可以启动了。

让领导者们就地投入

我们所推进的与一线主管人员的讨论既包括战略发展也包括领导力发展。对这些高层领导者而言,说几句类似这样的话很平常:"当我思考我们用来选择和实施项目的流程时,我认识到,我们所做的是如此没完没了的客户需求分析,所构建的是精密复杂的财务模型。然而,项目一经授予,我们就疯了似地争着抢着找人。这导致我们实现不了我们的预测目标。"即使当人才需求是基于深刻而又合乎逻辑的识见时,组织的变革也往往主要取决于那些识见能被多么充分地整合进现有的决策流程中去。

领导者们需要考虑决策周期每一个阶段的人才的意义与影响,并需要具备对战略加以界定和完善的训练,直至能足够清晰地确定人才的意义与影响。仅仅遵循如下的更为典型的方法是不够的:即在战略一经形成以及当其仅仅深刻到足以确定它将能满足财务的要求时,便将人才决策塞进其中。在整个这本书里,我们已经给出了很多战略的实例。它们根本不具备足够的深度,以至于不能清晰地确定战略的支点——人才与组织决策必须围绕着这些支点来保持协调一致。对迪士尼乐园来说,仅仅知道它自己必须成为"地球上最快乐的地方",或对波音公司而言,仅仅知道它自己需要按时交付一架大载客量客机,都是不够的。变革的流程几乎总是既有赖于对战略进行改进,又有赖于将其同人才与组织的决策联系在一起。这意味着,任何持久的变革都必须让制定和分析战略的领导者们投入进来。而这些领导者往往在人力资源组织之外。事实上,比起其他领域来,人力资源领导者可能需要更深入的战略定义这一观察本身,恰好就是一种变革流程——是人力资源领导者和一线领导者双方都要乐意去处理的一种。

人才学不能只是又一项人力资源程序

我们知道这样的做法行不通——设计一种以人力资源程序为基础的新的战略性人才分析,靠人力资源管理部门来发起和推动,并附加到现有的决策和规划流程中去或是独立运行。很少有一线的经理人员正在寻找一项新的人力资源程序,来帮助他们改善战略流程;把时间投入到与他们已经在做的工作没有直接相关性和联系的新的流程中去的就更少了。不可避免地,这感觉起来会更像是控制或又一种要承受的人力资源管理磨炼,而非帮助——不管这一举措的用意多么良好,也不论这些战略性的人才与组织识见多么有效。

同样不可能取得成功的,是那些由人力资源专业人员或顾问完成的、确定战略性人才需求的流程。它们并没有让关键的业务领导者投入进来，一起考虑业务问题和人才的意义与影响。业务领导者们可能会感谢人力资源管理职能为他们所做的工作，但这种分析往往过于肤浅和静态，以至于不能导向最优决策。大多数领导者都曾经历过这样的人力资源规划流程：出了一份消耗了大量工作的报告，但却没怎么派上用场。

领导者们知道人重要，那么，下一步是什么？

十年前，人才学的一个重大障碍是，领导者们没有把人的问题视为重要的问题。如今，这种情况已不多见。我们的经验表明，对丰富而充满活力的人才识见，大多数的一线领导者还是持欢迎态度的——这一类识见可以得自于对其战略的人才意义与影响的更深入的分析。事实上，他们常常把这类问题视为甚至比有关资金和技术等的决策更为重要。与此同时，他们往往会沮丧于他们的分析框架、战略流程与（或）人力资源领导者们的不能满足需要。问题非但不在于缺乏在人才与组织决策方面做得更好的动机或意愿，反而在于缺乏一个能真正做到这一点的合乎逻辑的具体流程。本书的逻辑框架可以作为对只是认识到人才要紧的状态进行超越的平台。这一认识是一种重要的动力，但它并不等同于一项行动计划。通过确保我们所提出的问题成为其战略和业务规划的一个公认的和连贯一致的部分，组织的领导者们可以向前迈进一步。接下来，我们将描述一些可使之成为现实的方法，以及人力资源领导者可以扮演的至关重要的和令人振奋的新角色。

将人才学同组织的变革努力联系在一起

关于组织需要更敏捷、更有弹性并做好变革准备，已经有大量的论述和强调。变革的能力可能比捍卫现状的能力更有价值。[1] 迅速而持续的变革的必要性往往导致组织的领导者们假定：我们所描述的这种深层

第 10 章 让人才学奏效

的战略分析或已过时或毫不相干。他们会问:"当竞争环境和战略总是在不断变化时,为什么要对一个深层的战略框架内的人才与组织支点进行分析呢?"在我们描述波音公司和空中客车公司之间的动态竞争关系时,我们阐明了与动态的战略问题相伴随的一些挑战。

事实上,人才学不仅仅适用,它在瞬息万变的环境中甚至更有价值。重大的组织变革行动可能会为试验人才学概念的实施提供一个场所。在瞬息万变的环境中,仅仅进行变革是不够的。幸存下来并得以兴旺发展的组织所学会的,是在具有战略价值的各个方面始终如一地进行变革,且比它们的竞争对手们做得更为迅速。因此,理解人才与组织决策的影响的一种共同语言变得更有价值。它是组织能对如下情况做出预期和加以了解的唯一方式:不断变化的战略环境究竟会于何时,要求人才及其组织发生变革。与在稳定的环境中所发生的情形一样,在瞬息万变的环境中对人才与组织所进行的次优投资(suboptimal investment)也是一种浪费。事实上,当变化发生得较快时,资源会更为稀缺,因此次优投资就可能更为有害。

其他领域已经认识到了"欲急先缓"(going slow to go fast)的重要性。对于一个信息技术(IT)部门来说,投入一个项目并尽可能快地开始编程并不明智。相反,目标应该是尽可能快地完成任务。而这很可能意味着要在前端付出额外的努力,以充分认识系统需求和优先事项。信息技术团队可以在前行的路上适应和变革,但他们也知道,没有一个良好的系统分析,超出了预算或耽误了最后期限(很可能是两者!)的风险就大得多。

相类似地,像人才学这样的决策科学方法,可以在界定、交流沟通和改善变革的准备度和结果方面,扮演举足轻重的角色。打下了人才学的基础的逻辑分析提供了用以对变革进行沟通交流的语言、准则和框架。组织的变革之所以经常摇摆不定,是因为组织内那些地位极其根深蒂固的人根本不明白他们的行动与互动如何影响战略需要。缺乏这样一种认识,甚至善意的和有积极性的组织成员也将会蹒跚失足。

因此,启动和加强向人才学的演变的一个关键机遇,是把人力资本桥梁这类框架与组织的具体变革的优先事项联系起来,利用它们揭示有关成功的战略性变革的支点的深层识见。作为一个起点,不妨试着为你自己的组织列出一份变革的最重要的优先事项清单。然后,使用人才学原则考虑,对于使这一变革实际发生来说,什么人才资源库或组织结构最为关键;同时,测试人才程序清单是否像它所可能成为的那样,真正地既独一无二又合乎逻辑地具体明确。我们常常发现,由于这样一种活动着眼于已经确定下来的变革的优先事项,它能迅速揭示形成人才议程的方式,而不需要深层的战略分析。

将人才学同其他人力资源变革努力整合起来

如今,在许多不同的方面,人力资源职能都在发生着改变。变革的类型可能包括:新的信息系统基础设施、外包、兼并与收购、结构重组与缩编,以及全球化。看来,人力资源职能的变革议程自身正在提速,范围也在扩大。

一些人力资源领导者的如下说法是一种很常见的反应:"我会对人才学感兴趣,但现在看来,我得首先致力于人力资源管理的控制和服务提供方面。当我们一切准备就绪时,我会考虑人才学的。"根据我们的经验,有时情形的确如此——人力资源职能在其基本的控制和服务的要求方面,完全没有成熟到或精密复杂到足以考虑对其范式进行扩展,以把人才学包括进来的程度。这样做就相当于将资本规划贸然地介绍给一个还没有总分类账或还不能做好基本预算的组织。在人力资源职能引进人才学之前,一定得有必须到位的遵从和程序的最起码的基础。

然而，我们的经验还表明，组织更典型的出错方式是等待太久而无法引进人才学。就存在着服务提供要素所致的挫折感的人力资源职能而言，针对人力资源职能的使命和组织的基于人才学的方法本身，其实就是解决人们所察觉的服务提供和质量方面的问题的关键。例如，企业总部和业务单位的人力资源专业人员之间的壁垒和摩擦通过将人力资源管理视为一条支持决策的价值链的视角——而不是通过关于是应集中服务还是分散服务的、缺乏任何赖以讨论的基础框架的无休止的讨论——更容易得到解决。因此，虽然的确需要具备一些人力资源管理的基本水平才能实施人才学，但这些能力其实已存在于大多数组织当中，只是还没有被挖掘出来而已。

最后，我们发现，对于其他重要的和必要的人力资源变革来说，人才学也能成为有用的框架。我们与一个最近曾宣布过一项重大兼并的组织合作过。该组织的领导者们不是使用通过跨两个原有的组织对服务进行重新考虑和分配来整合人力资源职能的传统方法，而是经由一种新的方法，使用人才学概念作为结合为一个统一的组织的方式。另外一个组织则在准备外包。在这第二个案例里，人才学框架不仅有助于对外包本身有所渗透和影响，它还为外包之后留下来的人力资源组织提供了设计战略工作的框架。这包括了业务单位的人力资源部门、专长中心和人力资源运营之类不同的角色。最后，还有一个组织以往一直采用跨三个部门的高度分散的方式，来管理人力资源职能。由于成本和服务的一致性原因，其领导者做出了这样的判断：人力资源管理中某些要素必须共享，一种更集中的方法合适。人才学框架和工具帮助引导了重组，也帮助更清晰地界定了将在业务单位中予以保留的和那些将予以合并的角色。

无论有没有人才学，这些变革的努力——兼并整合、外包和结构重组——都将会发生。然而，它们中的每一种不仅都通过人才学概念受益,而且也都通过拥有一个更侧重于决策的和更完善的人力资源职能,使用变革流程完成最初的目标并创造增量价值。

不妨在你自己的组织里,考虑一下你的人力资源组织所面临的最突出的变革(外包、结构重组、战略使命等),并使用人才学原则来确定,如何以一种能强化处于最重要的地位的组织与人才决策的方式来进行这些变革,而不是只考虑人力资源职能的效率或效力。我们发现,当根据战略性人才决策进行设计时,组织往往能揭示出与大规模的人力资源组织变革之中的真正价值相关的识见;同时,更合乎逻辑的和更令人信服的变革理由是必不可少的。

将人才学同现有的管理系统和流程整合起来

时机就是一切。通过考虑效率、效力和影响定位点而产生的讨论都各有其位置。如果它们在组织的现有的规划、预算编制和绩效流程中的不当之处被过于积极地加以展开,它们将不会产生预期结果。

例如,看起来很明显的是,考虑战略的人才意义与组织影响的恰当时机,是当战略问题被初次予以讨论时。然而,在许多的组织里,最初的战略讨论着眼于技术、广告或资金一类资源。而人的问题被视为一个单独的流程,往往发生在初期的战略分析之后,或作为对它的一种反应。

出现这种情况的其中一个原因,是未能将效力与效率同影响区分开来。影响联系得最多的是战略讨论,而效力与效率往往在规划人力资源职能方面能被更好地加以处理。是关于影响的讨论,最适合在业务战略正在被制定出来的地方展开。而这也正是人才的意义与影响应该被抽取出来,以协助阐明和完善战略的地方。

对于人力资源管理的意义与影响(主要在效力与效率方面)可以稍后再予以处理。如果在战略流程运行期间,在成功同人才的意义与影响之间,一线领导者们能进行深入的和合乎逻辑的衔接,那么,他们将会更愿意听取人力资源管理部门有关其程序与做法,以及人力资源职能所必需的投资的建议。事实上,对适合于这些不同的讨论的(一线)领导者,我们鼓励人力资源领导者们仔细地加以辨别。一线领导者们应该主导战略讨论,而人力资源管理部门则帮助确保人才的意义与影响的清晰度("影响"定位点)。与此同时,人力资源管理部门则应主导关于如下内容的讨论:如何制定参与人才市场竞争所必需的独特的人才资源库战略,以及争取这一独特的市场地位所应该实施的程序与做法。这种专业人员的专长不应该下放给非人力资源领导者们。缺乏针对这些区别的一个良好基础,组织就可能会过度依赖非人力资源领导者们来界定人力资源管理的方针与做法,以便他们获得他们想要的系统。然而,正如我们已经看到过的,如下这种安排蕴含着极大的价值:让专业人员强大的人力资源管理专长介入到人力资源管理的系统、流程,以及人力资源管理组织的设计中来;而更适合于非人力资源领导者们的角色,则是通过现有的规划流程与人力资源领导者们密切携手合作,以更好地确定人才－战略联系。

我们发现,如下四个突出的领域提供了将影响分析与人才学更广泛地整合到现有的规划流程中去的机遇:

- 战略规划
- 继任规划
- 运营规划与预算编制
- 绩效管理与目标设定

我们的经验表明,在每一种流程中都有可以注入人才学的逻辑、语言和框架的重要机遇。然而,合适的人才学要素和人才学逻辑的重要贡献会因流程而异。因此,仔细地考虑如何与这四种流程的每一种衔接和组合很重要。

战略规划

不同组织间的战略规划流程大相径庭:有些组织跨业务单位强力地协调它们的战略流程;而其他的则将流程留给业务单位自行决定;还有一些很少在内部做战略规划,而选择依靠外部的咨询公司。对于如何看待战略流程内部人力资源管理部门的领导的作用,组织之间也千差万别,虽然让人力资源领导者直接参与其中的情形——我们认为应该是规范——已越来越常见。

许多组织都拥有被它们称为"战略规划"的流程,但它们实际上更具运营和财务色彩,侧重于构建财务预测及证明对资源(通常是资本、可支配开支及员工总数)的要求的正当性。不幸的是,仅仅分配财务资源或只着眼于改善运营的战略计划往往不足以确定我们这里所描述的这种能改变游戏规则的人才与组织支点。因此,在战略和人才之间建立更强有力的联系的首先一个挑战是,当人力资源领导者考虑通往人才学的路径时,让他们了解组织的战略规划流程的优势与劣势。

要做出这一评估,可以考虑一下目前指导公司行动的战略究竟制定于何处:谁推动了流程?谁参与了?什么战略、市场营销和财务金融的框架主导了流程?有过什么样的复核流程?

要发现至关重要的战略问题(相对于被称为"战略"的运营问题),可寻找下列信息被加以讨论和分析的情况:

- 行业内部的外部趋势
- 相比于竞争对手们的相对市场地位
- 细分市场和价值主张

第 10 章　让人才学奏效

- 相比于竞争对手们的优势和劣势
- 生产线战略

当像这样一些问题被予以讨论时，我们在本书第 4 章讨论过的支点透镜堪称一个"天作之合"。当处理相对于竞争对手的市场地位、细分市场与（或）价值主张时，对差异化因子态度更为明确是一个自然而然的扩展。例如，如果战略讨论朝着组织相比于竞争对手的区别演变，一个有用的问题便会是："对于那些我们拥有强有力的差异化因子的领域，是争取客户对我们的优势给予更高的价值评定更重要呢，还是从竞争性攻击中保护我们的优势是更关键的问题呢？"正如我们已经看到的，解决这些问题为通常被忽略了的人才与组织的意义与影响提供了直接的视线。

继任规划

像战略规划一样，继任规划也是一个侧重于长期的组织意义与影响的流程。在设计支持这一流程的系统、框架和工具方面，人力资源管理职能常常能起带头作用。因此，继任规划可以成为能引入许多人才学概念的一个出色的系统。由于人力资源管理在继任规划中扮演着这样一个重要角色，我们的经验表明，对于鼓励更深入地考虑关键的人才与组织问题而言，这是一个绝佳机遇。关键是要在具备一份现成领导者的候选名单（简单的替换规划）之外，扩大继任规划的目标。更确切地说，其目的应是，展开一场关于关键性人才资源的优势、劣势以及最优发展计划的深入的战略性讨论。我们发现，几乎没有什么组织领导者会质疑这一主张。因此，它开启了以这样更具战略性的方式着手继任规划的大门。例如，我们建议，继任规划流程应至少包括如下五种关键性要素：

- 人才需要（需求）

- 人才资源（供给）
- 个体的发展与配置规划
- 关注人才资源对业务计划的意义与影响
- 检讨和完善人才资源库战略

在这里，我们将不讨论适合于每一种要素的工具和框架，但你还是可以看到，对一个有效的继任计划的这些要素，人力资本桥梁框架的定位点如何能施加其影响。许多继任规划流程都反映了一个隐含的假设：即，服务于过去和现在的领导胜任力和行为也将是未来所需要的胜任力和行为。它们所暗示的是："把我们带到这里来的东西也将会把我们带往那里。"（what got us here will get us there）这也就是继任规划流程为什么会倾向于反映当前的和过去的成功领导者的传略。在背景、经验和胜任力方面，未来的领导者们往往显得与现有的领导者们相当类似。大多数组织都知道，这可能是一个问题，但几乎没有哪一家拥有一种系统的方式，能将这种认识反馈到能更好地反映未来的领导力需要的、切实的继任规划变革中去。

对比之下，基于人才学的继任规划最终要努力确定的则是：什么对未来的战略关键；未来领导力的什么变化将最为关键，并与那些战略支点协调一致。通过给出能回答"我们未来的领导者将需要做些什么，才会给我们的战略成功带来最大的影响"这一问题的逻辑，人才学为仅仅对当前成功的领导者的特质予以编目罗列的做法提供了一个替代性选择。一个要问的重要问题是："鉴于我们的战略，我们的领导者将需要与我们的竞争对手们的领导者有何区别？"

例如，在波音公司-空中客车公司的例子中，我们所提供的分析可能表明，因为未来的波音公司领导者对精确的市场预测的影响，以及对与拥有重要智力资本的供应商和其他合作伙伴的联盟的促进，他们将会越来越关键。这一切可能轻易地便有别于很多航空航天界领导者目前的传略——他们的职业生涯可能反映的是这样一个时代：不仅市场波动性较小，对于伙伴关系的战略依赖度也较低。

我们发现，许多组织内部的职业路径已经被打磨得能够培养擅长这样一种早期模式的领导者：即强调通过能令以前的领导者们成功的一套技能和胜任力——但它们可能与未来的成功所必需的东西相去甚远——来取得成功。对询问在传统的职业路径上是否有充足的继任者储备这一方式，基于人才学的继任流程会有所超越，并转而鼓励把注意力集中在继任者不断变化的天性及其可用性上。继任规划的讨论很少会忘记提出这样的疑问："我们准备了未来所需的领导者了吗？"可惜，典型的回答是："当然，因为我们在所有的领导补给线位置上，都拥有深厚的后备实力。"如今已很清楚，这是对一个影响方面的问题所给出的效力方面的解答。关键的问题往往已不在于传统的后备力量的深厚度——它已无法与如下的作为等量齐观：即预见到需要变革领导继任的性质而预作安排，以反映不断变化的竞争机遇和战略支点，并赶在竞争势力前面认识到必需进行的变革。

因为继任规划被公认为是由人力资源领导者们所推动的一个至关重要的战略性长期流程，在向着人才学讨论的方向对流程施加重要的影响上，这些领导者往往拥有更大的自由度。当人力资源领导者们在继任规划和领导力发展的背景之下提出这些问题时，非人力资源领导者们会更自在些。

运营规划与预算编制

从一家公司到另一家公司，战略规划流程和继任规划流程的差异都很大，但预算编制流程通常则要成熟和连贯一致得多。预算编制流程通常着眼于为期一年的规划周期。作为重要的工具，它们通常用于关键资源的管理控制，以及关键的领导者和其他众多人员的绩效管理。组织以预算为标准检查它们的绩效，多于以战略规划预测或继任规划目标为标准检查其结果。

这一切意味着，即使在战略流程与继任规划可能较为简陋或对组织的领导者们不那么有吸引力的公司里，预算编制流程通常也会很发达，并会使关键的组织领导者们积极投身其中。事实上，我们已经发现，在战略规划流程薄弱和一线领导者们的战略胜任力低下之处，预算编制流程往往是开始处理战略的人才意义与影响的最有效的地方。就形成对人才意义与组织影响的更深入的了解而言，运营的预算与规划流程往往是极佳的初始机遇。在这类情形下，将人才学与预算编制流程联系起来，往往是最可行的替代性选择。

当然，预算编制流程很少处理长期的战略和领导准备度问题，因此，处理过程必然会有所不同。

支点的逻辑与分析可以成为强有力的工具，用于对预算编制周期内部的分析的精密复杂性予以扩展。例如，具有直接的人才意义与组织影响的常见的预算编制子流程，是员工总数规划。"将需要多少人"是一个在预算编制期间几乎总会被考虑到的问题。这可能是一个整合影响与效力的更深入的讨论的出发点。正常的后续问题是：

- 在我们刚刚度过的这一年里，什么人才问题（空缺职务位置、人员流动率、正绩效，等等）对预算有最大影响？
- 在今年的计划中，你认为最重要的新聘人员是哪些？是什么使得聘用他们如此关键？
- 我们需要在哪里聘用与我们过去聘用的那些人差别显著的人？
- 在今年的计划中，人员流动在什么工作职位上将成为一个重大问题？它为什么如此重要？

第10章 让人才学奏效

关键是要在仅仅完成预算（它本身常常就是一个令人生畏的过程！）之外重新制定任务；同时，使用预算编制流程的环境来激发战略-人才联系的更深入的探索。更深入地考虑资源分配背后的逻辑和未来的战略定位的预算假设差异的意义与影响，可以提高人才讨论的水准——即使没有使用前面所描述的所有的战略透镜。我们经常发现，这样的讨论能向业务领导者们慢慢地证明建立战略流程的必要性，因为这些领导者会认识到，他们在对资源进行分配时，缺乏对长期的计划及其意义与影响的共识。

因此，询问人才学问题可以帮助领导者们用预算流程质疑或澄清关键的战略假设。更直接地，我们经常会发现，当使用与影响相关的问题对预算议题加以分析时，这些议题本身往往揭示了人才支点。例子包括：

- 哪些业务流程的约束因素最影响预算？（这一问题有助于找到最能解除这种约束的人才与组织的协调一致关系。）
- 新的预算与我们目前的绩效水平之间的最大差别是些什么？（对这一问题的回答指向了需要进行大的变革的领域——也正是发现与变革相关的人才与组织支点的好地方。）

绩效管理与目标设定

要在现有流程中发现人才与组织问题，绩效管理与目标设定流程是另外一个去处。绩效管理与目标设定流程对能量、文化、互动与行动尤其具有强有力的影响。几乎每一个组织都为形成视线——或公司的战略目标同它们如何被转化为工作团体和个体绩效的预期之间的、一种非常清晰的和能被深刻地理解的联系——付出了大量的时间和精力。绩效管理系统力求确保子单位和个体的目标总和总括起来意味着全公司的目标,也力求确保在绩效最举足轻重之处,已经有对绩效予以监测和奖励的系统到位。

对绩效管理对话的逻辑和结构,人力资源领导者们拥有重大影响力。因此,我们常常感觉到,这是一个往往尚未得到利用的极好机遇——这一影响力可被用来更好地着眼于支持目标设定与绩效管理的战略问题。例如,一个有用的问题是:"我们的绩效管理流程和系统侧重于战略支点并与其保持协调一致了吗?"绩效量度标准往往是财务上的,这使得它们能同战略的财务方面协调一致。而人才学视角鼓励这样的绩效目标与量度标准:既能与战略保持协调一致,又能对准行动与互动对成功最为关键的地方。

在财务数字下面挖掘。我们发现,这往往意味着在典型的财务目标下面挖掘。这类目标往往是从高级别的财务报告目标"倾泻"而来的,有时只不过代表跨业务单位分配成本、收入和利润目标而已。对处于运营层面的个体来说,将他们所从事的与这类广泛的财务目标联系在一起并不容易。

例如,在一个涉足按路线驾驶卡车业务的客户服务组织内,路线司机要对每英里的成本负责。这是一个完全正常的财务目标,但问题是,路线司机们既不能控制最大的成本(卡车的维修保养),也不能选择他们行驶的英里数(由物流和调度系统决定)。在一线员工的绩效目标中,我们能频繁得出人意料地看到这一模式。通过逐渐地邀请业务和运营领导者们考虑,绩效目标如何与最能影响战略性差异化因子、流程和资源的行动与互动联系起来——以及什么可供选择的其他目标可能与一线员工的人力能量更为密切相关,人力资源领导者们可以改善有关绩效管理流程的对话。对我们前面讨论过的迪士尼清扫工和星巴克咖啡师的顾客互动这类支点,他们将开始予以揭示。

使好战略更易实施。绩效管理流程不仅能在战略尚不健全时提供改善对话的机遇,作为澄清战略同人才与组织的问题之间的联系的一种方式,它在拥有健全的战略的组织中也可以是有益的。当战略深刻得和合乎逻辑得足以同人才与组织联系在一起时,绩效管理流程就能提供一个自然而然的机遇,以检验目标和绩效量度标准是否强调了战略、人才与组织支点。绩效管理量度标准可以被用来作为天然的诊断手段,来察看在如下这一问题上,是否存在共识:人才、组织和行为的哪些方面重要。

转变这一逻辑的一种有趣的方式是从方针与做法开始,并把它们作为针对战略意图的一种视角。我们鼓励人力资源领导者们这样提问:"我们的绩效量度标准和奖励所暗示的什么,是重要的和关键的互动与行动、流程、资源,以及差异化因子?我们全都同意这些暗示吗?"领导者们常常认识到,有必要修订绩效量度标准。这一认识提供了这样一种机遇:使用人才学逻辑将这一讨论引向战略背景,然后使用先前讨论过的透镜和支点流程来提高绩效的协调一致性并改善执行力。

在界定绩效管理目标时,另一个需要考虑的重要方面是,着眼于绩效管理的什么(what)内容和如何(how)施为。这不但涉及哪些目标必须实现,还与哪些方法合适有关。这些都是绩效管理系统越来越关键的方面,涉及人力资本桥梁框架的互动与行动要素。

最后,绩效管理的一个强有力的作用是,在员工的行动和组织的使命之间,为员工提供一条更为清晰的视线。然而,如同讨论效力的章节所显示的,传统的绩效量度标准往往源自于通用的职位描述、一般性的财务量度标准,以及可能会也可能不会反映出对战略支点的一种共识的目标。我们经常会遇到一些组织,它们的绩效管理目标设定得虽然非常仔细、认真,但却是以重要的或惯常的,而非关键的因素为基础的。不妨回想一下，通过把更多的注意力放在绩效和人力能量的关键要素上，效力是如何改进视线的。

的确，如同我们的迪士尼清扫工和波音工程师例子所显示的那样，能改变游戏规则的绩效要素往往是那些超出了传统的职位描述范畴的。绩效管理自然而然地着眼于哪些目标至关重要，以及员工对他们最重大的贡献是否具有真正的视线等问题。因此，绩效管理流程能为用影响的逻辑来加强人才、组织和战略间的联系提供一个大好机遇。

正如我们前面所指出的，员工投入度通常只在涉及非常高级别的或通用的目标时才被加以量度。当绩效量度标准通过一门深刻的和合乎逻辑的人才决策科学得以开发时，无论是绩效还是员工投入度，都可以反映出这种能真正推动战略的成功的、战略上至关重要的独特要素。

将人才学同现有的心智模式整合起来

人力资本桥梁框架提供了一种共同的逻辑和语言，可以使人力资源和业务领导者们能够对他们有关人才与组织决策的战略对话进行精简和提炼。我们之所以将人力资本桥梁框架建立在效率、效力和影响的基础之上，是因为这三个定位点有许多共同之处，能与财务金融、会计、市场营销、运营以及信息管理方面的大多数现有业务框架很自然地联系起来。

每一项业务，甚至每一个运营职能，都有其自身的一套心智模式，能被用来指导讨论、制定量度标准和做出决策。其中的一些是为大多数组织所共有的，例如经营利润、净资产回报率和经济附加值；另外的一些则是某一特定行业或乃至某一特定组织所独有的和特有的——例子包括航空公司的航线调度或保险公司的承保业务。

这些框架界定了领导者们为财务资产而学习和使用的心智模式。

通常情况下,它们完全被整合进了战略规划、预算编制和绩效管理一类核心流程。因此,它们成了有关如下问题的对话的一个自然而然的出发点:什么人才与组织决策最能影响这些心智模式的要素?业务和战略的人才意义与组织影响直接涉及战略和业务背景,而这种业务背景通常以一种特定的语言来描述。

横跨所有业务的额外的框架显示在表 10-1 中。由于这些框架(包括一般的和特定的)指导着这么多思维流程,它们构成了组织的心智模式。它们安排了大量数据,是第一级过滤器——透过它们,大多数信息被处理了。

表 10-1 跨所有业务的框架

职能领域	管理流程	共同框架
财务金融	•经营预算 •财务报告 •资本预算	•经济附加值(EVA),已投资本回报率(ROIC) •收入和支出报告 •内部收益率(IRR),增量经济附加值
市场营销	•客户细分 •生产线管理	•客户属性模型 •产品生命周期模型
战略	•长远战略规划	•竞争环境[如迈克尔·波特的"五力"(five forces)] •竞争定位
产品开发和工程	•产品开发	•产品开发流程 •产品开发审查周期
运营	•存货管理 •生产规划 •质量改进	•流程绘制(process mapping)标准 •经济订货批量 •物料需求规划 •六西格玛

注:EVA 系 economic value added 的首字母缩写;ROIC 系 return on investment capital 的首字母缩写;IRR 系 internal rate of return 的首字母缩写。

当用来形成人才识见的工具被处理成已经存在于组织内部的语言和逻辑时,它们就会更强有力。现今的一些努力——不论是让领导者们对人力资源量度标准和记分卡负责,还是提出一项旨在使人力资源管理更具战略性的新的人力资源规划流程——常常需要领导者们学习一门新的语言。这不仅往往难以被采纳,也错过了使领导者们投身于他们已经拥有巨大能量和专长的领域的一个大好机遇。正如我们前面已经解释过的,建构能将战略同人才与组织的决策联系起来的逻辑,以便它能与领导者们目前的心智模式相容共存,不仅功效会强大得令人惊讶,而且常常也更为容易。几乎所有的业务模式都以某种方式根植于经济或财务的逻辑之中。事实上,几乎所有这类模式也都具有对应效率、效力和影响的要素。

好事达:像建构业务逻辑那样建构人才逻辑

我们发现,通过首先揭示出体现在业务里的逻辑,然后建构出与之相关联的人才逻辑,人力资源领导者们在提升(一线)领导者们的人才理解力方面取得了很大的进展。例如,当我们与工程逻辑占主导地位的组织合作时,我们使用不合格率(人员流动率)、冗余(人浮于事)和约束因素之类的概念;而在市场营销逻辑处于支配地位的组织中,我们就使用类似品牌形象(就业的价值主张)、客户细分(细分人才群)和客户响应职能(关键人才的贡献)这样的概念。我们在组织内部发现了推动人才学的经济原则被用来管理不同的资源的情形,随之将这些原则加以扩展,应用于人才与组织资源。

例如,在好事达保险公司,人力资源管理高级副总裁琼·克罗克特(Joan Crockett)通过在人员配备决策和新保险单承保流程之间进行类比,帮助一线领导者们理解量度人员配备决策的一种新方法。[2] 保险的承保包括搜集与投保的组织或个人的绩效与风险因素相关的信息,再将这些因素以统计学的方式与违约或重大索赔的概率相联系,然后确定适当的保险单要素,以最大限度地实现风险－回报取舍(return-risk trade-off)。她通过将这一切应用到人员配备中来,描述了人员配备如何成为人才的承保。这涉及搜集关于求职者已知的绩效和风险因素的信息,在他们被聘用后,将该信息以统计学的方式与求职者的绩效联系起来,然后确定适当的选拔决策规则,在聘用中最大化风险－回报取舍。

成功是当业务语言成为人才语言时

在我们所知道的最先进的组织中,业务逻辑和人才逻辑已经从根本上交织到了一起。例如,在一个软件应用组织里,关于人才与组织的对话已演变到了这样一个地步:业务领导者们开始把他们的自然的流程逻辑与人才支点天衣无缝地联系起来。[3] 他们不是满足于聘用更多的软件开发和测试人员一类人才目标,而是开始提出类似这样的一些问题:"我们知道,我们的业务模式要求我们的搜索引擎必须是第一个既在硬盘上也在网络上搜索电子邮件和博客的。要让这一点尽快地变成现实的话,什么样的设计师和测试人员是我们所需要的?在劳力市场上,我们要不要提供一种获取和保留他们的独特主张?针对这一任务,我们正在配置我们所拥有的最好的人员了吗?"

这不是来自于人力资源管理部门或首席执行官如下一道命令的结果:要求业务领导者们对人力资源与人才量度标准负起责任来。相反,它是人力资源领导者们提出富于见地的业务模式问题的自然结果。贯穿着这些问题的,是用于人才与组织的意义与影响的一个逻辑框架。随着时间的推移,业务领导者们开始看清这类识见的价值,看清他们如何能把这些问题纳入到其现有的心智模式中去。

目标是可持续的变革,而非单一的程序或事件

在我们这里已描述过的技术内部,存在着一个反复出现的主题。其目的既不是一种特定程序的采用,也不是一宗战略事件的成功完成。我们这里所描述的流程很费工夫,其发生贯穿多个学习周期。使用人才学来描述有效的变革管理的最好的词语也许来自我们曾与之共事的若干个组织。随着它们的人力资源和业务领导者们对这些技术理解和使用得更为深入,他们这样告诉我们:"你们的方法就像是一架隐形轰炸机,因为我们不需要靠很多的闪光灯和关注来介绍它。我们只是开始在现有的流程中提出更好的问题,挖掘最恰当的关键性信息,并鼓励我们的领导者在他们已经使用的模式内部,用不同的思路去思考。事实上,最好的结果是这样的时刻——我们的业务领导者们开始把人才学的逻辑视为他们自己的想法!"

被认为太多地源自于人力资源部门的变革流程往往不幸地遭到抵制和得不到尊重。在每个人都已经负担过重的世界里,人才学和人力资本桥梁框架代表着新的思维。几乎没有任何组织会认为,它不能从人才与组织的一种更深层的和更战略性的决策方法中受益。问题在于,使之发生的流程通常强加了那么重大的额外要求,以致它们被自身的重量所压碎。隐秘和渐进的变革往往有效得多。

要造成这种变革,在提升人力资源职能各个部分的领导者们的技巧和能力方面的确需要做出具体而专注的努力。我们认为,关键是要共同地采用新的语言和概念,系统地开发人力资源管理学科。这是具有挑战性的,因为很多人力资源专业人员都是以相当独立的方式在人力资源职能内部运作。他们通过与他们的一线领导者们的关系来界定自己的价值。他们对放弃这种独立性往往犹豫不决,不愿意围绕着一个共同的专业决策模式来保持协调一致性。然而，正如我们已经看到的，这种围绕着一种逻辑框架所达成的协调一致已经成为像市场营销和财务金融这样的决策科学演变的标志；对于人才学方面的成功来说也至关重要。

我们将人力资本桥梁框架和人才学决策科学设计得与现有的财务和业务模式的内在逻辑能自然地兼容。在现有的模式里，在组织的所有层面上，支点、约束因素、资源、差异化因子、效率、效力和影响等概念都各有其对应对象。就像它们适用于解决与全局性组织设计相关的高层次问题一样，它们也适用于单一的业务流程。这就使得各级的领导者们都能把这些理念应用于手头上的问题，并在一个能形成更复杂或更新颖的决策的基本层面上获得切实的成功。

成功实施的最后一个关键，是利用周期来控制学习和变革的流程。其目标不是要做出完美的人才决策，一如财务金融和市场营销的目标不是制定有关资金和客户的完美决策一样。相反，人才学力求随着时间的推移，系统地改善人才决策。把学习和变革视为一个整合的流程并采取从小的效果开始且基于它们进行累积的多周期方法能在人才与组织的决策上，营造显著的累积性变革和改善——会远远好过那些要求对现有组织系统进行大的即时性变革的、更为花哨而剧烈的方法所能达到的结果。

人力资源与一线部门学习和使用人才学的方式不同

我们的工作已经表明，实施人才学的一个至关重要的成功因素是认识到，人力资源领导者和非人力资源领导者们的学习之旅始于非常不同的起点。对人才与组织决策带给业务绩效的影响，人力资源领导者们往往更为熟悉。这是因为，他们每天都会目睹这些影响。由于他们通常处于要求其作为员工们的有效维护者的职务位置，他们更易于接受和寻求逻辑关系。与此同时,人力资源领导者们对战略和运营管理流程通常远不够熟悉,也不太善于在其间寻找战略和运营的支点。这正是非人力资源领导者们往往有出众表现的地方。由于一线经理人员通常很熟悉战略和运营,他们的发展机遇便是把这些识见转化为人才的意义与影响。

可以理解的是,在他们的人才学开发上,人力资源领导者们更愿意投入时间和资源。我们因此强烈地建议,从人力资源管理部门着手,开始任何形式的人才学转型。证据表明,人力资源领导者们已认识到,就他们对业务的战略作用与影响而言,更深层的战略分析技巧至关重要。对他们通常视为关键的业务需要的东西,人才学提供了一种直接的联系。相比之下,同样的证据也显示,一线经理人员可能高估了他们在战略性的人才与组织分析方面的技能;同时,在他们的能力和他们的人力资源领导者们的战略作用之间,他们通常不认为有什么强有力的联系。[4]

一种业已证明对一线经理人员十分有效的方法是"行动学习"(action learning),而不是课堂培训。在部署一项新的战略或变革举措方面,有效的组织使用人才学的概念。这种举措的崭新感往往传达出尝试略有不同的事物的合理性。业务经营领导者们通常能在其人力资源管理同事的引导下找到支点,并能将组织的精力集中在实施新的战略或变革所必需的关键要素上。这样一来,他们不仅得以开发新的技能,同时还能实现重要的业务目标。虽然行动学习花时间,但它是能提供对于成功来说至为重要的真实世界实践的强有力方式。同时,对学习的投资也能与重要的业务结果直接挂钩。

一个常见的出发点是培养人力资源专业人员。他们然后再把新的技能和观念应用到战略规划、运营规划和预算编制、继任规划以及绩效管理中的既有机遇里去。人才与组织的决策模型应该是定制的,以适应公司现有的决策模型。这样一来,关于人才与组织的协调一致的最有效的对话能发生得极其自然,以至于组织的领导者们开始把它们当做自己的想法。最后,最好的学识通常来自于经验,因此,最有效的方法是承认学习将会逐步发生的有耐心的那一种。

结论

人才学如果仅仅是一套从未使用过的新式分析工具,或是获致短暂的关注后便很快会被遗忘了的一种一次性分析,那么,它所带来的益处便将微乎其微。如同财务金融学和市场营销学,它必须成为人力资源和业务领导者们用以推进组织的竞争性成功的心智模式的组成要素。

我们是以康宁公司的例子作为本书的开端的。康宁公司之所以看到了别的企业所忽视了的人才机遇,是因为它在人才战略上使用了别的企业所缺乏的一种合乎逻辑的系统方法。在整个这本书里,我们已经描述了这一逻辑的要素,以及使该方法成为任何组织内的一种现实的技术。

那些做出了通过使用本书所描述的概念来提高依赖或影响人才的决策的质量之承诺的组织将会发现,这种努力间或具有挑战性,但从长远来看却是值得的。其回报将会是,能比竞争对手们更快地洞烛未知的战略,并通过必要的演变蓬勃发展,而非消亡。

注　释

第1章

1. 库尔特·费希尔(Kurt Fischer)，康宁公司(Corning)人力资源副总裁，由彼得·拉姆斯特德和约翰·布德罗采访，2001年3月于纽约康宁公司。

2. John W. Boudreau and Peter M. Ramstad, "Where's Your Pivotal Talent?" *Harvard Business Review*, April 2005, 23–24.

3. Jeffrey Pfeffer and Robert I. Sutton, *Hard Facts, Dangerous Truths, and Total Nonsense* (Boston: Harvard Business School Press, 2006).

4. 例如，见 Edward E. Lawler III, John W. Boudreau, and Susan Mohrman, *Achieving Strategic Excellence* (Palo Alto, CA: Stanford University Press, 2006); Frederick Frank and Craig Taylor, "Talent Management: Trends That Will Shape the Future," *Human Resource Planning Journal* 27, no. 1 (2004): 33–41。

5. James O'Toole, Edward E. Lawler III, and Susan R. Meisinger, *The New American Workplace* (Hampshire, England: Palgrave Macmillan, 2006).

6. Lawler, Boudreau, and Mohrman, *Achieving Strategic Excellence*.

7. Orlando C. Richard, Thomas A. Kochan, and Amy McMillan-Capehart, "The Impact of Visible Diversity on Organizational Effectiveness: Disclosing the Contents in Pandora's Black Box," *Journal of Business and Management* 8, no. 3 (2002): 265–291.

8. John W. Boudreau and Peter M. Ramstad, "Talentship and the New Paradigm for Human Resource Management: From Professional Practices to Strategic Talent Decision Science," *Human Resource Planning Journal* 28, no. 2 (2005): 17–26.

9. Keith H. Hammonds, "Why We Hate HR," *Fast Company*, August 2005, 40–48.

10. "Writer Defends 'Why We Hate HR' Article," Compensation.BLR.com, November 29, 2005, http://compensation.blr.com/display.cfm/id/154876.

11. Wickham Skinner, "Big Hat, No Cattle: Managing Human Resources," *Harvard Business Review*, September–October 1981.

12. Andrall E. Pearson, "Muscle-Build the Organization," *Harvard Business Review*, July–August 1987.

13. Ed Gubman, "HR Strategy and Planning: From Birth to Business Results," *Human Resource Planning Journal* 27, no. 1 (2004): 13–23.

14. 詹姆斯·米德(James Mead)(前任宝洁公司全球销售招聘经理),约翰·布德罗采访于2006年10月。

15. 2003年10月,约翰·布德罗和彼得·拉姆斯特德对财务金融服务组织(financial services organization)的访谈。

16. Eric Abrahamson, "Management Fashion,"*Academy of Management Review* 21, no. 1 (1996): 254–285.

17. Jack F. Welch and John A. Byrne, *Jack: Straight from the Gut* (New York: Warner Business Books, 2001).

18. Stephen W. Pruitt, T. Bettina Cornwell, and John M. Clark, "The NASCAR Phenomenon: Auto Racing Sponsorships and Shareholder Wealth," Cambridge Journals, January 31, 2005, http://journals.cambridge.org/action/displayAbstract? fromPage = online&aid = 274889.

19. "Coca-Cola Shakes Up Wireless Vending Plan," Discovery Channel, October 19, 1999, http://www.exn.ca/Stories/1999/10/29/57.asp; Constance L. Hays, "What Wal-Mart Knows About Customers' Habits," *New York Times*, November 14, 2004, http://www.nytimes.com/2004/11/14/business/yourmoney/14wal.html?ex = 1258088400&en = 0605d1fc88b8ab98&ei = 5090.

20. Sunmee Choi and Anna S. Mattila, "Impact of Information on Customer Fairness Perceptions of Hotel Revenue Management," *Cornell Hotel and Restaurant Administration Quarterly* 46, no. 4 (2006): 444–452.

21. H. Thomas Johnson, "Management Accounting in an Early Integrated Industrial: E. I. DuPont de Nemours Powder Company, 1903–1912," *Business History Review* 49, no. 2 (1975): 184–204.

22. H. Thomas Johnson and Robert S. Kaplan, *Relevance Lost: The Rise and Fall of Management Accounting* (Boston: Harvard Business School Press, 1991).

23. Robert Bartels, *The History of Marketing Thought* (Columbus, OH: Grid, 1976).

24. John A. Howard, *Marketing Management: Analysis and Decision* (Homewood, IL: R. D. Irwin, 1957).

25. Neil H. Borden and Martin V. Marshall, *Advertising Management: Text and Cases* (Homewood, IL: R. D. Irwin, 1959).

26. Brian E. Becker and Mark A. Huselid, "High-Performance Work Systems and Firm Performance: A Synthesis of Research and Managerial Implications," *Research in Personnel and Human Resources Management* 16 (1998): 53–101.

27. Michael E. Porter, "What Is Strategy?" *Harvard Business Review*, November–December 1996, 61–78.

28. "Sarbanes-Oxley Act of 2002," http://www.sarbanes-oxley.com/section.php?level=1&pub_id=Sarbanes-Oxley.

第2章

1. Mike Lossey, Dave Ulrich, and Sue Meisinger, eds., *The Future of Human Resource Management: 64 Thought Leaders Explore the Critical HR Issues of Today and Tomorrow* (New York: Wiley, 2005).

2. John W. Boudreau and Peter M. Ramstad, "Talentship, Talent Segmentation, and Sustainability: A New HR Decision Science Paradigm for a New Strategy Definition," in *The Future of Human Resource Management: 64 Thought Leaders Explore the Critical HR Issues of Today and Tomorrow*, eds. Mike Lossey, Dave Ulrich, and Sue Meisinger (New York: Wiley, 2005).

3. Roger G. Schroeder, Kevin Linderman, and Dongli Zhang,

"Evolution of Quality: First Fifty Issues of Production and Operations Management," *Production and Operations Management* 14, no. 4 (2005): 468–481.

4. Amy E. Colbert, Sara L. Rynes, and Kenneth G. Brown, "Who Believes Us? Understanding Managers' Agreement with Human Resource Research Findings," *Journal of Applied Behavioral Science* 41, no. 3 (2005): 304–325.

5. John W. Boudreau, "Strategic Knowledge Measurement and Management," in *Managing Knowledge for Sustained Competitive Advantage*, eds. Susan E. Jackson, Michael A. Hitt, and Angelo S. DeNisi (San Francisco: Jossey-Bass/Pfeiffer, 2003), 360–396.

6. Wayne F. Cascio, *Costing Human Resources: The Financial Impact of Behavior in Organizations*, 4th ed. (Cincinnati, OH: South-Western, 2000).

7. H. Thomas Johnson, "Management Accounting in an Early Integrated Industrial: E. I. DuPont de Nemours Powder Company, 1903–1912," *Business History Review* 49, no. 2 (1975): 184–204.

8. 在会计学里，会计科目表（chart of accounts）是总分类账内所有账户的一个清单，每个账户都附有一个参考号码。例子或许包括把1,000~1,999号分配给资产账户，2,000~2,999号分配给负债账户，3,000~3,999号分配给股本账户。资料来源："Chart of Accounts," NetMBA, http://www.netmba.com/accounting/fin/accounts/chart/。

9. 约翰·布朗森（John S. Bronson）[百事可乐全球公司（Pepsicola Worldwide）前人力资源执行副总裁]，由约翰·布德罗2006年8月采访。

10. 约翰·布德罗2002年3月访谈人力资源专业人员。

11. 客户关系管理(CRM)是着眼于建立和维护与客户的持久关系的一种企业级战略。客户关系管理通过引进可靠的系统、流程和程序,使组织能够更好地管理其客户。资料来源:"Customer Relationship Management," *Wikipedia*, http://en.wikipedia.org/wiki/Customer_Relationship_Management。

12. 联合分析(Conjoint analysis)是一种允许产品功能的可能组合的一个子集存在的工具,以确定采购决策中每个功能的相对重要性。资料来源:"Conjoint Analysis," QuickMBA, http://www.quickmba.com/marketing/research/conjoint/。

13. Johnson, "Management Accounting."

14. John W. Boudreau and Peter M. Ramstad, "Human Resource Metrics: Can Measures be Strategic?" In Patrick Wright et al., eds., *Research in Personnel and Human Resources Management*, Supplement 4, *Strategic Human Resources Management in the Twenty-First Century* (Stamford, CT: JAI Press, 1999), 75–98.

15. John W. Boudreau and Peter M. Ramstad, "Where's Your Pivotal Talent?" *Harvard Business Review*, April 2005, 23–24.

16. "Press Kit: History & Timeline 1930s," Allstate, http://www.allstate.com/Media/PressKit/PageRender.asp?page=1930s.htm.

17. Adrienne Carter, "Telling the Risky from the Reliable," *BusinessWeek*, August 1, 2005, http://www.businessweek.com/magazine/content/05_31/b3945085_mz017.htm.

18. 2003年11月,约翰·布德罗在纽约康宁公司访谈马修·布拉什(Matthew Brush)和库尔特·费希尔。

19. 2005年3月,彼得·拉姆斯特德采访肖恩·兰开斯特(Shawn Lancaster)。林恩·法雷尔(Lynn Farrell):"哈特福德公司:将人力资源成本降低转化为机遇"(Turning HR Cost Reduction Into Opportunity at The Hartford)[系 2004 年 4 月,在有效组织中心(Center for Effective Organizations)的"超越底线"高层管理项目(*Beyond the bottom Line* executive program)上的演讲]。

第3章

1. John W. Boudreau and Peter M. Ramstad, "Talentship, Talent Segmentation, and Sustainability: A New HR Decision Science Paradigm for a New Strategy Definition," *Human Resource Management* 44, no. 2 (2005): 129 – 136.

2. 有关华特迪士尼公司(The Walt Disney Company)的信息,来自于 2006 年 7 月至 9 月间,约翰·布德罗对迪士尼公司主管人员的采访。

3. "Disneyland Resort," Disney Online, http://disneyland.disney.go.com/disneyland/en_US/home/home?name=HomePage.

4. "Cedar Point Amusement Park, The Roller Coaster Capital of the World," http://www.cedarpoint.com.

5. "Fan Mail,"*Eyes and Ears*, March 30 – April 12, 2006.

6. "Jobs, Cedar Point," http://www.cedarpoint.com/public/jobs/index.cfm.

7. "Imagineers scale massive heights to create thrilling experience,"*Eyes and Ears*, March 30 – April 12, 2006.

8. 同上。

9. Michael Lewis, *Moneyball: The Art of Winning an Unfair Game* (New York: Norton, 2003).

第4章

1. "Merkel clinches It, but the Price Is High," *The Economist*, October 12, 2005, 1.

2. 有关空中客车公司(Airbus)的信息,得自许多有记载的资料来源。例如,见 Ken Vadruff, "Spirit Gets First Shot at Non-Boeing Job," *Wichita Business Journal*, October 14, 2005, http://wichita.bizjournals.com/wichita/stories/2005/10/17/story1.html; "Airbus Innovation Will Give the A350 XWB Family Its Competitive Edge," Airbus, July 18, 2006, http://www.airbus.com/en/myairbus/headlinenews/index.jsp; "The A380 Enters Production," Airbus, January 23, 2002, http://www.airbus.com/en/presscentre/pressreleases/pressreleases_items/01_23_02_A380.html; Irene L. Sinrich, "Airbus Versus Boeing (A): Turbulent Skies," Case 9-386-193 (Boston: Harvard Business School, 1990), 1-23.

3. 有关波音公司(Boeing)的信息,来自许多有记载的资料来源。例如,见 Suresh Kotha et al., "Boeing 787: The Dreamliner," Case 9-305-101 (Boston: Harvard Business School, 2005), 1-18; "Where Is Boeing Going?" The Travel Insider, http://www.thetravelinsider.info/2003/boeing5.htm; "Major Assembly of First Boeing 787 Dreamliner Starts," Boeing, http://www.boeing.com/news/releases/2006/q2/060630a_nr.html; Irene L. Sinrich, "Airbus Versus Boeing (A): Turbulent Skies," Case 9-386-193 (Boston: Harvard Business School, 1990), 1-23.

4. 图4-3中显示的飞机很多都存在多种型号。在这些情况下,我们标绘了拥有最长航程的机型。被描述的这些机型为：747－400ER、767－400ER、777－300ER、787－9、A300－300、A340－600、A350－900（如所提议生产的）和A380。在A350项目被A350－XWB取代之前，其规格尚未最后敲定，因此所显示的A350定位，是基于空中客车公司探索这一概念时所发布的初步规格。所有其他的规格都来自于各自的公司网站。

5. Michael E. Porter, "What Is Strategy?" *Harvard Business Review*, November-December 1996, 61－78.

6. Jay B. Barney, "Integrating Organizational Behavior and Strategy Formulation Research: A Resource-Based Analysis," *Advances is Strategic Management* 8 (1992): 39－61.

7. "Thirsty Long-Term Investors Should Take a Sip of PepsiCo," Bull & Bear's Top Stocks to Watch, http://www.thebullandbear.com/digest/0105-digest/0105-stocks.html.

8. Porter, "What Is Strategy?"

9. Barney, "Integrating Organizational Behavior."

10. Eliyahu Y. Goldratt, *Theory of Constraints* (Great Barrington, MA: North River Press, 1999).

11. John W. Boudreau and Peter M. Ramstad, "Measuring Intellectual Capital: Learning from Financial History," *Human Resource Management* 36, no. 3 (1997): 343－356.

第5章

1. 伯克希尔－哈撒韦公司（Berkshire Hathaway），http://www.berkshirehathaway.com。

2. 通用电气公司(General Electric), http://www.ge.com/en/。

3. 关于波音和空中客车公司的信息来源,见上面第4章的注释2和3。

4. Dinah Deckstein et al., "Berlin Mulls Purchase of EADS Shares," Spiegel Online International, http://www.spiegel.de/international/spiegel/0,1518,442783,00.html.

5. Daniel Michaels, "Airbus CEO Resignation Reflects Company's Deep Structural Woes," *Wall Street Journal*, October 10, 2006, A1.

6. 有关华特迪士尼公司的信息,来自约翰·布德罗所采访的迪士尼公司的主管们。

7. Robert S. Kaplan and David P. Norton, "Measuring the Strategic Readiness of Intangible Assets," *Harvard Business Review*, February 2004, 52–63; John W. Boudreau, Peter M. Ramstad, and John S. Bronson, "The HC BRidge: Linking Business Imperatives to Human Capital Strategies" [论文提交给了2002年2月27日在美国佛罗里达州那不勒斯市(Naples)举办的"平衡计分卡协作的最佳做法会议"(Balanced Scorecard Collaborative Best Practices Conference)].

8. 兰迪·巴斯勒(Randy Bassler):兰迪的日志(Randy's Journal), http://www.boeing.com/randy。

9. Mark A. Huselid, Richard W. Beatty, and Brian E. Becker, "'A Players' or 'A Positions'? The Strategic Logic of Workforce Management," *Harvard Business Review*, December 2005, 110–117.

10. 在如下的文章里,这三个结论被提出:John W. Boudreau and Peter M. Ramstad, "Measuring Intellectual Capital: Learning from Financial History," *Human Resource Management* 36, no.3 (1997): 343–356; John W. Boudreau and Peter M. Ramstad, "Strategic I/O

Psychology and the Role of Utility Analysis Models." In Walter C. Borman, Daniel R. Ilgen, and Richard J. Klimoski, eds., *Handbook of Psychology*, vol. 12, *Industrial and Organizational Psychology* (New York: Wiley, 2004), 193–221; and John W. Boudreau and Peter M. Ramstad, "Where's Your Pivotal Talent?" *Harvard Business Review*, April 2005, 23–24。

11. Huselid, Beatty, and Becker, "'A Players' or 'A Positions'?"

12. M. Bichler et al., "Applications of Flexible Pricing in Business-to-Business Electronic Commerce," IBM, http://www.research.ibm.com/journal/sj/412/bichler.html.

13. J. Boudreau and P. Ramstad, "Strategic I/O Psychology and the Role of Utility Analysis Models," in *Handbook of Psychology*, vol. 12, *Industrial and Organizational Psychology*, eds. Walter C. Borman, Daniel R. Ilgen, and Richard J. Klimoski (New York: Wiley, 2004), 193–221.

14. 2005年10月，彼得·M. 拉姆斯特德对中西部大银行的采访。

15. 例如，见"Northrop Grumman Elects Wesley G. Bush Chief financial Officer, Succeeding Charles H. Noski," Northrop Grumman, January 17, 2005, http://www.irconnect.com/noc/press/pages/news_releases.mhtml?d=70968; "Condit Announces Changes to Strengthen Boeing Leadership," Boeing, May 8, 2000, http://www.boeing.com/news/releases/2000/news_release_000508a.html。

16. Mary Bellis, "The History of Pepsi Cola: Caleb Bradham," About.com, http://inventors.about.com/library/inventors/blpepsi.htm.

17. "People & Events: The Business of Direct Selling," *American Experience*, PBS, http://www.pbs.org/wgbh/amex/tupperware/peopleevents/e_direct.html.

18. 例如,见 "Amway Business Opportunity," Amway, http://www.amway.com/en/BusOpp/business-opportunity-10092.aspx; "Start a Business," Mary Kay, http://www.marykay.com/startabusiness/default.aspx。

19. Liza Featherstone, "Wal-Mart's Women — Employees and Customers — in Unhealthy Relationship," *Seattle Post-Intelligencer*, January 2, 2005, http://seattlepi.nwsource.com/opinion/205768_focus02.html.

第6章

1. Erico Guizzo, "Winner: Carbon Takeoff," *IEEE Spectrum*, January 2006, http://www.spectrum.ieee.org/print/2606.

2. 例如,见 Robert S. Kaplan, "How the Balanced Scorecard Complements the McKinsey 7-S Model," *Strategy and Leadership* 33, no. 3 (2005): 41–46; Mark A. Huselid, Richard W. Beatty, and Brian E. Becker, " 'A Players' or 'A Positions'? The Strategic Logic of Workforce Management, " *Harvard Business Review*, December 2005, 110–117。

3. James O'Toole, Edward E. Lawler III, and Susan R. Meisinger, *The New American Workplace* (Hampshire, England: Palgrave Macmillan, 2006).

4. Geoffrey Colvin, "Managing in Chaos," *Fortune*, October 2,

2006, 76.

5. Edgar H. Schein, "Culture: The Missing Concept in Organization Studies," *Administrative Science Quarterly* 41, no. 2 (1996): 229–235.

6. Peter Pae, "Japanese Helping 787 Take Wing," *Los Angeles Times* [HOME EDITION], May 9, 2005, p. C1. Copyright, 2005, *Los Angeles Times*.

7. Eric Raimy, "Cyber Move," *Human Resource Executive*, September 2000.

8. 同上。

9. 2002年2月,约翰·布德罗和彼得·拉姆斯特德对威廉斯-索诺玛(Williams-Sonoma)技术人员的访谈。

10. Denise Rousseau, "The Shifting Risk for the American Worker in the Contemporary Employment Contract," in *America at Work: Choices and Challenges*, ed. Edward E. Lawler III and James O'Toole (New York: Palgrave Macmillan, 2006), 153–172.

第7章

1. John W. Boudreau and Peter M. Ramstad, "Tapping the Full Potential of HRIS: Shifting the HR Paradigm from Service Delivery to a Talent Decision Science;" Chapter 2 in PeopleSoft, *Heads Count: An Anthology for the Competitive Enterprise* (Pleasanton, CA: PeopleSoft, 2003), 69–88.

2. Sue Shellenbarger, "In Their Search for Workers, Big Employers Go to Summer Camp," *Wall Street Journal*, February 23, 2006,

D1.

3. John W. Boudreau and Chris J. Berger, "Decision Theoretic Utility Analysis Applied to Employee Separations and Acquisitions," *Journal of Applied Psychology* 70 (1985): 581-612.

4. "The Pros and Cons of Online Recruiting," *HR Focus* 81, no. 4 (2004): S2.

5. Shalini S. Dagar and Archna Shukla, "Soaring Salaries…Vanishing Workers," *Business Today*, September 24, 2006, 66.

6. Patrick F. McKay and Derek R. Avery, "What Has Race Got to Do with It?" *Personnel Psychology* 59, no. 2 (2006): 395-429.

7. Mary Dee Hicks and David B. Peterson, "The Development Pipeline," *Knowledge Management Review*, July - August 1999, 30-33.

8. James Combs, Yongmei Liu, Angela Hall, and David Ketchen, "How Much Do High-Performance Work Practices Matter? A Meta-Analysis of Their Effects on Organizational Performance," in *Personnel Psychology* 59, no. 3 (2006): 501-528.

9. Wayne F. Cascio and John W. Boudreau, *Costing Human Resources*, 5th ed. (New York: Prentice Hall, forthcoming).

10. Peer C. Fiss, "A Set-Theoretic Approach to Organizational Configurations," *Academy of Management Review*, 2007, Vol. 32, No. 4, 1180-1198.

11. Eric Abrahamson, "Managerial Fads and Fashions: The Diffusion and Rejection of Innovations," *Academy of Management Review* 16, no. 3 (1991): 586-612.

12. Jack F. Welch and John A. Byrne, *Jack: Straight from the*

Gut (New York: Warner Business Books, 2001).

13. Bethany McLean and Peter Elkind, *The Smartest Guys in the Room* (New York: Penguin, 2003).

14. 有关波音公司的信息资料来源,参看上面第4章的注释3。

15. Michael Cieply, "Pivotal Property: Disney's Plan to Build Cities on Florida Tract Could Shape Its Future," *Wall Street Journal*, July 9, 1985, 1.

16. 有关星巴克的信息资料和引文,来自于约翰·布德罗对戴维·佩斯(David Pace)的一次访谈:"Human Resource Strategic Excellence" (teleconference series from the Center for Effective Organizations, University of Southern California, 2006)。

17. 同上。

18. Matt Richtel, "The Long-Distance Journey of a Fast-Food Order," *New York Times*, April 11, 2006, A1.

19. Kristina Goetz, "The Diva of Starbucks," *Cincinnati Enquirer*, May 6, 2001, http://www.enquirer.com/editions/2001/05/06/loc_the_diva_of.html.

20. Brooke Locascio, "Working at Starbucks: More Than Just Pouring Coffee," Tea & Coffee Trade Online, January – February 2004, http://www.teaandcoffee.net/0104/coffee.htm.

21. 2006年9月,约翰·布朗森[威廉斯-索诺玛公司(Williams-Sonoma)前人力资源高级副总裁]同约翰·布德罗和彼得·拉姆斯特德的个人交流。

第8章

1. James O'Toole, Edward E. Lawler III and Susan R. Meisinger, *The New American Workplace* (Hampshire, England: Palgrave Macmillan, 2006).

2. 本章有关赛仕软件(SAS)的信息资料,由盖尔·阿德科克(Gale Adcock)(赛仕软件的企业保健服务主管)提供,约翰·布德罗2006年9月采访。

3. Jeff Chambers, "Human Resource Strategic Excellence" (teleconference series from the Center for Effective Organizations, University of Southern California, 2006).

4. 计算这类成本的有用公式,可在如下书籍当中找到:Wayne F. Cascio, *Costing Human Resources*, 4th ed. (Cincinnatti, OH: South-Western, 2000); Wayne F. Cascio and John W. Boudreau, *Costing Human Resources*, 5th ed. (New York: Prentice Hall, forthcoming).

5. Jack F. Welch and John A. Byrne, *Jack: Straight from the Gut* (New York: Warner Business Books, 2001).

6. John W. Boudreau, "Effects of Employee Flows on Utility Analysis of Human Resource Productivity Improvement Programs," *Journal of Applied Psychology* 68 (1983): 396–407.

7. Wayne F. Cascio and John W. Boudreau, *Costing Human Resources*, 5th ed. (New York: Prentice Hall, forthcoming).

8. Wayne F. Cascio, *Responsible Restructuring: Creative and Profitable Alternatives to Layoffs* (New York: Berrett-Koehler, 2002).

9. Sherry Kuczynski, "Help! I Shrunk the Company!" *HR Magazine* 44, no. 6 (1999): 40–45.

10. Douglas P. Shuit, "Passing the Bucks," *Workforce Management* 82, no. 9 (2003): 30–34.

11. Edward E. Lawler III et al., *Human Resources Business Process Outsourcing* (Hoboken, NJ: Jossey-Bass, 2004).

12. 2002年7月,约翰·布德罗对几家公司的六西格玛(Six-Sigma)专家的访谈。

第9章

1. 例如,见 John W. Boudreau, "Utility Analysis for Decisions in Human Resource Management," in *Handbook of Industrial and Organizational Psychology*, vol. 2, 2nd ed., eds. Marvin D. Dunnette and Leaetta M. Hough. (Palo Alto, CA: Davies-Black, 1991), 621–745; John W. Boudreau and Peter M. Ramstad, "Human Resource Metrics: Can Measures Be Strategic?" in *Research in Personnel and Human Resources Management*, Supplement 4, *Strategic Human Resources Management in the Twenty-First Century*, eds. Patrick Wright et al. (Stamford, CT: JAI Press, 1999), 75–98; Wayne F. Cascio and John W. Boudreau, *Costing Human Resources*, 5th ed. (New York: Prentice Hall, forthcoming); Jac Fitz-enz, *How to Measure Human Resource Management*, 3rd ed. (New York: McGraw-Hill, 2001)。

2. John W. Boudreau and Peter M. Ramstad, "Talentship and Human Resource Measurement and Analysis: From ROI to Strategic

Organizational Change,"*Human Resource Planning Journal* 29, no. 1 (2006): 25 – 33.

3. Edward E. Lawler III, Alec Levenson, and John W. Boudreau, "HR Metrics and Analytics: Uses and Impacts," *Human Resource Planning Journal* 27, no. 4 (2004): 27 – 35.

4. Boudreau and Ramstad, "Talentship and Human Resource Measurement and Analysis."

5. John W. Boudreau and Peter M. Ramstad. "Tapping the Full Potential of HRIS: Shifting the HR Paradigm from Service Delivery to a Talent Decision Science." Chapter 2 in PeopleSoft, *Heads Count: An Anthology for the Competitive Enterprise* (Pleasanton, CA: PeopleSoft, 2003), 69 – 88.

6. Stephen Gates, *Measuring More Than Efficiency*, Research report r-1356-04-rr (New York: Conference Board, 2004).

7. Stephen Gates, *Value at Work: The Risks and Opportunities of Human Capital Measurement and Reporting*. Conference Board Report #r-1316-02-rr (New York: Conference Board, 2002).

8. Edward E. Lawler III, John W. Boudreau, and Susan Mohrman, *Achieving Strategic Excellence* (Palo Alto, CA: Stanford University Press, 2006).

9. California Strategic Human Resource Partnership, *Sun's HR Labs: Driving Decisions with Data* (Palo Alto, CA: California Strategic Human Resource Partnership, 2002).

10. National Academy of Public Administration, *HR in a Technology-Driven Environment* (Washington, DC: National Academy of Public Administration, 2002).

11. G. Johns, "Constraints on the Adoption of Psychology-Based Personnel Practices: Lessons from Organizational Innovation," *Personnel Psychology* 46, no. 3(1993): 569–592.

12. 例如,见 John W. Boudreau and Peter M. Ramstad, "Tapping the Full Potential of HRIS: Shifting the HR Paradigm from Service Delivery to a Talent Decision Science." Chapter 2 in PeopleSoft, *Heads Count*; Boudreau and Ramstad, "Talentship and Human Resource Measurement and Analysis".

13. 有关有限品牌公司(Limited Brands)的信息资料来源于托因·奥贡(Toyin Ogun):"有限品牌公司的人才量度"(Limited Brands Talent Measurement)。该文是2005年9月23日提交给南加州大学有效组织中心的"量度尺度和分析方法高层管理项目"的。

第10章

1. Edward E. Lawler III and Christopher G. Worley, *Built to Change* (Hoboken, NJ: Jossey-Bass, 2006).

2. 琼·克罗克特(Joan Crockett)(好事达保险公司人力资源高级副总裁),彼得·拉姆斯特德2006年1月采访。

3. 约翰·布德罗和彼得·拉姆斯特德2004年6月访谈软件应用组织。

4. Edward E. Lawler III, John W. Boudreau, and Susan Mohrman, *Achieving Strategic Excellence* (Palo Alto, CA: Stanford University Press, 2006).

作者简介

约翰·W.布德罗是南加州大学有效组织中心的研究主任和马歇尔商学院(Marshall School of Business)的管理学和组织学教授。因对优质的人力资本、人才同可持续的竞争优势之间的联系所进行的突破性研究,他获得了世界性的认可。他是从草创期公司到美国和全球《财富》100强企业,再到政府和非政府机构以及非营利性组织等各式组织的战略、人力资源管理和人才管理顾问。他也是南加州大学、瑞士洛桑国际管理发展学院(IMD)、沃顿商学院(Wharton)和康奈尔大学的一位高层管理教育家(executive educator)。布德罗博士已经出版和发表了50多种书籍和文章。他的研究得到过美国管理学会(Academy of Management)的"组织行为新概念奖"(Organizational Behavior New Concept)和"人力资源学术贡献奖"(Human Resource Scholarly Contribution),并曾经被包括《哈佛商业评论》、《华尔街日报》、《财富》、《快速公司》、《商业周刊》等在内的报刊和杂志特载过。

布德罗博士是美国国家人力资源研究院(National Academy of Human Resources)院士;在他担任教授超过20年的康奈尔大学,他帮助创建了高级人力资源研究中心(Center for Advanced Human Resource Studies)并任中心主任。布德罗博士还是人力资源规划协会(Human Resource Planning Society)和世界薪酬协会(WorldatWork)的顾问委员会成员,以及美国国家人力资源研究院基金会(Foundation of the National Academy of Human Resources)理事。他拥有新墨西哥州立大学(New Mexico State University)的商业本科学位,以及普渡大学克兰纳特管理学院(Purdue University's Krannert School of Management)的管理学硕士学位和劳资关系博士学位。

彼得·M.拉姆斯特德是人事决策国际公司的前战略和财务执行副总裁。在他16年的人事决策国际公司职业生涯中,他担任过各种领导职务,包括首席财务官和组织咨询小组(Organizational Consulting Group)负责人。作为人事决策国际公司战略实践分部的创始人,他曾就战略、组织以及与人力资源管理相关的问题,与世界各地的许多组织交换过意见。他从明尼苏达大学(University of Minnesota)拿到了数学和会计学本科学位,也在那里上了研究生院。他是注册会计师(CPA)和注册管理会计师(CMA)。在加入人事决策国际公司之前,他是一家较大的上市会计师事务所的咨询合伙人。他一直是明尼苏达大学、南加州大学、康奈尔大学和得克萨斯A&M大学(Texas A&M University)高层管理培训课程(executive education session)和研究中心授课的参与教员。他也一直是学术的、专业的和企业的会议和项目上的活跃演讲者。在这些会议和项目上,他把财务、战略和组织方面的理论整合成可操作的独特识见的独特能力为大家所公认。他目前担任托罗公司(The Toro Company)的业务和战略发展副总裁。

介入、参与和投入

——本书的一个切入角度

对于一般人来说,参与(或参与度)一词堪称耳熟能详。它表达的是人于人、人与事之间的联系,是对人与世界的关系的一种描述和量度。它的重要,可以从所谓"参与经济"(the participation economy)的时髦说法上略窥一二。

具体而言,无论是市场营销界,还是人力资源管理领域,其实都涉及到了一个参与度问题。在前者来说,是客户的参与——所谓口碑式营销和参与式营销(传统的试用、试穿等假定成交策略,以及互联网时代的社区互动和交互式客户体验);在后者而言,是员工的参与——体现的是他们对产品和服务推广的兴趣导向,以及对企业决策流程的主动关注和介入状态。概而言之,参与度本身反映的是个体或组织参与活动或彼此互动的程度、幅度与纵深,也其实是一个量度问题。

作为简体中文版译者,本人在翻译《超越人力资源管理》(Beyond HR)这部英文管理学著作的过程中发现,两位作者布德罗(John W. Boudreau)和拉姆斯特德(Peter M. Ramstad)频频使用"engagement"这个词来表达员工的参与或参与度。而在过去的阅读经验里,也经常可以见到"involvement"和"participation"这类更为普泛的表达。在相关的学术文献和一般性媒体文字里,这三个都含有"参与"或"参与度"内涵的英文词实际上经常性地被互相置换着使用。细品起来或是严格一点来界定的话,involvement(介入)相对中性,表达的是一种比较客观的卷入或置身状态;participation(参与)主体意识比较明显,彰显的是主体的主动参加和出席状态;engagement(投入)所含有的主体的主动性成分则要更为浓重一些——较为准确的含义,应是倾情投入或倾力参与。简言之,这三个同义语在语义的强烈程度上,是一种递进的关系;在所包含的对关注对象的认可或背书(endorsement)这一特定意蕴的彰显程度上,也是一种递进的关系。

若是从对参与度进行量度——这也正是本书所关注的一个重要主题——的视角着眼的话,从"介入"(involvement)到"参与"(participation)再到"投入"(engagement),量度的难度大致是越来越大。这是与该同义词序列的客观性的渐次递减相吻合的,也是与主体的主动性的越来越强相呼应的。

仅仅是介入(involvement)或参与(participation),可能主要是一种现身或出场,而并不一定意味着会积极参与对话和主动提供附加价值。而投入(engagement)所涵盖的,则更多是强烈浓厚的兴趣、聚精会神的关注和全力以赴的努力。从口碑式营销和参与式营销的视角来看,是要致力于赢得客户的这种兴趣、关注和努力;就本书所着力阐释和建构的人力资源决策科学——"人才学"(talentship)的角度而言,是要致力于激励员工拥有这种兴趣、关注和努力;而若是站在每个个体(如一名员工)的立场上来具体观照的话,从被动介入到主动参与再到倾情或倾力投入,诠释的是敬业这种精神或境界的不断深化和拓展——既关乎企业文化的活力,也涉及组织或机构软实力的高下,更决定着每一位参与者的主观能动性、行事质量和执行水准。

于慈江

2009年1月10日于北京西山八大处